Jens Sobisch

CITY|TRIP
HAVANNA
UND VARADERO

Nicht verpassen! Karte S. 3

2 Museo de la Revolución [B2]
Der imposante Präsidentenpalast wurde von Castro und Co. in eine informative Gedenkstätte für die cubanische Revolution von 1959 umgewandelt (s. S. 12).

4 Museo Nacional de Bellas Artes [B3]
In beiden Gebäuden des Nationalmuseums der Schönen Künste bewundert man die Werke cubanischer und europäischer Maler verschiedener Epochen (s. S. 13).

5 Plaza de la Catedral [C3]
Die kleine, im 18. Jahrhundert errichtete Kathedrale schaut auf ein Ensemble liebevoll renovierter aristokratischer Gebäude aus der Kolonialzeit (s. S. 14).

14 Plaza Vieja [C4]
Den Blick über den weitläufigen Platz und die angrenzenden pastellfarbenen Fassaden genießt man am besten mit einem Cocktail in der Hand. Der Besuch der in dem Gebäude an der Nordostecke untergebrachten Cámara Oscura ist ein Muss für alle Freunde historischer Bausubstanz (s. S. 24).

20 Capitolio [A4]
In den 1920er-Jahren als Sitz des Repräsentantenhauses und des Senats aus hellem Kalksandstein errichtet, sind im Capitolio Nacional heute u. a. die Akademie der Wissenschaften und Teile der Nationalbibliothek untergebracht (s. S. 29).

29 Plaza de la Revolución [em]
Auf dem riesigen Revolutionsplatz schaut man wegen seiner historischen Bedeutung und wegen des monumentalen Monumento José Martí vorbei (s. S. 36).

30 Cementerio Colón [dm]
Havannas Totenstadt der Superlative mit Grabdenkmälern aller möglichen und unmöglichen Art nimmt fast 60 Hektar Fläche ein (s. S. 38).

35 Parque Histórico Militar Morro-Cabaña [C1]
An der Nordseite des natürlichen Hafenkanals bilden die beiden auf einer Anhöhe gelegenen wuchtigen Militäranlagen den größten historischen Verteidigungskomplex Lateinamerikas (s. S. 41).

Varadero [S. 96/98]
Zwei Autostunden östlich von Havanna lockt Cubas bekanntester Badeort mit endlosen Traumstränden (s. S. 91).

Leichte Orientierung mit dem cleveren Nummernsystem
Die Sehenswürdigkeiten sind im Text und im Kartenmaterial mit derselben **magentafarbenen ovalen Nummer** ❶ markiert. Alle anderen Lokalitäten wie Geschäfte, Restaurants usw. tragen ein **Symbol und eine fortlaufende rote Nummer** (🔴1). Die Liste aller Orte beginnt auf Seite 153, die Zeichenerklärung auf Seite 156.

W0180575

Havanna auf einen Blick

1 cm = 900 m
0   2 km
© REISE KNOW-HOW 2018

Plaza de la Catedral
Parque Histórico Militar Morro-Cabaña
Museo de la Revolución
Umschlag vorn
③⑤
②
④
⑤
Museo Nacional de Bellas Artes
Centro Habana **S. 29**
⑳
⑭
Vedado **S. 34**
Cementerio Colón ③⓪
Plaza de la Revolución
Capitolio
Habana Vieja **S. 10**
Miramar **S. 39**
②⑨
Umschlag hinten
Plaza Vieja

Inhalt

7   **Havanna entdecken**

8   Havanna an einem Tag
8   Kurztrip nach Havanna
8   **Stadtspaziergang**

10   **Habana Vieja**
10   ❶ Castillo y Museo de San Salvador de la Punta ★ [B1]
11   *Monumento al General Máximo Gómez und zwei kleine Parks*
12   ❷ Museo de la Revolución ★★★ [B2]
13   *Plaza 13 de Marzo und Granma Memorial*
13   ❸ Iglesia del Santo Ángel Custodio ★ [B2]
13   ❹ Museo Nacional de Bellas Artes ★★★ [B3]
14   ❺ Plaza de la Catedral ★★★ [C3]
15   *Havannas Hafenallee entlang*
16   ❻ Calle Empedrado ★ [C3]
17   ❼ Plaza de Armas ★★★ [D3]
18   ❽ Castillo de la Real Fuerza ★★ [D3]
19   *La Giraldilla*
19   ❾ Calle Obispo ★★★ [B3]
20   ❿ Calle Oficios ★★ [D3]
20   ⓫ Plaza de San Francisco ★★ [D4]
21   ⓬ Calle Mercaderes ★★ [C4]
22   ⓭ Museo del Ron ★★ [D4]
24   ⓮ Plaza Vieja ★★★ [C4]
24   ⓯ Convento de Santa Clara ★ [C5]
25   *Afrocubanischer „Voodoo"*
26   ⓰ Estación Central ★ [B6]
26   ⓱ Museo de los Orichas ★★ [A5]
26   ⓲ Parque Central ★★ [A3]
27   ⓳ Prado (Paseo de Martí) ★★★ [A3]
27   *Die Restaurierung der historischen Altstadt*

◁ *Typisch Havanna: alte Schätzchen vor kolonialer Kulisse*

29 **Centro Habana**
29 ⓴ Capitolio ★ ★ ★ [A4]
30 ㉑ Parque de la
Fraternidad Americana ★ [A4]
30 ㉒ Zigarrenfabrik
Partagás ★ [A4]
31 ㉓ Gran Teatro de
La Habana Alicia
Alonso ★ ★ ★ [A3]
32 ㉔ Iglesia del Sagrado
Corazón ★ ★ [hm]
33 *Havannas*
Oldtimer
33 ㉕ Malecón ★ ★ ★ [hl]

34 **Vedado**
34 ㉖ Hotel
Nacional ★ ★ [fk]
35 ㉗ Universidad de
La Habana ★ ★ [fl]
35 ㉘ Museo
Napoleónico ★ ★ [fl]
36 *José Martí –*
Poet und Märtyrer
36 ㉙ Plaza de la
Revolución ★ ★ ★ [em]
38 ㉚ Cementerio
Colón ★ ★ ★ [dm]

39 **Miramar**
40 ㉛ Avenida 1ra ★ [bl]
40 ㉜ Acuario Nacional ★ ★
40 ㉝ Maqueta de
La Habana ★ [am]
40 ㉞ Avenida 5ta ★ ★ [bm]

41 **Andere Stadtteile**
41 ㉟ Parque Histórico
Militar Morro-
Cabaña ★ ★ ★ [C1]
41 ㊱ Castillo de los
Tres Santos Reyes Magos
del Morro ★ ★ [ik]
42 ㊲ Fortaleza de San Carlos
de la Cabaña ★ ★ ★ [D1]
44 ㊳ Estatua El Cristo
de La Habana ★ [jl]
44 ㊴ Finca Vigía ★ ★ ★

45 ㊵ Jardín Botánico
Nacional ★ ★
45 ㊶ Santuario
de San Lázaro ★

45 **Tagesausflüge**
46 ㊷ Playas del Este ★ ★ ★
47 ㊸ Matanzas ★ ★
47 ㊹ Santa Clara ★ ★
48 ㊺ Pinar del Río ★ ★
49 *Wie Ernesto Guevara Serna*
zu „El Che" wurde
50 ㊻ Viñales ★ ★ ★

51 **Havanna erleben**
52 Havanna für Kunst-
und Museumsfreunde
55 *Filmtipps*
56 Havanna für Genießer
59 *Smoker's Guide*
64 Havanna am Abend
66 *Beliebte Getränke*
71 Havanna für Kauflustige
76 Havanna zum Träumen
und Entspannen
76 Zur richtigen Zeit
am richtigen Ort
78 *Feier- und Gedenktage*

79 **Havanna verstehen**
80 Das Antlitz der Stadt
81 *Havanna architektonisch:*
Renovierte Weltkulturerbe-
Architektur neben
verfallenden Wohnblocks
82 Von den Anfängen
bis zur Gegenwart
87 Leben in der Stadt
89 *Cuba – Landeskunde*
im Schnelldurchgang

91 **Varadero**
92 Kompakte Geschichte
Varaderos
93 Varadero entdecken

93   **47** Iglesia
      Santa Elvira ★ [S. 96]
93   **48** Parque Josone ★ ★ [S. 96]
95   **49** Museo Municipal
      Varadero ★ [S. 96]
95   **50** Xanadú
      Mansion ★ ★ [S. 98]
95   **51** Reserva Ecológica
      Varahicacos ★ [S. 98]
96   **52** Cueva de
      Ambrosio ★ ★ [S. 98]
96   Praktische Reisetipps

105   Praktische Reisetipps

106   An- und Rückreise
106   *¡Bienvenido a Cuba! –*
      Willkommen auf Cuba!
107   *Nützliche Sicherheits-*
      vorkehrungen vor der Abreise
109   Barrierefreies Reisen
109   Diplomatische Vertretungen
110   Ein- und Ausreise-
      bestimmungen
113   Drogen
113   Elektrizität
113   Film und Foto
114   Geldfragen
116   *Havanna preiswert*
117   Gesundheitsvorsorge
117   Hygiene
117   Informationsquellen
120   *Meine Literaturtipps*
121   Internet
      und Internetcafés
121   Medizinische Versorgung
123   Mit Kindern unterwegs
124   Notfälle
125   Öffnungszeiten
125   Post
126   Sicherheit
126   *Infos für LGBT+*
127   *Cuba Slang*
128   Sprache
128   Telefonieren
129   Touren
130   Uhrzeit
130   Unterkunft

Zeichenerklärung

★ ★ ★   nicht verpassen
★ ★   besonders sehenswert
★   wichtig für speziell
      interessierte Besucher

[A1]   Planquadrat im Kartenmaterial. Orte ohne diese Angabe liegen
außerhalb unserer Karten. Ihre Lage
kann aber wie die aller Ortsmarken
mithilfe der begleitenden Web-App
angezeigt werden (s. S. 156).

Straßennamen

Eine Liste alter und neuer **Straßennamen** und Infos zu Besonderheiten
bei **Adressangaben** finden sich auf
Seite 152.

Updates zum Buch

www.reise-know-how.de/
citytrip/havanna18

132   *Was man über Havannas*
      Casas Particulares wissen sollte
136   Verhaltenstipps
137   Verkehrsmittel
141   Versicherungen
142   Wetter und Reisezeit

143   Anhang

144   Kleine Sprachhilfe
      Spanisch
147   Register
150   Der Autor
150   Schreiben Sie uns
150   Impressum
152   Besonderheiten
      bei Adressangaben
152   *Alte und neue*
      Straßennamen
153   Liste der Karteneinträge
156   Zeichenerklärung
156   *Havanna mit PC,*
      Smartphone & Co.

Havanna ist eine lebendige Metropole der Gegensätze. Die Atmosphäre in der restaurierten Altstadt übertrifft alle Erwartungen: Architektonische Schmuckstücke und karibisch-lässiger Charme begeistern Besucher aus aller Welt. Von Spaziergängen durch die Calle Obispo (s. S. 19) oder die Calle Mercaderes (s. S. 21) nimmt jeder großartige Eindrücke mit. Überreste der Kolonialzeit erzählen vom Glanz der Vergangenheit. Gleichzeitig überrascht die Dynamik des ständigen Wandels – trotz der Entbehrungen der Gegenwart. Ein Hauch Revolutionsromantik rundet das bunte Bild ab.

Angesagte Stadtbrauereien

Moderne Habaneros schwören nicht mehr auf Rum pur, sondern bevorzugen Bier direkt vom Fass. Im Herzen der Altstadt und am Hafen wetteifern zwei Cervecerías um den leckersten Gerstensaft der Karibik (s. S. 59 und S. 60).

Treff der Hipster Havannas

Als Amüsier- und Event-Location spielt das stilvolle Kulturzentrum Fábrica de Arte Cubano eine Vorreiterrolle: Bars, Bühnen, Kunst und Kino auf mehreren Ebenen in einer ehemaligen Fabrik mit Riesenschornstein (s. S. 70). Vorab auf der schicken Website mit 360-Grad-Rundgang vorbeischauen!

Kunst-Hotspot am Prado

An der Ecke Prado/Neptuno stellen lokale Talente in bester Innenstadtlage Gemälde, Grafiken, Skulpturen und mehr aus. Kunstfreunde lassen sich nicht vom provisorischen Eingangsbereich abschrecken (s. S. 55).

HAVANNA ENTDECKEN

Havanna an einem Tag

Wer sich für die Besichtigung Havannas nur einen Tag Zeit nehmen kann oder will, dem empfehle ich, sich in der Umgebung des Capitolio ⓴ ein **Oldtimer-Taxi** mitsamt Chauffeur zu mieten (s. S. 139) und einige der auf Seite 1 ausgewiesenen Top-Sehenswürdigkeiten anzusteuern. Den Gesamtfahrpreis dabei unbedingt vor Fahrtantritt vereinbaren und bei gutem Service am Ende der Tour etwas aufstocken!

Alternativ – oder je nach persönlichem Zeitbudget und Interesse zusätzlich – bietet sich ein Bummel durch das Herz von Havannas Altstadt an, z. B. von der Plaza de Armas ❼ die Calle Obispo ❾ hinauf zum Parque Central ⓲. Ausklingen könnte der Tag dann bei einem Drink in der zum Hotel Inglaterra gehörenden Freiluft-Bar Café Louvre (s. S. 67) oder auf der herrlich restaurierten Plaza Vieja ⓮, dort am besten im Außenbereich der Factoría La Muralla (s. S. 60).

Kurztrip nach Havanna

Hat man drei Tage Zeit, um Havanna kennenzulernen, so könnte man einen Tag auf die Erkundung der Altstadt (Habana Vieja) verwenden (s. S. 10), den zweiten Tag dann für einige Sehenswürdigkeiten je nach persönlichen Vorlieben in den Stadtteilen Centro, Vedado sowie Miramar und den dritten Tag für einen Ausflug an die Playas del Este ㊷ und/oder zum Parque Histórico Militar Morro-Cabaña ㉟ auf der anderen Seite der Hafenbucht und/oder zu Ernest Hemingways Finca Vigía ㊴ im südlichen Vorort San Francisco de Paula.

Mindestens einen Abend reserviert man für eine **große Show**, z. B. im weltberühmten Tropicana (s. S. 69), im Gran Teatro de La Habana Alicia Alonso ㉓ oder im Cabaret Parisién (s. S. 69, im Hotel Nacional).

Stadtspaziergang

Die Route eines mehrstündigen **Rundgangs durch Habana Vieja** könnte die vier großen historischen Plätze der Stadt und den Parque Central ⓲ einschließen:

Der Bummel startet an der **Plaza de la Catedral** ❺, die gesäumt ist von sehenswerten aristokratischen Gebäuden der Kolonialzeit, und führt zunächst einige Schritte ostwärts zur Kreuzung der Straßen (Calles) Empedrado und Tacón. Der Calle Tacón Richtung Süden folgend passiert man linker Hand das mächtige, schwer zu übersehende Castillo de la Real Fuerza ❽, bevor die geschichtsträchtige, viel koloniales Flair verströmende **Plaza de Armas** ❼ erreicht wird.

An deren Südseite beginnt die von zahlreichen schönen Fassaden ge-

◁ *Vorseite: Straße im Stadtteil Centro Habana*

säumte Calle Oficios ⑩. Nach knapp 200 Metern öffnet sich an der Ecke zur Calle Amargura die **Plaza de San Francisco** ⑪, die von der prächtigen Iglesia y Convento de San Francisco de Asís dominiert wird. Wer im weiteren Verlauf der Calle Oficios die Bronzestatue des legendären Clochards „Caballero de Paris" passiert und nach 50 Metern in die Calle Brasil (Teniente Rey) abbiegt, trifft auf die nur einen Häuserblock entfernte, hervorragend restaurierte **Plaza Vieja** ⑭. Hier laden gleich mehrere Lokale zu einer ersten Rast ein. An der Nordostecke ist im höchsten Gebäude der näheren Umgebung eine Cámara Oscura untergebracht, die mithilfe eines 360-Grad-Teleskops alle wichtigen Gebäude der Altstadt Havannas auf die Leinwand bringt.

Ab derselben Ecke der Calle Mercaderes ⑫ nordwärts folgend gelangt man nach vier Straßenblöcken

zur Calle Obispo ⑨, der in Ost-West-Richtung verlaufenden Hauptschlagader Habana Viejas. Am westlichen Ende der berühmten Touristenmeile prunkt der **Parque Central** ⑱ mit einem Denkmal das nationalen Befreiungshelden José Martí (s. S. 36). Umgeben von vier der berühmtesten Hotels der Stadt sowie dem Gran Teatro de La Habana Alicia Alonso ㉓ und in Sichtweite des Capitolio ⑳ endet hier auch die Flaniermeile des Prado (Paseo de Martí ⑲). Wer zwischen den beiden an seinem Südende wachenden Bronzelöwen hindurchschreitet, erreicht im Schatten uralter Bäume nach einem knappen Kilometer in nördlicher Richtung das Castillo de San Salvador de la Punta ❶ und die dort beginnende Uferpromenade Malecón ㉕. Am Leuchtturm des Parque Histórico Militar Morro-Cabaña ㉟ vorbei verliert sich der Blick des Spaziergängers in den Weiten des Atlantiks.

Wer auf dem kürzesten Weg an den Ausgangspunkt des Spaziergangs zurückkehren möchte, verlässt den Prado (Paseo de Martí ⑲) bereits nach zwei Blocks, um rechts in die Calle Ánimas [A3] einzubiegen. Die Rückseite des Museo Nacional de Bellas Artes (Arte Cubano) ❹ passierend, wird das Ostende der Calle Empedrado [C3] erreicht. Auf dem Weg zur Plaza de la Catedral bestaunt man rechter Hand zunächst den etwas karg geratenen Parque Cervantes und dann die Touristenströme in und vor der Bodeguita del Medio (s. S. 66).

Hemingways Havanna
Wer alle geschickt vermarkteten Tummelplätze Ernest Hemingways besuchen möchte, benötigt fast einen ganzen Tag und einen fahrbaren Untersatz.

> **Dos Hermanos** (Bar, s. S. 66)
> **El Floridita** (Bar-Restaurant, s. S. 66)
> **Finca Vigía** ㊴ (Hemingways Anwesen)
> **Hotel Ambos Mundos** (s. S. 133)
> **La Bodeguita del Medio** (Bar-Restaurant, s. S. 66)
> **Sloppy Joe's** (Bar, s. S. 67)
> Die **Marina Hemingway**, ein Jachthafen im Westen Havannas mit touristischer Infrastruktur (Ecke Avenida 5ta und Calle 248), muss man nicht unbedingt gesehen haben.

Habana Vieja

Havannas kompaktes historisches Zentrum gleicht einem riesigen lebenden Museum und wurde als größte koloniale Altstadt Lateinamerikas bereits 1982 von der UNESCO zum Weltkulturerbe erklärt. Hier befinden sich die meisten Sehenswürdigkeiten, alles ist bequem zu Fuß erreichbar und die Atmosphäre kommt dem gängigen Havanna-Klischee am nächsten.

Für gewöhnlich wird Habana Vieja als der Teil der Stadt definiert, der in der Kolonialzeit *intramuros,* d. h. innerhalb der heute nicht mehr existierenden **Stadtmauer,** lag. Landeinwärts verlief diese entlang der heutigen Straßen Egido, Avenida de Bélgica (Monserrate) und Avenida de las Misiones und umfasste ein ovales Gebiet von etwa vier Quadratkilometern Fläche. Nach der aktuellen administrativen Einteilung reicht die Altstadt bis zum Paseo de Martí (Prado **19**), schließt also den Parque Central **18** noch mit ein.

Besonders viele Bauwerke von touristischem Interesse liegen an den **vier großen Plazas** bzw. in deren unmittelbarer Nähe. Von Nord nach Süd sind dies die Plaza de la Catedral **5**, die Plaza de Armas **7**, die Plaza de San Francisco **11** und die Plaza Vieja **14**. Für die Besucher aus aller Welt besonders herausgeputzt wurden die Straßenzüge der Calles Obispo **9**, Oficios **10** und Mercaderes **12** sowie Teile der unmittelbar angrenzenden Gebiete. Insbesondere die Calle Obispo (wörtlich: Bischofsstraße) fehlt in keinem Besichtigungsprogramm.

▷ *Unabhängigkeitsheld Máximo Gómez als Reiter in Bronze*

❶ Castillo y Museo de San Salvador de la Punta ★ [B1]

Der spanische König Philipp II. ließ diese wuchtige Festungsanlage ab 1589 am Westufer der Hafeneinfahrt und direkt gegenüber dem Castillo de los Tres Reyes del Morro **36** *errichten, um feindliche Schiffe ins Kreuzfeuer nehmen zu können (fertig gestellt wurde sie 1610).*

Zwischen den beiden Bollwerken wurde allabendlich eine 250 Meter lange Kette aus schwimmenden Holz- und Bronzeringen gespannt, um den Hafen zu blockieren. Die drei Kanonen, an denen die Kette befestigt war, stehen noch heute auf dem Platz vor dem Castillo.

Vom Vorplatz genießt man einen besonders beeindruckenden Blick auf den Malecón **25** und hinüber zum Leuchtturm „El Morro".

Die Festung selbst beherbergt heute das **Museo de San Salvador de la Punta.** Die im „Sala de Tesoro" (der Schatzkammer) gezeigten Schätze umfassen zahlreiche aus Gold, Silber und Juwelen gefertigte Preziosen. Viele der Exponate wurden von Tauchern der staatlichen Meeresarchäologie-Organisation Carisub vom Meeresboden zurück ans Tageslicht befördert. Ein Nebensaal des Museums zeigt Seeuniformen, Modellschiffe, Kanonen und andere Waffen aus drei Jahrhunderten.

❯ Avenida del Puerto, Ecke Paseo de Martí (Prado), Eintritt: 2 CUC (Fotos 2 CUC extra), geöffnet: Di–Sa 9.30–17, So 9–13 Uhr. **Das Museum ist derzeit wegen Renovierungsarbeiten nach Hurrikanschäden geschlossen.** Die wichtigsten Ausstellungsstücke wurden ins Castillo de la Real Fuerza **8** gebracht und können dort besichtigt werden.

Monumento al General Máximo Gómez und zwei kleine Parks

021hv Abb.: js

Die Parkfläche südlich des Castillo de San Salvador de la Punta ❶ wird durch die Avenida de los Estudiantes (Cárcel) in zwei Abschnitte geteilt: Der **Parque de los Enamorados** (Park der Verliebten) wird von einer ein indianisches Paar darstellenden Statue und dem **Monumento de Estudiantes de Medicina** dominiert. Letzteres besteht aus einem kleinen griechischen Tempel, der die Reste einer von spanischen Erschießungskommandos genutzten Mauer umgibt. Das Monument erinnert an die Exekution von acht unschuldigen Medizinstudenten durch königstreue Truppen am 27. November 1871.

Der **Parque de Mártires** (Park der Märtyrer) liegt auf dem **Gelände des ehemaligen Tacón-Gefängnisses,** einem 1838 errichteten und 1939 zerstörten Symbol der Unterdrückung durch die spanischen Kolonialherren.

Prominentester Gefangener war Nationalheld **José Martí,** der 1869 bis 1870 hier einsaß und bis zu seinem Tode 1885 unter den gesundheitlichen Folgen der miserablen Haftbedingungen leiden sollte. Zwei Zellen und die Gefängniskapelle blieben zum Gedenken an die zahllosen malträtierten Gefangenen für die Nachwelt erhalten.

Gleich nebenan erhebt sich unübersehbar das von dem Italiener Aldo Gamba entworfene **Monumento al General Máximo Gómez.** Das 1935 gefertigte bronzene **Reiterstandbild** ehrt mit dem aus der Dominikanischen Republik gebürtigen General Máximo Gómez (1836–1905) einen besonders herausragenden Helden des cubanischen Unabhängigkeitskampfes. Der aus weißem Marmor bestehende Sockel ist mit Säulen und Reliefs geschmückt.

❷ Museo de la Revolución ★★★ [B2]

Das Museo de la Revolución im einstigen Präsidentenpalast unterzubringen, hatte auch symbolischen Charakter. In den Räumen des Präsidentenpalastes vermitteln auf drei Stockwerke verteilte Ausstellungen einen Überblick über die Geschichte des nationalen Befreiungskampfes von den Unabhängigkeitskriegen gegen die Spanier bis zum Sieg der cubanischen Revolution unter Fidel Castro.

Das 1913 begonnene und 1920 eingeweihte Gebäude wurde von Tiffany in New York dekoriert und enthält Werke bedeutender cubanischer Dekorateure des frühen 20. Jhs. Gestalterische Highlights besonderer Güte sind die Innenansicht der markanten Kuppel und der Audienzsaal „**Salón de Espejos**" (Spiegelsaal), eine Nachbildung des berühmten Spiegelsaals zu Versailles. In dem Marmor der monumentalen Haupttreppe zum ersten Stock sind noch immer die Einschusslöcher der Attacke des 13. März 1957 zu sehen, als Studenten versuchten, Fulgencio Batista zu ermorden. Von der Terrasse schweift der Blick über die Hafenbucht.

Im zweiten Stock erhält man einen Überblick über cubanische Aufstände von der Kolonialzeit bis zur Revolution. Die **lebensgroßen Wachsfiguren** von Che Guevara und Camilo Cienfuegos zeigen die beiden charismatischen Nationalhelden in voller Kampfmontur. Die ältesten Fotos und Exponate sind im dritten Stock ausgestellt.

❯ Refugio No. 1 e/Agramonte y Avenida de las Misiones, geöffnet: tägl. 10–16 Uhr (Einlass bis 15.15 Uhr), Tel. 78624098, 78671165, Eintritt: 8 CUC (mit Führung 10 CUC)

O22hv Abb.: js

Plaza 13 de Marzo und Granma Memorial

*Der Name des vor dem Museo de la Revolución gelegenen Platzes erinnert an die fehlgeschlagene Präsidentenattacke regierungsfeindlicher Studenten am 13. März 1957. An seinem Südende stehen mit dem im Jahre 1680 errichteten Wachturm **Baluarte de Ángel** ein kümmerlicher Rest der früheren Stadtbefestigung und gleich daneben ein **Kanonenjagdpanzer,** mit dem die CIA Fidel Castro ans Leder wollte. In der Mitte des Platzes wurde 2017 eine mächtige **Bronzestatue José Martís** (s. S. 36) hoch zu feurigem Ross aufgestellt. An der Ostseite erheben sich drei Gebäude, in denen wichtige politische Organisationen untergebracht sind: Das Comité Nacional de La Union de Jóvenes Comunistas UJC*

(Nationales Komitee der Union Junger Kommunisten), die Asamblea Provincial del Poder Popular (Havannas Lokalparlament) und die Organización de Pioneros José Martí (Pioniere).

*In einem Glaspavillon auf der Plaza **hinter dem Museo de la Revolución** ist die nach der Großmutter ihres ersten Besitzers benannte **Jacht „Granma"** zu bestaunen. 1956 brachte sie die Brüder Castro und ihre Kameraden von Mexiko nach Cuba, um in der Sierra Maestra den bewaffneten Kampf gegen Batistas Regime aufzunehmen. Außerdem werden Exponate mit Bezug zur Invasion in der Schweinebucht 1961 und Teile eines 1962 abgeschossenen US-amerikanischen Spionageflugzeugs gezeigt.*

❸ Iglesia del Santo Ángel Custodio ★ [B2]

Östlich des Museo de la Revolución erhebt sich die etwas erhöht gelegene, weiße Iglesia del Santo Ángel Custodio. Das ursprünglich in den 1680er-Jahren erbaute Gebäude wurde 1788 in ein Gotteshaus umgewandelt. Turm und neogotische Fassade datieren aus der Mitte des 19. Jahrhunderts. Gegenüber dem Haupteingang der Kirche steht eine Büste des cubanischen Autors Cirilo Villaverde (1812–1894) nahe der Stelle, an der sich die Geschichte seines Romans „Cecilia Valdés" zum dramatischen Höhepunkt zuspitzt.

❯ Avenida de las Misiones y Cuarteles

◁ *Der ehemalige Präsidentenpalast dient heute als Revolutionsmuseum*

❹ Museo Nacional de Bellas Artes ★★★ [B3]

Das Nationalmuseum zeigt (verteilt auf zwei etwa 500 Meter auseinanderliegende Gebäude) neben Gemälden spanischer, englischer und holländischer Meister auch die umfangreichste Sammlung cubanischer Malerei vom 18. Jahrhundert bis zur Gegenwart. Die Antikenausstellung (Ägypten, Griechenland, Rom) ist eine der umfangreichsten Lateinamerikas.

Auf halbem Weg zwischen den beiden Abteilungen passiert man das **Edificio Bacardí**. Das 1929 vollendete Art-déco-Bauwerk ist leicht an seinem pyramidenförmigen Glockenturm mit der emblematischen Fledermausfigur zu erkennen.

❯ Avenida de Bélgica (Monserrate)
   No. 261 e/Progreso y Empredado

Cubanische Abteilung

Die Cubanische Abteilung ist unweit des Granma Memorial (s. S. 13) im **Palacio de Bellas Artes** in der Calle Trocadero zwischen den Calles Zulueta und Monserrate untergebracht. 1913 eröffnet, zeigt sie nach der Auslagerung der internationalen Abteilung heute auf knapp 7600 m² über 1200 Arbeiten cubanischer Künstler. Entsprechend acht Themen von „Kolonialzeit" bis „Kunst ab 1979" zusammengestellt, findet der Kunstliebhaber Gemälde, Zeichnungen, Gravuren und Skulpturen aus sechs Jahrhunderten. Die bekanntesten vertretenen Künstler sind Nicolás de la Escalera, Victor Patricio Landaluze (beide Meister der Kolonialzeit), René Portocarrero, Amelia Palaez und Wilfredo Lam (Moderne). Einige der Werke stammen aus den nach der Revolution konfiszierten Privatsammlungen des Bacardí-Clans und Fulgencio Batistas.

Internationale Abteilung

Gegenüber der Südostseite des Parque Central **18** befindet sich der im Renaissance-Stil gehaltene, mit vier markanten Türmen versehene **Palacio del Centro Asturiano**. Das 1927 nach den Plänen des spanischen Architekten Manuel del Busto errichtete, mit neoklassizistischen Motiven dekorierte Gebäude beherbergte einst den Obersten Volksgerichtshof Cubas.

Seit 2001 ist hier die internationale Abteilung des Museo Nacional de Bellas Artes untergebracht. Die auf fünf Stockwerken mit insgesamt 4800 m² Fläche ausgestellten Kunstwerke sind nach Herkunft der Meister geordnet. So findet man im Erdgeschoss Arbeiten US- und lateinamerikanischer und im dritten Stock Werke spanischer Künstler. Der vierte Stock ist den Franzosen gewidmet und beherbergt obendrein die Sondersammlung „arte antiguo" (antike Kunst). Im fünften Stock sind Werke deutscher, britischer, holländischer, flämischer und italienischer Künstler zu sehen. Neben den antiken Kunstschätzen lateinamerikanischer und europäischer Herkunft sind **Werke von Goya, Velázquez und Rubens** die Highlights des Museums.

❯ Trocadero e/Zulueta y Monserrate (**Arte Cubano** – Cubanische Kunst) und San Rafael e/Zulueta y Monserrate (**Arte Universal** – Internationale Abteilung), Tel. 78639484, 78610241, www.bellasartes.cult.cu, Eintritt: 5 CUC für eine der beiden Abteilungen, 8 CUC für beide Abteilungen, Kinder bis 12 Jahre gratis, Führungen jeweils 2 CUC extra, geöffnet: Di–Sa 9–17, So 10–14 Uhr

❺ Plaza de la Catedral ★★★ [C3]

Die gepflasterte Plaza de la Catedral wird von der kleinen, an ihrer Nordseite gelegenen und in barockem Stil reich verzierten Catedral de la Virgen Maria de la Concepción Inmaculada (Kathedrale der Jungfrau Maria von der unbefleckten Empfängnis) beherrscht.

Das im 18. Jh. errichtete, verhältnismäßig kleine und mehrfach umgebaute Gotteshaus wird von den Cubanern schlicht „Catedral Colón" oder „Catedral de San Cristóbal" genannt. Die Statue der Heiligen Jungfrau ist in den Hochaltar integriert. Die Turmbesteigung kostet 1 CUC, ist aber nicht immer möglich.

▷ *Besonderes Highlight in der Altstadt: Havannas kleine Kathedrale*

Havannas Hafenallee entlang

*Die auch **Avenida Carlos Manuel de Céspedes** genannte Avenida del Puerto (Hafenallee) wurde erst zu Beginn des vorletzten Jahrhunderts nach umfangreichen Erdaufschüttungen angelegt. Zwischen ihr und der Calle Tacón liegt heute ein aus zwei Teilen bestehender großer Park: Der westlichere **Parque Anfiteatro** mit einem griechisch anmutenden Open-Air-Theater und einem großen kostenpflichtigen Kinder-*

*spielplatz („parque de diversiones") mit kleinem Riesenrad (s. S. 123) sowie der **Parque Luz Caballero,** den die Statue des cubanischen Philosophen José de la Luz Caballero (1800-1862) schmückt. Wenig weiter, direkt am Hafenbecken, stößt man auf den 1838 errichteten, marmornen **Fuente de Neptuno** (Neptun-Brunnen) mit dem entsprechenden römischen Gott samt Dreizack.*

Die drei anderen Seiten der Plaza werden von aristokratischen Gebäuden der Kolonialzeit begrenzt: Im 16. Jahrhundert ließ Gouverneur General Gonzalo Pérez de Angulo die heute an der Nordwestseite des Platzes gelegene **Casa del Marqués de Aguas Claras** errichten. Im Portikus befindet sich ein der Lage entsprechend teures Café, während im prächtig dekorierten Innern das **Restaurante El Patio** (s. S. 60) untergebracht ist.

An der Südseite der Plaza und gegenüber der Kathedrale steht die

Casa del Conde de Bayona aus dem Jahre 1720. Das schlichte, zweistöckige Gebäude ist ein besonders schönes Beispiel für eine traditionelle Händlerresidenz dieser längst vergangenen Epoche. Heute beherbergt es das **Museo de Arte Colonial** (s. S. 52), dessen umfangreiche Sammlung Möbel, Porzellan, Musikinstrumente und mancherlei andere Artefakte der Kolonialzeit umfasst. Die besten Fotos der Kathedrale schießt man aus dem frei zugänglichen oberen Stockwerk.

061hv Abb.: fo©dred2010

Die Ostseite der Plaza wird von einem 1741 fertiggestellten und heute **Casa de Lombillo** genannten Gebäude beherrscht, in dem man heute beispielhaftes Interieur der Kolonialzeit bestaunen kann (koloniale Einrichtung).

Die in unmittelbarer Nachbarschaft gelegene **Casa del Marqués de Arcos** wurde ebenfalls in den 1740er-Jahren errichtet. Die Bronzestatue unter dem Säulenvordach stellt den spanischen Tänzer Antonio Gadez (1936–2004) dar.

EXTRATIPP

Kirchen in Habana Vieja
Neben der Kathedrale, der Iglesia del Santo Ángel Custodio ❸ und der Iglesia de San Francisco de Asís am gleichnamigen Platz ⓫ können Fans sakraler Bauwerke in Habana Vieja noch ein halbes Dutzend weitere Kirchen (iglesias) aus der Kolonialzeit besuchen. Zentral liegt z. B. das schmucke Kirchlein Santo Cristo del Buen Viaje am gleichnamigen Platz [B4], Ecke Lamparilla y Villegas.

Der Eintritt in Cubas katholische Gotteshäuser ist frei. Kleinere Kirchen sind außerhalb der Messe oft geschlossen. Häufig kann man jedoch den in der Nachbarschaft lebenden **sacristán** (Küster) ausfindig machen, der Interessierte gegen eine adäquate Spende mit einer kleinen Privatführung erfreuen kann.

In den mehr als 30 katholischen Kirchen Havannas findet grundsätzlich jeden Sonntag und an hohen Feiertagen eine Morgenmesse statt, in der berühmten Kathedrale an der Plaza de la Catedral beispielsweise um 10.30 Uhr.

---

❻ Calle Empedrado ★ [C3]

Die gepflasterte Calle Empedrado führt von der Nordseite der Plaza de la Catedral gen Westen Richtung Paseo de Martí und Centro Habana. An moderner Kunst interessierte Besucher sollten sich das **Centro de Arte Contemporáneo Wifredo Lam** (s. S. 55) an der Ecke San Ignacio nicht entgehen lassen.

Einen halben Block westlich der Kathedrale quälen sich Touristenströme durch die zweistöckige **Bodeguita del Medio** (s. S. 66), berühmt als Hemingways Trinkstätte Nummer Eins. Die bunt kostümierten, überdimensionierte Zigarren schmauchenden Herrschaften vor dem Eingang lassen sich gegen ein angemessenes Trinkgeld (ab 1 CUC) gerne ablichten. Wer die Gabe nicht freiwillig herausrückt, wird von ihnen hartnäckig daran erinnert.

Die Calle Empedrado 50 Meter weiter hinauf befindet sich die in den 1820er-Jahren erbaute barocke **Casa del Conde de la Reunión** mit der hier ansässigen **Fundación Alejo Carpentier** (Mo–Fr 8–15 Uhr, Eintritt frei, Tel. 78615506), in deren drei Räumen man einiges über das bewegte Leben des berühmten cubanisch-französischen Literaten (1904–1980) erfährt.

Zwei Blocks weiter westlich stößt man auf den **Parque Cervantes**, seit 1906 geschmückt von einer lebensgroßen **Marmorstatue von Miguel de Cervantes** (1547–1616), dem berühmten Schöpfer des Don Quijote, sitzend und in voller Montur mitsamt zeitgenössischer Halskrause.

▷ *Koloniale Prachtbauten säumen die Plaza de Armas*

❼ Plaza de Armas ★★★ [D3]

Die 1519 angelegte, mehrfach umgestaltete Plaza de Armas ist der älteste Platz Havannas. In seinem Zentrum findet man heute eine von Palmen umrahmte Marmorstatue des Nationalhelden Manuel de Céspedes.

Das **koloniale Flair** und der nahe **Markt für Secondhandbücher** unter freiem Himmel ziehen den ganzen Tag über Touristenscharen an. Rund um die Plaza stehen mehrere bedeutende Gebäude, von denen die eindrucksvollsten kurz vorgestellt werden sollen.

Westseite

Der dreistöckige **Palacio de los Capitanes Generales**, ein herrliches Beispiel barocker cubanischer Baukunst, wurde zwischen 1776 und 1792 errichtet und diente insgesamt 65 Gouverneuren als Residenz. Im Westflügel befand sich bis 1834 eine berüchtigte Haftanstalt. 1902 wurde der Prachtbau Sitz der Regierung, seit 1967 ist hier das sehenswerte **Museo de la Ciudad de La Habana** (Stadtmuseum, s. S. 53) untergebracht, das einen kleinen Einblick in die Geschichte der Hauptstadt bietet.

Man besichtigt den „Salón de Espejos" (Spiegelsaal) und den Thronsaal. Sehenswert ist auch das **Original von „La Giraldilla"** (s. S. 19), der ältesten Bronzefigur Cubas auf dem Aussichtsturm des Castillo de la Real Fuerza ❽. Die Ko-

023hv Abb.: js

lumbus-Statue im begrünten Innenhof wirkt vor dem Hintergrund der sie umgebenden Palmen etwas unscheinbar.

Nordseite

Der **Palacio del Segundo Cabo** (Sitz des Vizegouverneurs, der Eintritt ist frei) wurde in den 1770er-Jahren in einem teils maurisch, teils barock anmutendem Stil errichtet. Im Erdgeschoss wechselnde, teilweise interaktiv präsentierte Ausstellungen. **Das obere Geschoss wird derzeit (Anfang 2018) umfassend saniert.** Östlich neben dem Palast trifft man auf eine lebensgroße Marmorstatue von König Fernando VII. (1784–1833).

Ostseite

Unmittelbar östlich des Castillo de la Real Fuerza ❽ erinnert ein **Obelisk** an 77 cubanische Seeleute, die 1941 bei einem Angriff deutscher U-Boote ums Leben kamen.

Der als **El Templete** bezeichnete Nachbau eines dorischen Tempels dominiert die Nordostecke der Plaza de Armas. An der Stelle dieses Bauwerks soll Havanna der Legende nach gegründet worden sein. El Templete, der einem Bauwerk in der baskischen Stadt Guernica nachempfunden ist, wurde 1828 fertig gestellt. In seinem Innern finden sich drei große Gemälde des französischen Malers und Architekten Jean-Baptiste Vermay (1786–1833), die Szenen der Stadtgeschichte darstellen (geöffnet: Di–So 9.30–16.30 Uhr, Eintritt: 2 CUC).

Das stattliche Gebäude südlich von El Templete ist der ehemalige **Palacio del Conde de Santovenia** und beherbergt heute das Hotel Santa Isabel (s. S. 134).

Südseite

Die in der südöstlichen Ecke der Plaza gelegene Bücherei **Biblioteca Pública Martínez Villena** hat die kleine **Galería Villena**, ein **Peso Cubano-Café** sowie das **Museo Nacional de Historia Natural** (tägl. 9.30–18 Uhr, Eintritt: 3 CUC) als Nachbarn.

An der südwestlichen Ecke befindet sich das stets belebte **Café La Mina** (s. S. 60). Westlich davon wurde in der **Casa del Agua de la Tinaja** (Haus des Tonkrugwassers) jahrzehntelang Mineralwasser aus einer 1544 entdeckten Quelle für 20 Centavos pro Glas ausgeschenkt. Als Wirt fungierte von 1952 (!) bis 2016 der stets bestens gelaunte Pedro Pablo (siehe Foto S. 79). Solange kein würdiger Nachfolger gefunden ist, bleibt der einmalige Laden geschlossen.

❽ Castillo de la Real Fuerza ★★ [D3]

An der Nordostecke der Plaza de Armas ist die kompakte Festung Castillo de la Real Fuerza nicht zu übersehen. Mit seinem breiten Burggraben und dem eckigen Schutzwall stellt das zwischen 1558 und 1577 errichtete Kastell den **ältesten noch existierenden Militärbau Havannas** dar. Auf einem der Aussichtstürme blickt mit einer Kopie der Wetterfahne „La Giraldilla" (s. S. 19) ein Symbol der Stadt gen Hafen. In der Festung ist heute das **Museo de Navegación** untergebracht, das sich der Geschichte der Schifffahrt widmet. Highlights sind die edelmetallenen Preziosen im *Sala de Tesoro* (Schatzkammer) und Modelle unterschiedlichster Wasserfahrzeuge.

❯ Avenida del Puerto, Ecke O'Reilly, Tel. 78644488, Eintritt: 3 CUC (Kinder bis 12 Jahre gratis), geöffnet: Di–So 9.30–17 Uhr

La Giraldilla

Es kursieren drei gängige Theorien zur Bedeutung der **bronzenen Wetterfahne** *auf dem Castillo de la Real Fuerza* ❽*, die Gerónimo Martín Pinzón (1607–1649) im Jahr 1634 nach dem Vorbild der La Giralda im mutterländischen Sevilla fertigstellte und die u. a. alle Etiketten des von Havana Club vertriebenen Rums schmückt. Nach einer Auffassung ist die etwas entrückt dreinblickende Bronze-Lady schlicht ein Siegessymbol. Andere vermuten, sie stelle eine Personifizierung der Stadt Sevilla dar, schließlich habe sich dort der wichtigste Zielhafen der nach Europa auslaufenden Schiffe befunden.*

Der dritten, romantischen Theorie zufolge stellt die Figur **Señora Inés de Bobadilla,** *die Frau des Gouverneurs und Abenteurers Hernando de Soto (1496–1542), dar. Die bedauernswerte Dame soll jahrelang jeden Nachmittag vergebens den Horizont abgesucht und auf die Rückkehr ihres Gatten, der auf dem amerikanischen Festland umgekommen war, gewartet haben. Ihr zu Ehren soll La Giraldilla am höchsten Punkt Havannas mit Blick auf den Hafen aufgestellt worden sein. Inés fungierte in Abwesenheit ihres Mannes angeblich als Gouverneurin Cubas.*

❾ Calle Obispo ★ ★ ★   [B3]

Die bei Weitem belebteste Straße Havannas verbindet die Plaza de Armas ❼ *mit dem Parque Central* ⓲*. Ihren Namen verdankt die Obispo dem ehemaligen Bischofssitz an der Ecke zur Calle Oficios.*

Dank aufwendiger Renovierungsarbeiten hat die Calle Obispo in den 1990er-Jahren die **Eleganz der Kolonialzeit** wiedergewonnen. Die moderne Beleuchtung sorgt dafür, dass man auf ihr praktisch rund um die Uhr zwischen den beiden Teilen des historischen Stadtkerns flanieren kann. Trotz des Gedränges kommt die Atmosphäre der Obispo dem gängigen Cuba-Klischee besonders nahe: herausgeputzte Kolonialbauten, Galerien, lässige Habaneros aller Altersstufen und Hautfarben und in jedem Lokal der unverkennbare Sound der Gassenhauer vom Comandante Che und der Schönen aus Guantánamo.

Achtung: Trotz massiver Polizeipräsenz tummeln sich hier besonders viele dreiste **Schlepper!** Bei dem etwa 20-minütigen Spaziergang durch die Obispo passiert man zahlreiche Gebäude und Einrichtungen von touristischem Interesse. Hier eine nicht abschließende Auswahl:

Das rosafarbene, in den 1920er-Jahren errichtete **Hotel Ambos Mundos** (s. S. 133) an der Ecke Mercaderes ⓬ zehrt nach wie vor von seinem Ruf als Hemingways Lieblingsabsteige in den 1930er-Jahren. Das vom Meister bevorzugte, recht spartanisch ausgestattete Zimmer No. 511 kann für 2 CUC besichtigt werden (geöffnet: tägl. 10–17 Uhr).

Das **Museo Numismático** (s. S. 54), das sich mit historischen Münzen und der Geschichte des Geldes befasst, ist in No. 335 untergebracht. Sehr auffällig ist das im ehemaligen **Palacio de Joaquín Gómez** untergebrachte **Hotel Florida** (Obispo

No. 252, s. S. 133). Die 1838 gestaltete Lobby gilt als eine der schönsten Cubas.

Die 1898 eröffnete Apotheke in der Obispo No. 155 heißt **Museo y Farmacia Taquechel** (geöffnet: tägl. 9–17 Uhr, Tel. 78629286) und bietet unter anderem Kosmetik, Naturprodukte sowie homöopathische Mittelchen feil. Auf den Regalen reihen sich uralte Glas- und Majolikabehälter, Destilliergefäße und anderes pharmazeutisches Gerät aneinander.

🔟 Calle Oficios ★★ [D3]

Einst diente die Calle Oficios als Verbindung zwischen dem militärischen Zentrum der Plaza de Armas ❼ und dem Hafen- und Handelsgebiet um die Plaza de San Francisco ⓫. Die **zahlreichen hübschen Fassaden** schmeicheln dem Auge des an Architektur interessierten Betrachters. Zwei Gebäude sind besonders sehenswert:

In dem im 18. Jahrhundert errichteten Gebäude mit der Nummer 12 befindet sich die **Casa de los Árabes** (Haus der Araber, Di–Sa 9.30–17, So 9–13 Uhr, Eintritt 1 CUC, Fotos und Video extra, Tel. 78615868), die an frühe libanesische, syrische und palästinensische Kolonien auf Cuba erinnert. Hier ist auch die einzige Moschee des Landes untergebracht. Schwerpunkte der ständigen Ausstellungen sind spanische und arabische Bronzeplastiken, Teppiche und Möbel aus dem 18. und 19. Jahrhundert.

Die sehenswertesten Hotelgebäude im Einzugsgebiet der Oficios sind das **Hostal Valencia** (Tel. 78671037) in Nummer 53 und das **Hostal El Comendador** (Tel. 78671037, 78616423) in Oprapía No. 55. Unweit des Letztgenannten wurde im Jahre 2000 der **Jardín Diana de Gales** (Calle Baratillo, Ecke Carpinetti) eingeweiht. Der kleine Park hält die Erinnerung an die 1997 tödlich verunglückte und auch auf Cuba sehr geschätzte britische Prinzessin Diana wach.

⓫ Plaza de San Francisco ★★ [D4]

Die malerische, an die Avenida del Puerto grenzende Plaza de San Francisco (Platz des Hl. Franziskus) öffnet sich am Fuße der Calle Amargura. In der Mitte des Platzes steht der eindrucksvolle, 1836 von Giuseppe Gaggini nach einem Vorbild in der Alhambra zu Granada geschaffene Brunnen **Fuente de los Leones** (Löwenbrunnen).

An die einstige Bedeutung der Plaza als Handelszentrum erinnern mit der 1914 errichteten **Aduana General de la República** das historische Zollhaus und die 1907 fertiggestellte **Lonja de Comercio** (einst Sitz der Börse), auf deren Kuppel eine Statue des römischen Handelsgottes Merkur thront. Der für Kreuzfahrtschiffe ausgelegte **Terminal Sierra Maestra** befindet sich nur einen Steinwurf entfernt. Nirgendwo sonst auf der Welt ankern Luxusliner so nahe an einem historischen Stadtzentrum.

Der sich südlich anschließende Komplex **Iglesia y Convento de San Francisco de Asís** dominiert die nähere Umgebung des Platzes. Die schmucke Basilika wurde zwischen 1580 und 1591 im Auftrag der Franziskanermönche erbaut und erhielt um 1730 ihre heutige barocke Gestalt. Das dreischiffige Innere ist kreuzförmig angelegt und mit Gemälden un-

▷ *Idyllisch: Plaza de San Francisco*

bekannter cubanischer Künstler aus dem 18. Jahrhundert und einer Holzstatue des heiligen Franz von Assisi geschmückt. Aufgrund ihrer ausgezeichneten Akustik wurde die Basilika in einen **Konzertsaal für Chor- und Kammermusik** umgestaltet. Das aktuelle Programm ist im Eingangsbereich angeschlagen. Durch die Kirche gelangt man in den kleinen, Mutter Theresa zu Ehren angelegten Garten **Jardín de Madre Teresa de Calcuta**. Das angrenzende, 1739 fertiggestellte Klostergebäude beherbergt heute das **Museo de Arte Religioso** (Museum für religiöse Kunst, s. S. 53).

› Eintritt zu Kirche inkl. Turmbesteigung und Museum: 2 CUC (der Turm wurde bei Redaktionsschluss Anfang 2018 restauriert), Di–Sa 9.30–16 Uhr. Sonderausstellungen kosten extra. Konzerte 10 CUC.

Unweit des Eingangs zur Kirche erinnert eine lebensgroße, von José Villa Soberón geschaffene Bronzestatue an den in den 1950er- und 1960er-Jahren stadtbekannten Clochard „**El Caballero de París**". Der „Herr von Paris" verdankt seinen Spitznamen der Tatsache, dass er sich gerne in der Nähe des Café de Paris aufhielt.

In der Nähe der Kirche wurde mit deutscher Unterstützung die leider noch bis ins Jahr 2018 hinein geschlossene **Casa Alejandro von Humboldt** (Oficios No. 254, Ecke Muralla, Tel. 78639850, Eintritt frei) eingerichtet. Deutschlands berühmtester Naturforscher, Alexander von Humboldt (1769–1854), hielt sich 1800/1801 und 1804 zu Studienzwecken in Cuba auf. Auch aufgrund seiner für die damalige Zeit ungewöhnlich strikten Ablehnung der Sklaverei wird er auf der Insel nach wie vor sehr geschätzt und mit Christoph Kolumbus und dem Ethnologen Fernando Ortíz zu den „drei Entdeckern Cubas" gezählt. Das kleine Museum zeigt unter anderem Auszüge aus Humboldts Schriften und zeitgenössische Navigationsinstrumente.

⑫ Calle Mercaderes ★★ **[C4]**

Die **elegante „Straße der Kaufleute"** Mercaderes verbindet die Plaza de Armas ➐ mit der vier Blocks wei-

060hv Abb.: fo © kmiragaya

ter südlich gelegenen Plaza Vieja ⑭.
Unter den zahlreichen ordentlich in-
standgesetzten Gebäuden ragen die
folgenden besonders heraus:

› Zwischen den Calles Obispo und Obrapía
passiert man zunächst die in Mercaderes No. 114 untergebrachte **Maqueta del
Centro Histórico** (s. S. 52), ein Modell
der Altstadt Havannas im Maßstab
1 : 5000.

› Hausnummer 111 gleich gegenüber
beherbergt das **Casa-Museo de Asia**
(Asien-Museum, s. S. 52).

› Nebenan vertreibt die mit einer hübschen Front aus Holz und Glas versehene **Tienda El Navegante** (Mercaderes No. 115 e/Obispo y Obrapía, Tel.
78613625) See- und Landkarten sowie
Stadtpläne.

› Mercaderes No. 120 beherbergt mit
La Casa del Habano (s. S. 74) ein
Geschäft, das sich der gefälligen Präsen-
tation und dem Verkauf edler Zigarren
und Rauchutensilien verschrieben hat.

› An der Ecke zur Obrapía firmiert unter
No. 116 die **Casa del Benemérito de
las Américas Benito Juárez.** Die auch
schlicht „Casa de México" genannte Einrichtung wird von der Sociedad Cubana
Mexicana de Relaciones Culturales
betrieben und widmet sich dem cuba-
nisch-mexikanischen Kulturaustausch.
Eine Ausstellung zeigt mexikanische Kleidung und Kunsthandwerk sowie azteki-
schen Schmuck (Tel. 78618166, Di–Sa
9.30–17, So 9.30–13 Uhr, Eintritt frei).

› Unweit der Kreuzung Mercaderes/
Obrapía findet man eine Reihe beson-
ders schicker Gebäude, darunter die
Casa de la Obra Pía („Haus der wohltä-
tigen Tat/Stiftung", Obrapía No. 158,
Tel. 78613097, eine voll ausgestattete
Wohnung der Kolonialzeit und zugleich
Museum mit dem Schwerpunkt Skulp-
turen und Porzellan, Eintritt frei) und die
Casa de África (Obrapía No. 157, Tel.
78615798, Tausende Exponate aus und

über Afrika mit einem Schwerpunkt auf
dem traurigen Kapitel Sklaverei, Eintritt:
2 CUC).

› Ebenfalls in der Calle Obrapía werden
östlich der Calle Mercaderes in der **Casa
de los Abanicos** (s. S. 74) traditionelle
spanische Fächer hergestellt, bemalt
und verkauft.

› Zwischen der Calle Obrapía und der
Plaza Vieja stößt man zunächst auf das
**Casa-Museo del Libertador Simón Bolí-
var** (Mercaderes No. 156, s. S. 52),
in dem einige Artefakte aus Venezuela
ausgestellt sind. In No. 202 befindet
sich das **Hostal Conde de Villanueva**
(s. S. 73) mit dem gegenüberliegen-
den **Parque Rumiñahui.**

› Im **Museo del Chocolate** in der Mercaderes No. 380 an der Ecke Amargura
genießt man kalte und heiße Trinkscho-
kolade (Tel. 78664431, Eintritt frei,
Drinks ca. 1 CUC, Di–Sa 9.15–16.45, So
9–13 Uhr).

⑬ Museo del Ron ★★　　[D4]

Das von der Fundación Destilera Habana Club betriebene Museo del Ron
Habana Club ist im einstigen **Palacio
del Conde Mortera** untergebracht.
Der interessierte Besucher erhält
eine profunde audiovisuelle Einfüh-
rung in das Mysterium der Rumherstellung (auch in deutscher Sprache).

**Mit der Fähre
auf die andere Hafenseite**
EXTRAINFO Eine Überfahrt mit den Personenfäh-
ren *(lanchitas)* von der kleinen Mole
an der Avenida San Pedro zur anderen Seite des Hafenbeckens kostet
Ausländer 1 CUC. Die nicht sehr kom-
fortablen Fähren starten von 8 bis
24 Uhr mindestens alle 30 Minuten.
Sicherheitskontrolle à la Flughafen.

KURZ & KNAPP

Das Einmaleins des Rumgenusses

Rum gibt es in **drei** Altersstufen: Den dreijährigen **carta blanca**, den fünfjährigen **carta de oro** und den siebenjährigen **añejo** (bei manchen Marken abweichende Bezeichnungen). Je älter der Tropfen, desto weicher sein Aroma. Der *añejo* ist dabei durchaus mit einem edlen Cognac vergleichbar. *Carta blanca* bietet sich für das Mixen von Cocktails an, die beiden anderen genießt man pur oder auf Eis. Aus Rum, Eis und anderen Zutaten werden die berühmten cubanischen **Cocktails** gemixt, besonders populär sind der Mojito, der Daiquiri und der Cuba Libre.

In 13 Etappen werden dem interessierten Besucher die verschiedenen **Phasen der Rumherstellung** von der Böttcherei bis zur Abfüllung nahegebracht. So erfährt man etwa, dass für die Lagerfässer idealerweise das Holz der Weißeiche Verwendung findet und ein hundertjähriger Rum schon mal über 1700 CUC kosten kann.

Hübsch gemacht ist das im Maßstab 1:22,5 gehaltene **Modell einer Zuckerplantage** aus dem frühen 20. Jahrhundert. Am Ende der auch auf Deutsch angebotenen Führung findet eine **Verkostung** der vier bekanntesten Habana-Club-Sorten statt: Silver Dry, Añejo 3 Años, Añejo Reserva und Añejo 7 Años. Die angeschlossene Bar rechts neben dem Haupteingang wird regelmäßig von Kreuzfahrt-Touristen (Kreuzfahrtanleger schräg gegenüber) überrannt (geöffnet: tgl. 9–21 Uhr). Meistens Mo, Do und So gibt es Livemusik bis gegen Mitternacht. Zu dem Komplex gehören außerdem ein Geschäft für Rum und andere Souvenirs (geöffnet: tgl. 9–19 Uhr) und eine kleine Kunstgalerie (Di–So 11–16 Uhr).

❯ Avenida San Pedro No. 262, Ecke Sol, Tel. 78618051, www.havana-club.com, Eintritt: 7 CUC inkl. Führung (auch in deutscher Sprache), geöffnet: Mo–Do 9–17.30, Fr–So 9–16.30 Uhr

Hemingway-Fans schauen nur einen Block weiter in der ehemaligen **Hafenkneipe Dos Hermanos** (s. S. 66) vorbei, wo sich der weltberühmte Autor in Gesellschaft von Seeleuten und Straßenschwalben seinerzeit gerne den ein oder anderen Drink auf die Lampe goss. Nur ein paar Schritte weiter südlich kann die hübsche russisch-orthodoxe Kirche Havannas (Catedral ortodoxa Nuestra Señora de Kazan) besichtigt werden.

025hv Abb.: js

▷ *Selbstgebrautes in einmaligem Ambiente: die Factoría La Muralla (s. S. 60) an der Plaza Vieja*

⑭ Plaza Vieja ★ ★ ★ [C4]

Der weitläufige Platz wurde 1559 angelegt und hieß zunächst Plaza Nueva (Neuer Platz). Im 19. Jahrhundert wurde er in Plaza Vieja (Alter Platz) umbenannt. Bis in die 1990er-Jahre vorwiegend als Parkplatz genutzt, wird die von den Calles Mercaderes, San Ignacio, Brasil (Teniente Rey) und Muralla eingefasste Plaza heute **von sorgfältig restaurierten Arkaden und historischen Gebäuden gesäumt.** Die Mitte des Platzes ziert ein umzäunter, 1796 eingeweihter und liebevoll renovierter **Marmorbrunnen.** Er trägt das Wappen Havannas und das des Conde de Santa Clara, seinerzeit Gouverneur der Stadt.

Auf der Südseite befindet sich das bedeutendste Bauwerk des Platzes: die zwischen 1733 und 1737 als Residenz der Condesa de Merlin errichtete **Casa del Conde Jaruco** (Muralla No. 107), die heute Galerien und Boutiquen beherbergt. In der an der Südostecke der Plaza gelegenen Casa del Marqués de Prado Amero wurde das originelle **Museo de Naipes** (s. S. 53) untergebracht.

Auf der Westseite der Plaza verdient die in der Nordwestecke gelegene **Casa de las Hermanas Cárdenas** besondere Erwähnung. Heute hat sich hier das Centro de Desarrollo de las Artes Visuales (s. S. 55) etabliert. Die Südwestecke wird von der **Factoría La Muralla** (s. S. 60) beherrscht, einem Bar-Restaurant mit eigener Brauerei und großem Freiluftbereich auf der Plaza.

Das **Antiguo Colegio Santo Ángel** aus dem 18. Jahrhundert mit sehenswertem Innenhof besetzt die Nordwestseite des Platzes und dient heute als (kostspieliges) Restaurante Santo Ángel (Tel. 78611626). In der nordöstlichen Ecke befindet sich die schicke **Café Taberna Amigos del Benny** (s. S. 65), ein nach dem legendären Sänger und Komponisten Benny Moré aus Cienfuegos benanntes Bar-Restaurant.

Mit dem **Edificio Gómez Villa** steht das höchste Gebäude des Platzes an der Nordostecke der Plaza. Ein Aufzug befördert den Besucher in die im obersten Stockwerk untergebrachte **Cámara Oscura,** die mithilfe eines 360-Grad-Teleskops Ansichten aller wichtigen Gebäude Havana Viejas auf die Leinwand bringt – eine hervorragende Möglichkeit für einen ersten Überblick! Ein 2010 eröffnetes Planetarium (planetario) befindet sich gleich nebenan!

❭ geöffnet: tägl. 9 – 17 Uhr, Eintritt: 2 CUC

In der südöstlichen Ecke der Plaza Vieja liefert der 1906 fertiggestellte **Palacio Vienna** ein faszinierendes Beispiel für überseeische Art-nouveau-Architektur.

⑮ Convento de Santa Clara ★ [C5]

Der mächtige Bau Iglesia y Convento de Santa Clara de Asís wurde in den Jahren zwischen 1638 und 1644 im spanischen Barockstil errichtet und diente einst als Havannas erstes Nonnenkloster. Die letzten Schwestern verließen den Konvent 1922, inzwischen ist hier das **Centro Nacional de Conservación y Museología** untergebracht. Die neun Gästezimmer sind für gewöhnlich Monate im Voraus ausgebucht.

❭ Cuba No. 610 e/Luz y Sol, Tel. 78615043. **Derzeit (2018) wegen Renovierung geschlossen.**

Afrocubanischer „Voodoo"

O26hv Abb: js

Afrocubanische Kulte mischen Aspekte katholischer Volksfrömmigkeit mit den Religionen westafrikanischer Völker. Die Kolonialmacht Spanien verlangte von den verschleppten Afrikanern die (zumindest formale) Annahme des römisch-katholischen Glaubens. Allerdings hielten viele der Zwangschristianisierten, darunter besonders viele Yoruba, unter dem Deckmantel des Katholizismus an ihren Religionen und Kulten fest. Die heute verbreitetsten Hauptrichtungen sind die Regla Ochá (Santería), die Regla Conga (auch Palo Monte, besonders im Osten Cubas) und die Geheimgesellschaft der Abakuá. Darüber hinaus existieren zahlreiche weitere Gruppen, die Kulten wie Voudou (auch Vudú oder Voodoo), Regla Arará und Gangá Longobá anhängen. Das herausragendste Merkmal der Santería ist die Assoziierung alter afrikanischer Mythengestalten (Orishas) mit katholischen Schutzheiligen. Einen ersten Überblick

über die Santería verschafft man sich durch einen Besuch des Museo de los Orishas **17** unweit des Capitolio im Westen von Habana Vieja.

Alle Anhänger afrocubanischer Kulte glauben an die unmittelbare Wirkung von Zauberformeln („amarres"). Die meisten betreffen den Dreiklang Gesundheit, Liebe und Geld („salud, amor y dinero"). Besonders wirkmächtige Magie darf nur von Santeros oder Babalaos, also speziell initiierten Santería-kundigen Personen, benutzt werden. Besonders eingeweihte Anhänger des Palo Monte bezeichnen sich als Paleros. Werden die Sprüchlein und magischen Handlungen nicht regelgerecht und mit dem jeweils vorgesehenen Brimborium angewendet, bleibt der gewünschte Erfolg normalerweise aus.

⌂ *Die Santería-Gottheit Eleguá besieht sich einen Orakelwurf*

⑯ Estación Central ★ [B6]

Das sehenswerteste Gebäude im Süden der Altstadt ist die venezianisch anmutende Estación Central de Ferrocarriles (Hauptbahnhof) an der Calle Arsenal. Das 1910 errichtete Gebäude wird von zwei Türmen gekrönt, die mit den Wappen der Hauptstadt und des Landes verziert sind. In der Haupthalle ist Cubas erste Dampflokomotive (die legendäre „La Junta") aus dem Jahre 1843 zu bewundern. In einem kleinen Park gleich daneben bewundern Eisenbahn-Fans weitere historische (Dampf-)Lokomotiven.

Am Ende der Avenida de Bélgica (Monserrate) stehen unweit des Bahnhofs Reste der **Muralla de La Habana**, der historischen Stadtmauer.

❯ Egido e/Arsenal y Avenida San Pedro, Tel. 78621920

⑰ Museo de los Orichas ★★ [A5]

Highlight des am Prado zwischen den Straßen Dragones und Máximo Gómez (Monte) gelegenen Museo de los Orichas sind 32 lebensgroße Darstellungen der wichtigsten, Orichas genannten, **Santería-Gottheiten** (s. S. 25).

Das Museum wird von der „Asociación Cultural Yoruba de Cuba" unweit des Hotels Saratoga betrieben. An afrocubanischen Kulten interessierte Besucher erhalten auf Wunsch eine sachkundige Führung (gelegentlich sogar in deutscher Sprache) und reichlich Infomaterial. Zur Anlage gehören auch eine **Bibliothek** und ein **Shop** für zeremonielle Kultgegenstände. Freitags finden ab 17 Uhr häufig Sessions (*actividades*) mit heiligen Batá-Trommeln und Tanz statt.

❯ Paseo de Martí (Prado) No. 615 e/ Dragones y Máximo Gómez (Monte), Tel. 78635953, geöffnet: Di–Sa 9–17 Uhr, Eintritt: 5 CUC. Die angeschlossene Cafetería hat bis 20 Uhr geöffnet. Fotografieren ist nicht erwünscht.

⑱ Parque Central ★★ [A3]

Der schmucke Parque Central liegt am südlichen Ende des Prado gegenüber dem Gran Teatro de La Habana Alicia Alonso ㉓ und den Hotels Inglaterra und Telégrafo. In der Mitte des 1877 angelegten Parks stand zunächst eine Statue von Königin Isabella II. 1905 wurde sie durch eine von José Vilalta y Saavedra aus wertvollem Carrara-Marmor geschaffene Darstellung des Nationalhelden **José Martí** (s. S. 36) ersetzt. An Feier- und Gedenktagen finden hier eindrucksvolle Zeremonien statt.

Der baumbestandene Park zu beiden Seiten der Statue ist von **herrschaftlichen Gebäuden** aus dem 19. und 20. Jahrhundert gesäumt. Zwischen den Stadtteilen Habana Vieja und Centro Habana gelegen, ist er ein beliebter Treffpunkt. So finden cubanische Baseball-Fans stets Gleichgesinnte, um die letzten Spiele und den aktuellen Tabellenstand zu diskutieren. Die Bänke neben der Martí-Statue (in Blickrichtung José Martís rechts) werden vom Volksmund wegen der hier besonders emotional geführten Streitgespräche rund um Cubas **Ballsport Nummer Eins** *esquina caliente* (heiße Ecke) genannt.

Rund um den Park findet man auch einige der bekanntesten Hotels der Stadt. Das pastellfarbene **Hotel Plaza** liegt an der Nordostseite des Parks. Im 19. Jh. als Privathaus mit dreieckigem Grundriss errichtet, wurde es 1909 in ein Hotel umgestaltet und beherbergte in seiner Blütezeit so illustre Gäste wie Enrico Caruso und Anna Pawlowa. Das verhältnismäßig junge **Hotel Parque Central** (s. S. 133) beherrscht die Nordseite des Parks, während das in Blau gehaltene **Hotel Telégrafo** in nordwestlicher Richtung liegt.

Die architektonischen Glanzlichter im Westen des Parks sind das **Gran Teatro de La Habana Alicia Alonso** 🄯 und das 1856 eröffnete **Hotel Inglaterra** (s. S. 134). Sein von einem Vordach geschütztes Café Louvre ist ein Top-Spot, um bei einem kühlen Drink das bunte Treiben in der näheren Umgebung auf sich wirken zu lassen. Im Innern des Hotels erfreuen herrliche architektonische Details in maurischen und arabesken Stilvarianten das Auge. Ein besonderes Highlight ist die lebensgroße „La Sevillana", eine bronzene spanische Tänzerin in der großen Bar.

An der Südseite des Parque Central liegt das 1878 errichtete **Teatro/Cine Payret** (s. S. 71). Wer für einen unschlagbar günstigen Eintrittspreis einen Hollywoodstreifen mit spanischen Untertiteln in extratiefen Theatersesseln genießen wollte, war hier jahrzehntelang genau richtig (bei Druck Anfang 2018 wegen Renovierung geschlossen). Gleich daneben ist die Sporthalle Sala Polivalente Kid Chocolate untergebracht, in der regelmäßig Basketball und Volleyball gespielt wird und auch Boxkämpfe stattfinden.

🄳 Prado (Paseo de Martí) ★★★ [A3]

Havannas berühmteste Flaniermeile verbindet das Castillo de San Salvador de La Punta ❶ mit dem Parque Central 🄳 und lädt Einheimische wie Touristen fast rund um die Uhr zum Bummeln ein.

Die Restaurierung der historischen Altstadt

*Seit den 1990er-Jahren bemüht man sich im Rahmen eines **aufwendigen Restaurierungsprogramms,** den alten Glanz der Altstadt Havannas zu bewahren bzw. wiederherzustellen. Der Stadthistoriker Eusebio Leal Spengler leitet die Sanierung. Ein Teil der Gelder dafür wird von der staatlichen Tourismusgesellschaft Habaguanex erwirtschaftet, die in den renovierten Gebäuden einige der prachtvollsten Hotels und bekanntesten Restaurants Havannas betreibt.*

*Abseits der auch mit Unterstützung der UNESCO restaurierten Straßenzüge gleicht Havannas Altstadt und insbesondere der Bezirk Centro Habana einem **riesigen Abrissgebiet.** Unter dem Einfluss der Seeluft und tropischer Stürme verwittern zahllose architektonische Zeugnisse der Kolonialzeit. Da die meisten Wasserleitungen völlig veraltet sind, ereignen sich außerdem regelmäßig Rohrbrüche.*

Im Jahr 1772 ließ der Marqués de la Torre den Prado außerhalb der damaligen Stadtmauern anlegen. Schnell wurde er ein beliebtes Ausflugsziel für die ansässigen Aristokraten. 1834 wurde die Prachtstraße bunt gepflastert und mit schmiedeeisernen Laternen versehen. Die heutige Form mit den **acht Bronzelöwen** und den **wuchtigen weißen Marmorbänken** erhielt der an die Rambla Barcelonas erinnernde Prado Ende der 1920er-Jahre unter Federführung des französischen Landschaftsarchitekten Jean Claude Nicolas Forestier.

Entlang des Prado findet der aufmerksame Liebhaber exotischer Baustile zahlreiche Beispiele für den jahrhundertelang anhaltenden **maurischen Einfluss auf Havannas Architektur:** Die Fassade des zwischen den Straßen Refugio und Trocadero gelegenen **Centro Cultural de Árabe** ist mit einem in orientalischem Stil gehaltenen Mosaik geschmückt, die Front des ehemaligen Hotel Regis an der Ecke Refugio lässt Art nouveau und arabeske Elemente miteinander verschmelzen und in der Lobby des an der Ecke Trocadero ansässigen **Hotels Sevilla** (s. S. 134) fühlt sich der Besucher mit etwas gutem Willen in eine marokkanische Medina versetzt – kein Zufall, schließlich ließen sich die Architekten von der Alhambra in Granada inspirieren.

Weitere sehenswerte Baudenkmäler entlang des Prado:

In der als **Casa del Científico** (Ecke Trocadero) bezeichneten ehemaligen Residenz des cubanischen Präsiden-

ten José Miguel Gómez ist heute ein kleines Hotel untergebracht. Im ersten Stock des **Palacio de Matrimonio** (Hochzeitspalast) an der Ecke Ánimas finden fast täglich Trauungszeremonien statt. Das Gebäude wurde 1914 von der Vereinigung spanischer Immigranten errichtet und besticht durch seine bemerkenswerte Fassade im neobarocken Stil. Das modernistisch anmutende **Teatro Fausto** an der Ecke Colón ist am oberen Ende seiner Fassade mit einem an Art déco erinnernden Ornamentband verziert. Die **Bronzestatue** am dem Meer zugewandten Ende des Prado stellt den patriotischen Dichter Juan Clemente-Zenea (1832–1871) dar, der von den Spaniern hingerichtet wurde.

⌃ Der Prado verbindet den Parque Central **18** *mit der Uferpromenade Malecón* **25**

▷ Unübersehbar: das Capitolio

Centro Habana

Centro Habana liegt zwischen den touristisch wesentlich wichtigeren Stadtteilen Habana Vieja und Vedado. Im 19. Jahrhundert als Wohngebiet für das Bürgertum konzipiert, sind heute viele Gebäude in sehr schlechtem Zustand. Die Zahl der Sehenswürdigkeiten hält sich in Grenzen. Allerdings ist auf den oft schachbrettartig angelegten Straßen fast rund um die Uhr etwas los. Schnell gewinnen Reisende einen **authentischen Einblick** in den besonderen Mikrokosmos dieses Stadtteils.

Im Norden wird Centro Habana von der Uferpromenade Malecón ㉕ begrenzt. In Ost-West-Richtung bilden die Calle Zanja [g/hl] und die an der Kreuzung mit der Nord-Süd-Achse Padre Varela (Belascoain) in die Avenida Salvador Allende (Carlos Tercero) übergehende Avenida Simón Bolívar (Reina) [hm] die wichtigsten Verkehrsadern. Um den als **eher unsicher** geltenden Süden von Centro (etwa jenseits der Calle Zanja) macht man nachts besser einen großen Bogen.

Die Mehrzahl der Sehenswürdigkeiten in Centro Habana liegen in der Nähe des Capitolio ⓴ und können von Habana Vieja aus auch zu Fuß angesteuert werden.

⓴ Capitolio ★★★ [A4]

Das 1926 bis 1929 aus hellem Kalksandstein erbaute Capitolio Nacional dominiert mit seiner knapp 62 Meter hohen, säulenumkränzten Kuppel das Stadtbild an der Grenze zwischen Habana Vieja und Centro Habana.

Die **Nachbildung des Kapitols in Washington** war ursprünglich Sitz des Repräsentantenhauses und des Senats. Heute wird das Capitolio von der Akademie der Wissenschaften, dem Umweltministerium und der Nationalbibliothek genutzt. Eine breite Freitreppe führt, flankiert von zwei großen allegorischen Darstellungen (links „Die Arbeit", rechts „Die Tugend"), ins Gebäude. Die drei hohen Bronzetüren am Eingang thematisieren Cubas Geschichte seit Kolumbus' Landnahme. In der marmornen Kuppelhalle prunkt mit Schild und Schwert die goldüberzogene **Estatua**

028hv Abb.: js

Kirchen in Centro Habana
Neben der gotischen *Iglesia del Sagrado Corazón* ㉔ gibt es im selben Stadtteil drei weitere wichtige Gotteshäuser (Eintritt und Öffnungszeiten s. S. 16).

▌▌1 [hm] **Iglesia Nuestra Señora de la Caridad del Cobre**, die Kirche „unserer Frau von der Barmherzigkeit von Cobre" ist der Schutzheiligen Cubas, der Jungfrau von Cobre, geweiht.

▌▌2 [gl] **Nuestra Señora del Carmen**, ist dank der großen Virgen-del-Carmen-Statue auf dem fast 60 Meter hohen Kirchturm kaum zu übersehen.

▌▌3 [gl] **Capila de la Inmaculada Concepción**, die „Kapelle der unbefleckten Empfängnis", liegt gegenüber dem Parque Antonio Maceo mit seinem monumentalen Reiterstandbild des „bronzener Titan" genannten Nationalhelden. Hier beten viele Angehörige von Patienten des nahe gelegenen Hospital Hermanos Ameijeiras (Geschwister-Ameijeiras-Krankenhaus, s. S. 122) für deren rasche Genesung.

de la República – mit beeindruckenden 17,5 Metern Höhe und 49 Tonnen Gewicht eine der größten Bronzestatuen der Welt. Am Boden davor markiert die Kopie eines Diamanten den Punkt, von dem aus alle Distanzen innerhalb Cubas gemessen werden.

Man besichtigt ferner die im Stil der italienischen Renaissance eingerichteten **Sitzungssäle**, die **Bibliothek** und den mit Säulen, Fresken und einer Mosaikdecke verzierten **Parlamentssaal**. Vor der **Freitreppe** schießen lizensierte Fotografen für nur 1 CUC mit uralten Kameras Fotos von Touristen.

❯ Paseo de Martí e/San Martín y Dragones, Eintritt: 3 CUC (Fotos bzw. Videos

2 CUC extra, geführte Touren 1 CUC), geöffnet: Mo–Sa 10–18 Uhr. **Derzeit (Anfang 2018) wegen umfangreicher Renovierungsarbeiten geschlossen.**

㉑ Parque de la Fraternidad Americana ★ [A4]

Am Südende des Prado ⑲ liegt links des Capitolio der 1892 auf dem Gelände eines alten Militärübungsplatzes angelegte Parque de la Fraternidad (Park der Brüderlichkeit). Seine heutige Erscheinung geht auf Umbauten anno 1927 zurück. Im Zentrum des Parks steht der 1928 gepflanzte **Árbol de la Fraternidad Americana** (Baum der amerikanischen Freundschaft). Unweit davon sind Büsten von amerikanischen Sympathieträgern wie Simón Bolívar und Abraham Lincoln zu besichtigen. In den Straßen rund um den Park starten viele Stadtbusse und Sammeltaxis *(colectivos/máquinas/almendrones).*

Der monumentale Brunnen **Fuente de la India Noble Habana** befindet sich unmittelbar östlich des Parque de la Fraternidad. Eine barbusige *indígena* thront hier seit 1837 in Carrara-Marmor gehauen auf einem wuchtigen Sockel aus dem gleichen Material.

㉒ Zigarrenfabrik Partagás ★ [A4]

Gleich hinter dem Capitolio kann die ob ihrer **auffälligen Fassade** unübersehbare Fábrica de Tabaco Partagás (offizieller Name: Fábrica Francisco Pérez Germán) besichtigt werden.

Während der geführten Tour erfährt man unter anderem, dass hier seit über 150 Jahren Zigarren von Hand gerollt werden, es alleine 40 Partagás-Typen gibt und warum der Geist des 1868 ermordeten Zigarrenbarons Don Jaime Partagás Ravelo regelmäßig vorbeischaut. Höhepunkt der 45-minütigen Besichtigungstour ist eine 50 Zentimeter messende Riesen-Havanna. In der angeschlossenen Lounge kann man das im Fabrik-Shop erstandene „braune Gold" gleich stilvoll qualmen. Die vor dem Fabriktor von Schleppern diskret angepriesenen Zigarren sind in jedem Fall gefälscht, Ausschussware oder gestohlen (siehe Hinweise zum Zigarrenkauf S. 72).

> Industria 520 e/Barcelona y Dragones. **Anfang 2018 war die Fabrik leider geschlossen,** der gut sortierte Zigarrenshop rechts vom Eingangsportal aber in Betrieb. Die Fabrikation wie auch die Besichtigungstour in eine Zigarren-Manufaktur wurden in den Süden des Stadtteils **Centro Habana** verlegt. Geführte Touren Mo–Fr vormittags, 10 CUC inkl. Transfer. Buchung in den großen Hotels auch für Nicht-Hotelgäste.

🔴23 **Gran Teatro de La Habana Alicia Alonso** ★ ★ ★ [A3]

Unmittelbar südlich des Hotels Inglaterra stößt man gegenüber dem Parque Central auf das architektonische Wunderwerk Gran Teatro.

Zu Ehren von Cubas berühmtester Primaballerina ist das 1837 als Teatro Tacón errichtete Gebäude seit 2016 nach der inzwischen fast 100 Jahre alten Alicia Alonso benannt. Der **neobarocke Charakter** der 1915 fertiggestellten Fassade des Theaters ist ein absolutes Highlight.

Auf den **markanten Ecktürmen** strecken sich Engel gen Himmel. Na-

029hv Abb.: om

△ *Nationalheld Antonio Maceo im gleichnamigen Parque [gl]*

Calle San Rafael (Boulevard)

Das am westlichen Ende des Parque Central 🔴18 , zwischen dem Hotel Inglaterra und dem Gran Teatro, beginnende erste Teilstück der Calle San Rafael wird auch schlicht Boulevard genannt. Die bis in die 1950er-Jahre für ihre zahlreichen Luxusgeschäfte berühmte Straße wird heute von **kleinen gastronomischen Betrieben** gesäumt und ist fast rund um die Uhr sehr belebt. Wegen der hier besonders dreisten Schlepper und Taschendiebe meiden sicherheitsbewusste Reisende den Boulevard insbesondere abends und nachts.

Pause im Chinesenviertel

Durch ein ausladendes Drachentor betritt man das chinesische Viertel *(barrio chino)*, früher das größte in ganz Lateinamerika. Nach der Revolution verließen die geschäftstüchtigen Chinesen Castros Cuba in Scharen. Die verbliebenen China-Restaurants bewirten gerne auch Touristen.

Stilechter ist es allerdings, sich an einem Straßenstand für 1 oder 2 CUC eine Pappschachtel *(cajita)* mit Fleisch, Reis, Yucca und grünem Salat zu besorgen. Falls kein Besteck zur Hand ist: Ein Stück der *cajita* tut es auch.

tionale Ballett- und Opernensembles begeistern regelmäßig über 1100 Zuschauer im herrlich dekorierten und mit samtbezogenen Stühlen versehenen **Hauptsaal.** Für weniger spektakuläre Darbietungen sind die 500 Plätze umfassende Sala Alejo Carpentier und die für 120 Zuschauer ausgelegte Sala Artaud vorgesehen.

› Paseo de Martí e/San Rafael y San Martín, Tel. 78613077/78/79. Der Eintritt zur geführten Besichtigung schlägt mit 5 CUC zu Buche und für die manchmal lange im Voraus ausverkauften Vorstellungen kalkuliert man 30 CUC. Besichtigung und Tageskasse: Mo–Sa 9–17, So 9–13 Uhr. Gute Hotelrezeptionen sind bei der telefonischen Ticketreservierung behilflich.

24 Iglesia del Sagrado Corazón ★★ [hm]

Die imposante Iglesia del Sagrado Corazón (Kirche vom geheiligten Herzen) wurde 1922 nach nur acht Jahren Bauzeit fertiggestellt. Sie ist das mit Abstand sehenswerteste Bauwerk an der viel befahrenen Avenida Salvador Allende (Avenida Carlos Tercero), einer breiten Ausfallstraße, die am Parque de la Fraternidad 21 beim neoklassischen, 1844 erbauten Palacio de Aldama als Avenida Simón Bolívar (Reina) beginnt und zum wuchtigen Castillo del Príncipe an der Grenze zum Stadtteil Vedado führt.

030hv Abb.: js

Havannas Oldtimer

Hunderte meist sehr gepflegte Chevrolets, Packards, Buicks und Cadillacs aus den 1950er-Jahren - und sogar einige ältere Jahrgänge - mischen sich unter die wenig ansehnlichen Ladas und immer häufiger vertretenen Fabrikate neueren Datums.

Bis zur Revolution und dem US-Handelsembargo importierte man fleißig Automobile des großen Bruders im Norden. Mangels Nachschub hegten und pflegten die Besitzer ihre Gefährte über Jahrzehnte und ersetzten defekte Komponenten bis hin zum Motor durch Ersatzteile anderer Marken jüngerer Bauart.

Heute stellen die „cacharros" (Karren/Kisten) für wohlhabende Cubaner eine beliebte Geldanlage und für Taxifahrer eine verlässliche Einnahmequelle dar.

Sie wollen in einem 52er Plymouth, einem 57er Chevrolet Bel Air Hardtop oder einem Buick Centuries, der deutlich älter ist als Sie selbst, durch Havanna geschaukelt werden? Kein Problem: Vor den Stufen des Capitolio ❷⓪ und in der Umgebung des Parque de la Fraternidad ❷❶ sowie des Parque Central ❶⓼ warten Dutzende von Automobilisten mit den entsprechenden Vehikeln, um diesen Wunsch zu erfüllen.

Die individuelle Gage ist Verhandlungssache und beginnt bei ungefähr 15 CUC pro Stunde oder Ausflug. Preisgünstiger ist ein Lada-Privattaxi, das ganztags mit Chauffeur schon ab etwa 40 CUC gebucht werden kann. Ein empfehlenswerter „taxista" ist der gelernte Rechtsanwalt Arturo Meireles San Martín aus Centro Habana (Tel. 72718851, Mobil (0)52940052). Arturo steuert einen blauen Lada 1600, Baujahr 1976.

Die gotische Kirche nimmt das mittlere Drittel des großen Blocks zwischen den Straßen Padre Varela (Belascoain) und Gervasio ein und bietet dort zuverlässig Zuflucht vor dem oftmals nervenzehrenden Trubel Centro Habanas.

> Sonntagsmesse 9.30 Uhr

❷❺ Malecón ★★★ [hl]

Kurz vor Sonnenuntergang ist die beste Zeit für einen Spaziergang über den Malecón. Der eindrucksvollste Teil der fast sieben Kilometer langen Uferpromenade gehört administrativ zu Centro Habana.

◁ Malecón-Angler vor der imposanten Skyline des Stadtteils Vedado

Am 4. November 1901 verabschiedeten die US-amerikanischen Behörden, die Cuba gerade verwalteten, den Plan zum Bau einer **baumbestandenen Fußgängerpromenade,** die am Castillo de la Punta ❶ beginnen und möglichst weit nach Westen reichen sollte. 1919 erstreckte sich der Malecón bereits bis zur Calle Belascoain, 1921 dann bis zur Rampa (Calle 23 [fk]). Wunschgemäß entwickelte sich die Promenade schnell zu einer wichtigen Verkehrsverbindung zwischen den Stadtteilen Habana Vieja, Centro Habana und Vedado.

Am Malecón reihen sich Gebäude aus verschiedenen Epochen und in höchst unterschiedlichem Erhaltungszustand aneinander – ein **bunter Stilmix** aus Kolonialbauten, verblichenen, einst cremefarbenen Gebäuden und mehrstöckigen, modernen Häusern aus dem 20. Jahrhundert, teilweise mit Loggias im oberen Stockwerk. Vor allem das Gebiet zwischen Prado ⓙ und Calle Belascoain [hl] ist für seine pastellfarbenen und hübsch restaurierten Gebäude berühmt. Wer gerne in dieser Zone wohnen möchte, findet auf S. 134 zwei Übernachtungstipps, darunter das Hotel **Deauville**.

Meistfotografierte Sehenswürdigkeit des zu Vedado gehörenden Teils des Malecón ist das **Hotel Nacional** ㉖.

Vedado

Die Bezeichnung Vedado (wörtlich: „verboten" bzw. „Gehege") erinnert an das „Waldschutzgebiet", das sich hier einst befand – während der Kolonialzeit war es verboten, „im Vedado" Gebäude zu errichten.

EXTRATIPP

Eisdiele Coppelia

In dem nicht sehr ansehnlichen Gebäude auf dem höchsten Punkt der Calle 23 (La Rampa) ist der seit dem cubanischen Filmklassiker „Erdbeer und Schokolade" weltberühmte Eispalast Coppelia untergebracht. Es gibt einen Bereich für CUP- und einen für CUC-Zahler.

Schräg gegenüber grüßt mit dem metallenen Quijote de América eine an der Ecke der Calles J und 23 (La Rampa) aufgestellte, überlebensgroße plastische Interpretation des weltberühmten Romanhelden hoch zu Roß.

⟳4 [fl] **Eisdiele Coppelia**, Calle 23 (La Rampa), Ecke Calle L, geöffnet: tägl. 11–22 Uhr

Nach dem Jahr 1898 ließen sich US-Firmen und Privatleute in dem neu entstehenden Stadtteil nieder. Wenige Jahrzehnte später war Vedado mit Hoteltürmen, Bürogebäuden, Nachtklubs und Geschäften übersät. Bis zum Ende des Batista-Regimes boomte Vedado auch in touristischer Hinsicht: Alkohol und Sex waren billig zu haben und auch das Glücksspiel zog Kurzurlauber in Scharen an, bis Fidel Castro 1959 dem Treiben praktisch über Nacht ein Ende bereitete. Sein damals vorläufiges Hauptquartier war im 22. Stock des Havanna Hilton eingerichtet, dem heutigen **Hotel Habana Libre** (S. 135).

Heute gleicht sich der Charakter Vedados mehr und mehr der Nutzung vor der Revolution an: Ausländische Betriebe und Joint Ventures haben hier ihre Niederlassungen und ein erheblicher Teil von Havannas **Nachtleben** spielt sich in den Straßenschluchten westlich der Calzada de Infanta ab.

㉖ Hotel Nacional ★★ [fk]

Der Abschnitt des Malecón, an dem die Grenze zwischen den Stadtteilen Centro Habana und Vedado verläuft, wird von der Landzunge dominiert, auf der das im Jahr 1930 eröffnete **Art-déco-Hotel** Nacional steht.

Auch wer nicht Übernachtungsgast des Hotels ist, kann die meisten Einrichtungen im Gebäude und auf dem Gelände nutzen. Dazu zählen beispielsweise das **Cabaret Parisién** (s. S. 69), die Außenanlagen mit **Hotelgarten** und herrlichem Blick auf den nahen Atlantik sowie diverse **gastronomische Angebote**.

❭ Calle O, Ecke Calle 21, Tel. 78363564/67, www.hotelnacional-cuba.com

㉗ Universidad de La Habana ★★ [fl]

Die Universität wurde 1721 von Dominikanern gegründet und war zunächst im Convento de San Juan de Létran in der Altstadt untergebracht. Nach Ausrufung der Republik 1902 wurde sie nach Vedado verlegt. Sie wurde in ihrer heutigen Gestalt zwischen 1906 und 1940 erbaut. Vor dem Haupteingang steht am höchsten Punkt der 50 Meter langen Freitreppe (*escalinata*) die 1919 durch den tschechischstämmigen Bildhauer Mario Korbel geschaffene überlebensgroße **Bronzestatue „Alma Mater"**. Das älteste Gebäude auf dem sehenswerten Campus ist die mit einer schnörkellosen Fassade versehene **Aula Magna**.

Im Erdgeschoss der naturwissenschaftlichen Fakultät ist das auch für Touristen zugängliche **Museo de Historia Natural Felipe Poey** (offiziell geöffnet: Mo–Fr 9–15 Uhr, Eintritt frei) untergebracht. Cubas ältestes Museum wurde 1842 durch den Universalgelehrten Felipe Poey gegründet und präsentiert in zahlreichen Vitrinen unter anderem Dutzende endemischer Arten, d. h. Lebewesen, die nur auf Cuba vorkommen.

❯ San Lazaro, Ecke Calle L, Tel. 78783231, 78791313, www.uh.cu

Kulturhistorisch interessierte Besucher werfen einen Blick in das **Museo Antropológico Montané** (s. S. 54) im ersten Stock desselben Gebäudes (Anfang 2018 wegen Renovierung geschlossen). Die bereits 1903 gegründete Einrichtung zeigt eine Sammlung präkolumbianischer Funde. Die aufregendsten Exponate sind die Skulpturen „Ídolo de Tabaco" und „Ídolo de Bayamo" sowie der „Dujo de Santa Fé", ein thronartiges Artefakt.

㉘ Museo Napoleónico ★★ [fl]

Nur etwa 50 Meter südöstlich des Campusgeländes der Universität stößt man auf das in einem dreistöckigen Renaissancegebäude von 1920 untergebrachte Museo Napoleónico. Die zunächst vielleicht überraschende Existenz eines napoleonischen Museums hat Cuba der ungewöhnlichen Leidenschaft zweier reicher Exilanten zu verdanken: Als Julio Lobo (vor der Revolution Präsident der Nationalbank) und der Diplomat Orestes Ferrera (ehemaliger cubanischer Botschafter in Frankreich) 1959 die Insel verließen, erwarb die Regierung deren **fast 7000 Artefakte** umfassende Privatsammlungen.

In den Museumsräumen sind Möbel im Empire-Stil und eine ganze Rei-

⌂ *Havanna gedenkt José Martí mit, in, auf und vor einem turmhohen Monument (s. S. 36)*

he von Napoleon-Bonaparte-Memora-bilien ausgestellt. Besonders hervor-zuheben sind die kurz vor seinem Tode gefertigte Totenmaske, eine Zahnbürste und einige Pistolen des berühmten Korsen.

> San Miguel No. 1159, Ecke Ronda, Tel. 78791460, geöffnet: Di–Sa 9.30–17.30, So 9.30–13 Uhr. Fotos und Videos kosten extra.

㉙ Plaza de la Revolución ★★★ [em]

Seit 1959 ist die Plaza de la Revolu-ción, nach der ein ganzer Stadtbezirk benannt ist, Cubas politisches und administratives Zentrum.

Der weiträumige Platz wurde 1952 noch unter Batista als „Plaza Cívica" angelegt. Hier fanden nach der Re-

José Martí – Poet und Märtyrer

*Im Gegensatz zu seinen lebensfrohen Landsleuten ging Cubas erster Natio-nalheld, der asketische **Dichter und Freiheitskämpfer José Martí**, eher nachdenklich durchs Leben. Am 28. Januar 1853 als Sohn spanischer Emi-granten in Havanna geboren, verfass-te **Martí** bereits als 13-Jähriger ers-te Sonette. Früh begann er seine po-etischen und rhetorischen Fähigkei-ten im Unabhängigkeitskampf gegen die spanische Kolonialmacht einzu-setzen. Dies brachte ihm Verurteilun-gen zu Gefängnis und Zwangsarbeit ein, schließlich die Verbannung ins Exil, das er unter anderem in den USA verbrachte. Martí träumte nicht nur von der Unabhängigkeit Cubas, son-dern strebte wie vor ihm Simón Bolí-*

var und nach ihm Che Guevara die po-litische Befreiung und kulturelle Eigen-ständigkeit ganz Lateinamerikas an.

*Als 1895 der zweite **Unabhängig-keitskrieg** losbrach, griff der schnauz-bärtige Revolutionär mit der hohen Denkerstirn selbst zur Waffe. Mit sei-nem Tod in einem der ersten Gefechte am 19. Mai 1895 bei Bayamo begann Martís Aufstieg in den Pantheon der herausragenden Freiheitskämpfer La-teinamerikas. Die unten abgedruckten Zeilen aus Martís **„Versos sencillos"** (Schlichte Verse) gingen als erste Stro-phe des Volksliedes „Guantanamera" um die Welt und sind ein schönes Bei-spiel für sein Talent, tiefe und feierli-che Gefühle in einem kurzen Vers ein-zufangen:*

Guantanamera
Guantanamera, guajira
Guantanamera
yo soy un hombre sincero
de donde crece la palma
y antes de morirme
quiero echar mis versos
del alma. Guantanamera …
Con los pobres de la tierra
quiero yo mi suerte echar.
El arroyo de la sierra
me complace más que el mar.

Mädchen aus Guantánamo,
Mädchen aus Guantánamo

ich bin ein aufrechter Mann,
unter Palmen bin ich zu Haus
und bevor ich sterbe
möchte meine Seele besingen, was
sie quält. Guantanamera …
Mit den Armen dieser Erde
möchte ich mein Glück teilen.
Der Bergbach
behagt mir mehr als das Meer.

volution die ersten **Massenkundgebungen** statt und auch heute strömen hier zu Anlässen wie den Feierlichkeiten zum Tag der Arbeit am 1. Mai noch immer mehr als eine Million Menschen zusammen.

Monumento y Museo José Martí

Das spektakuläre, fast **140 Meter hohe Monument** steht auf einem wuchtigen Sockel, dessen Grundriss die **Form eines fünfzackigen Sterns** aufweist. Die Bauarbeiten wurden 1953 am 100. Geburtstag des cubanischen Nationalhelden aufgenommen und 1959 abgeschlossen.

Unmittelbar vor dem monumentalen Turm steht eine 18 Meter hohe, vor Ort von Juan José Sicre behauene **Marmorstatue** eines José Martí in nachdenklicher Haltung. Das Museum zu José Martí befindet sich im Innern des Turmes: Zwei Räume enthalten Erinnerungsstücke an Martí, ein dritter illustriert die Geschichte des Denkmals, im vierten finden Kunstaustellungen statt. An klaren Tagen überblickt man vom **Aussichtspunkt** *(mirador)* auf der Turmspitze, Havannas höchstem Punkt, die ganze Stadt.

❭ Tel. 78592335, geöffnet: Mo–Sa 9.30– 16.30 Uhr, Eintritt: 5 CUC (Museum und Aussichtsplattform), 3 CUC (nur Museum), 1 CUC (nur Gelände)

Palacio de la Revolución

Das riesige Gebäude hinter dem Martí-Monument beherbergt die Büroräume des Staatsrats, des Ministerrats und des Zentralkommitees der Kommunistischen Partei Cubas, PCC.

Biblioteca Nacional José Martí

In der Nationalbibliothek Cubas lagern über zwei Millionen Bücher. Auch ausländischen Besuchern steht sie offen. Den Schwerpunkt bilden die Geisteswissenschaften.

Teatro Nacional

Von außen überrascht das Gebäude an der Westseite des Platzes mit einer **konvexen Fassade.** Der größere der beiden Säle, die Avellaneda, fasst 2500 Zuschauer, in der Covarrubia finden immerhin noch 800 Personen Platz. Neben Theaterproduktionen werden auch Lesungen, Ballettaufführungen und Konzerte geboten.

Ministerio del Interior

Die Fassade des Innenministeriums, das direkt gegenüber dem Martí-Denkmal steht, ist seit 1995 mit einer aus Bronze gefertigten und das **Antlitz Che Guevaras** darstellenden Skulptur bedeckt. Darunter prangt Ches legendärer Slogan: „Hasta la victoria siempre" – „Bis zum immerwährenden Sieg".

15 Jahre später und nur wenige Hundert Meter weiter wurde auch dem anderen großen, ebenfalls jung verschiedenen Sympathieträger der cubanischen Revolution, **Comandante Camilo Cienfuegos (1932–1959)**, die riesige Fassade des Kommunikationsministeriums gewidmet. Vor dem Monumento y Museo José Martí stehend können beide Konterfeis gleichzeitig bestaunt und abgelichtet werden.

Museo Postal Cubano (s. S. 54)

Das **Postmuseum** ist seit 1965 im Gebäude des Kommunikationsministeriums untergebracht. Anhand von Briefmarken wird die Geschichte Cubas veranschaulicht. Außerdem stehen historische Persönlichkeiten wie Machado und Batista bzw. Che Guevara und Fidel Castro im Fokus der Ausstellung.

③⓪ **Cementerio Colón** ★ ★ ★ [dm]

Der Cementerio Colón (Kolumbus-Friedhof), auch „Necrópolis Cristóbal Colón" genannt, ist mit einer Fläche von 55 Hektar einer der größten Friedhöfe der Welt. Nach einem an den Grundriss römischer Militärlager angelehnten Entwurf des spanischen Architekten Calixto de Loira angelegt, wird die Anlage nach wie vor als letzte Ruhestätte genutzt.

Aufgrund der großen Zahl von Skulpturen und Denkmälern in ganz unterschiedlichen Stilrichtungen – von eklektischen bis zu extravaganten zeitgenössischen Arbeiten einschließlich Pyramiden und mittelalterlichen Schlösschen – wurde die 1871 angelegte Necrópolis inzwischen **unter Denkmalschutz gestellt**.

KLEINE PAUSE

Am Parque John Lennon [dl]
Eingefleischte John-Lennon-Fans können ihrem 1980 hinterrücks erschossenen Idol im Parque Lennon zwischen den Straßen 6 und 8 bzw. 15 und 17 huldigen. Am 20. Todestag Lennons wurde hier eine von José Villa Soberón gefertigte lebensgroße **Bronzestatue** des legendären Musikers und Friedensaktivisten enthüllt. Die Inschrift zitiert einen Refrainteil von „Imagine" auf Spanisch: „dirás que soy un soñador, pero no soy el único".

Gleich neben dem kleinen Park kann man recht preisgünstig einen Drink oder Imbiss einnehmen:
🍴5 [dl] **Unión Francesa de Cuba** €, Calle 6, Ecke Calle 17. Italienische Kost im 1. Stock, cubanische und internationale Küche im 2. Stock.

Unter den zahlreichen hier **bestatteten Personen der Zeitgeschichte** finden sich so illustre Gestalten wie der Held der Unabhängigkeitskriege, Máximo Gómez, der Schachweltmeister José Raúl Capablanca, der Romancier Alejo Carpentier, die Guerillera Haydée Santamaría und eine Reihe von Mitgliedern der Bacardí-Familie. Das Mausoleum der letztgenannten ist mit eisernen Fledermäusen, dem weltberühmten Bacardí-Motiv, verziert.

Das mit Abstand **meistbesuchte Grab** der Anlage ist das von Amelia Goyri, **La Milagrosa** (Die Wundersame) genannt. Sie starb 1901 bei der Geburt ihrer Tochter im Alter von 24 Jahren. Auch das Neugeborene überlebte nicht. Nach der damaligen Tradition bestattete man sie gemeinsam. Die Sage will, dass die Körper bei der Graböffnung nach mehreren Jahren völlig unversehrt waren. Eine weitere Legende berichtet, dass das ursprünglich zu Füßen seiner Mutter gebettete Kind bei der Graböffnung in ihren Armen lag. Diese Wunder und die Trauer des Ehemannes, der das Grab täglich besuchte und ihm nie den Rücken zuwandte, machten Amelia zum Symbol der Mutterliebe und zur Schutzpatronin Schwangerer und Neugeborener. Auch die werdenden Mütter, die in großer Zahl zu ihrem Grab pilgern, wenden ihr nie den Rücken zu. Wichtiges Detail des Kultes um La Milagrosa: Bevor eine Bitte an sie gerichtet werden darf, klopft der Gläubige dreimal mit einem der am Grabstein befestigten Messingringe gegen selbigen. Die hübsche, von José Villalta de Saavedra geschaffene Marmorstatue wurde 1909 aufgestellt.

Sehenswert sind auch das marmorne, von Rita Longa geschaffene Halb-

032hv Abb.: js

relief **La Piedad,** das monumentale Grabmal **Las Víctimas de la Caridad,** die unterirdischen **Katakomben,** die Kapelle **Capilla Central** im Zentrum der Anlage und das antik anmutende **Portal des Haupteingangs,** der von einer die drei religiösen Tugenden Glaube, Liebe und Hoffnung darstellenden Personengruppe aus Carrara-Marmor gekrönt wird (José Villalta de Saavedra 1904).

❭ Cementerio Colón, Haupteingang: Calzada de Zapata, Ecke Calle 12, geöffnet: täglich 8–17 Uhr, Eintritt: 5 CUC. Es ist keine Übertreibung zu behaupten, man könne einen ganzen Tag mit der Besichtigung des Cementerio Colón zubringen. Für besonders ambitionierte Besucher hält das Informationsbüro (Tel. 78304517) rechts des Haupteingangs eine gute Übersichtskarte vom Kaliber eines Stadtplans bereit (1 CUC). Führungen (englisch/spanisch) kosten extra.

Unmittelbar südwestlich des Cementerio Colón legten eingewanderte Chinesen einen eigenen, *Cementerio Chino* (Chinesischer Friedhof) genannten, Gottesacker an der Westseite der Avenida 26 e/Calles 28 y 33 an [cn].

Zahlreiche Monumente und Grabmale chinesischen Stils zeugen bis heute von der einst herausragenden Bedeutung der asiatischen Einwanderer für Cuba.

Miramar

Miramar ist ein vom Prestige her gehobener, im 20. Jahrhundert entstandener **Stadtteil mit vielen Villen.** Er wird in Ost-West-Richtung von vier breiten Avenidas durchzogen, wobei die 1ra Avenida ⓛ (zumindest stellenweise) eine Uferstraße ist und parallel zu den landeinwärts im Abstand von etwa 100 Metern angelegten Avenidas 3ra, 5ta ⓞ und 7ma verläuft. Von Vedado kommend, erreicht man den Stadtteil über einen der Tunnel am Ende des Malecón. Fußgänger benutzen die Stahlbrücke *Puente de Hierro* am Westende der Calle 11.

In Miramar befinden sich zahlreiche ausländische Botschaften, das Teatro Karl Marx und einige sehr gute

⌂ *Havannas 5th Avenue: die Avenida 5ta ⓞ im Stadtteil Miramar*

Restaurants. Noch weiter nach Westen, immer die Avenida 5ta und ihre Fortsetzung entlang, liegt das (auch) für die Bedürfnisse von Skippern ausgelegte Tourismuszentrum Marina Hemingway.

㉛ Avenida 1ra ★ [bl]

Miramars 1ra (gesprochen: primera) Avenida zieht sich ab der Mündung des Río Almendares kilometerlang nahe der Küste entlang Richtung Westen. Ihr fehlt es im Vergleich zum Malecón ㉕ an Lebendigkeit, dafür lädt eine ganze Reihe von ruhigen **balnearios (Strandabschnitten)** zum Baden ein, z.B. die *Playita 16* (Strändchen 16) am Ende der Calle 16. Im wegen seiner blauen Glasfassade unübersehbaren Teatro Karl Marx (s.S. 70) an der Ecke der Calle 10 finden vielfältige Veranstaltungen statt. An der Ecke zur Calle 60 trifft man auf das **Acuario Nacional** (Nationalaquarium).

㉜ Acuario Nacional ★★

In großen **Salzwasseraquarien** wird die Unterwasserwelt der karibischen See imitiert. Unter den 450 vertretenen Tierarten findet man Anemonen, Korallen, Haie, Schildkröten und Seelöwen. Der beliebteste Bereich des 1960 eröffneten Nationalaquariums

La Maison

Wo sich die Avenida 5B in die Avenidas 7ma (gesprochen: septima) und 31 aufteilt, trifft man auf das **Centro Comercial La Maison** (s.S. 74), in dem diverse Shops, Boutiquen und neuerdings auch ein kleiner Pool untergebracht sind.

ist das Becken mit den Tümmler-Delfinen. Die **Delfin-Shows** begeistern nicht nur die Kleinen und können auch vom Restaurante „Gran Azul" aus bewundert werden.

> Avenida 3ra, Ecke Calle 62, Tel. 72036401/06, 72025871, www. acuarionacional.cu, Eintritt: 10 CUC (Kinder 7 CUC), geöffnet: Di–So 10–18 Uhr

㉝ Maqueta de La Habana ★ [am]

Auf der 3ra (gesprochen: tercera) Avenida trifft man zwischen den Calles 26 und 28 auf den Pabellón de la Maqueta de La Habana, in dem es auf 144 m² ein **detailliertes Modell der Stadt** im Maßstab 1:1000 zu bestaunen gibt. Die Gebäude sind nach ihrem jeweiligen Alter eingefärbt: Rot für Bauwerke der Kolonialzeit, Ocker für die Zeit 1900–1959 und Elfenbeinfarben für postrevolutionäre Zeiten. Achtung: Bitte nicht mit der kleineren Maqueta del Centro Histórico (s.S. 52) in der Altstadt verwechseln!

> Calle 28 No. 113 e/Avenidas 1ra y 3ra, Tel. 72027322, geöffnet: Mo–Sa 9.30–17 Uhr, Eintritt: 3 CUC, Kinder, Studenten und Besucher über 60 Jahre 1 CUC, Fotos 2 CUC extra, Videos 5 CUC

㉞ Avenida 5ta ★★ [bm]

Die Verlängerung des Malecón ist die karibische Variante der Fifth Avenue, die Quinta Avenida/Avenida Quinta.

Die Quinta (gesprochen: kinta) beginnt an der Ausfahrt des nördlichen Tunnels unter dem Fluss Almendares. Auf beiden Seiten der Prachtstraße prunken **imposante Villen** aus dem frühen 20. Jahrhundert und Häuser in Art-déco- oder eklektischem Stil.

An der Ecke zur Calle 26 trifft man neben dem Parque Miramar auf die modernistische **Iglesia de Santa Rita de Casta** [am] aus dem Jahre 1942. Die stets blumengeschmückte Statue der heiligen Rita im Inneren wurde von einer Namensvetterin, der cubanischen Bildhauerin Rita Longa, geschaffen. Im kleinen **Parque Miramar** daneben geben die Statuen der Freiheitskämpfer Emiliano Zapata und Mahatma Gandhi beliebte Fotomotive ab.

Die kubistisch anmutende, ab 1978 errichtete **Russische Botschaft** zwischen den Straßen 62 und 66 erinnert an einen Kontrollturm und gilt als eines der hässlichsten Gebäude Cubas. Architektonisch weit reizvoller ist die 1953 im byzantinischen Stil erbaute **Iglesia Jesús de Miramar** (Avenida 5ta No. 8003 e/Calles 80 y 82, Tel. 72035301). Das wuchtige Gotteshaus verfügt über eine eindrucksvolle, leider von pietätlosen Termiten angefressene 5000-Pfeifen-Orgel, der inzwischen auch die Tasten abhanden gekommen sind.

Andere Stadtteile

Um die Sehenswürdigkeiten in den etwas außerhalb gelegenen Stadtteilen zu erreichen, ist ein fahrbarer Untersatz erforderlich. Das könnte natürlich auch ein Oldtimer mit Chauffeur sein (s. S. 33)!

㉟ Parque Histórico Militar Morro-Cabaña ★★★ [C1]

Die zum Parque Histórico Militar Morro-Cabaña vereinigten Bollwerke Castillo de los Tres Santos Reyes Magos del Morro („Burg der Heiligen Drei Könige aus dem Morgenland"), kurz El Morro, und Fortaleza San Carlos de La Cabaña (Festung), kurz La Cabaña, sind erschlossene Touristenmagnete ersten Ranges.

Das sich von den Festungen aus in Richtung Habana Vieja bietende **Panorama** riss den cubanisch-französischen Romancier Alejo Carpentier 1939 zu folgender Eloge hin: „Havannas Hafeneinfahrt wirkt wie das Werk eines raffinierten Bühnenbildners. Denn dieser Hafen mit seiner schmalen Einfahrt, beschützt von Festungsanlagen von unbestreitbarem dekorativen Wert, gehört zu den ganz wenigen, die so weit vordringen bis ins Herz einer Stadt."

❯ **Anfahrt:** Wer mit dem Auto oder Taxi anreist, biegt nach Durchquerung des beim Máximo-Gómez-Monument beginnenden Tunnels rechts ab und folgt anschließend der Ausschilderung. Die Einfahrt in den Komplex kostet 1 CUC. Fußgänger dürfen den Tunnel nicht benutzen und weichen auf die vom Parque de la Fraternidad ㉑ Richtung Habana del Este startenden Busse oder die *lanchitas* genannten schrottreifen Fähren aus. Deren Anlegestelle liegt unweit der Plaza de San Francisco ⓫. Reihen Sie sich in die Schlange „Casablanca" ein! Die Fahrt ist sehr preisgünstig. Auf der anderen Seite der Hafeneinfahrt angekommen, spaziert man bergauf und vorbei an der riesigen Christus-Statue ㊳ zur Fortaleza de la Cabaña.

㊱ Castillo de los Tres Santos Reyes Magos del Morro ★★ [ik]

Unter Gouverneur Juan de Texeda begann 1589 der von Giovanni Bautista Antonelli geplante Bau der Festung Castillo de los Tres Santos Reyes Magos del Morro („Burg der Heiligen Drei Könige aus dem Morgenland"), kurz „El Morro", direkt an der Hafeneinfahrt. Die Bauzeit sollte insgesamt fast 40 Jahre betragen. Bis zur Eroberung Havannas durch die Briten 1762 wurden mithilfe von El Morro alle Angriffe auf die Hauptstadt erfolgreich abgewehrt. Zwischen dem Morro und dem auf der anderen Seite der Hafenbucht gelegenen Castillo de San Salvador de la Punta ❶ wurde in der Kolonialzeit jeden Abend eine Kette zur Blockierung des Hafens gespannt.

Neben den Außenanlagen können auch Ausstellungen, etwa zur Geschichte von El Morro, und der 15 Meter hohe **Faro (Leuchtturm) del Morro** besichtigt werden. Der 1844 errichtete Leuchtturm lässt heute seinen 30 km (!) reichenden Lichtstrahl durch die Nacht kreisen.

☐ Der Leuchtturm der Festung „El Morro" ㊱ ist eines der Wahrzeichen der Stadt

Die Bezeichnung des südlich des Castillo zu bestaunenden Aufgebots **riesiger Kanonen** als *Batería de los Doce Apóstoles* (Batterie der zwölf Apostel) ist ein gutes Beispiel für die damalige Sitte, tödlichem Kriegsgerät biblische Namen zu verpassen.

❯ tägl. 10 bis mind. 19 Uhr, Eintritt: 8 CUC

㊲ Fortaleza de San Carlos de la Cabaña ★★★ [D1]

Im Anschluss an die bittere Erfahrung der einjährigen englischen Besatzung begannen die Spanier 1763 nur gut 500 Meter südöstlich von „El Morro" mit der Errichtung einer noch weitaus größeren Festung. Der Bau der **riesigen Verteidigungsanlage** dauerte nur knapp elf Jahre und verschlang mit 14 Millionen Pesos eine solch gewaltige Summe, dass König Carlos III. wütend um ein Fernglas bittend gesagt haben soll: „Ein so kostspieliges Bauwerk muss doch sogar von Madrid aus zu sehen sein."

La Cabaña ist über 700 Meter lang und bedeckt als Vieleck eine Grundfläche von zehn Hektar. Wohl auch wegen der enorm abschreckenden Wirkung der Anlage kam es nie zum Verteidigungsfall. Ein Teil des Geländes wird noch heute als Militärlager genutzt. Ein Besuch der wuchtigen Festung und ihrer näheren Umgebung bietet eine ganze Reihe von touristischen Highlights, darunter **drei kleine Museen:**

Das **Museo de la Comandancia de Che** zeigt Brille, Rucksack und andere persönliche Gegenstände des weltberühmten argentinischen Guerilleros. Im **Museo Monográfico de la Fortaleza/Museo de la Cabaña** erfährt man alles Wissenswerte zur Geschichte der Festung und kann eine reiche Auswahl von zeitgenössischen Uniformen, Waffen und Folterinstrumenten in Augenschein nehmen. Das **Museo de Fortificaciones y Armas** schließlich ist der Traum aller Militaristen, denn sie stoßen hier auf eine beeindruckende Sammlung von Waffen aus verschiedenen Epochen und Erdteilen.

Vom Festungsabschnitt San Julián Revellín aus sieht man Richtung Osten eine mit während der Cubakrise von 1962 auf der Insel stationierten sowjetischen Atomraketen geschmückte Wiese.

Die schönsten Altstadtpanorama-Fotos gelingen vom südlich der Plaza de Armas gelegenen **Semibaluarte de San Lorenzo**, einem kleinen, runden Wachturm. Erfrischungen, Snacks und Souvenirs werden auf dem weitläufigen Gelände an mehreren Stellen feilgeboten.

> tägl. 10–22 Uhr, Eintritt: 8 CUC (ab 18 Uhr inkl. Cañonazo-Zeremonie, Beginn 20.30 Uhr), Kinder bis 11 Jahre 4 CUC

> **Museen auf dem Gelände,** Mo–Sa 10–18 Uhr, So 10–13 Uhr, Guide 1 CUC extra

033hv Abb.: js

El Cañonazo

Allabendlich um Punkt 21 Uhr wird in der Festung La Cabaña die traditionelle Cañonazo-Zeremonie abgehalten. Höhepunkt des von einer Gruppe junger Soldaten in historischen Uniformen geleiteten Rituals ist das Abfeuern eines auch noch auf der anderen Seite der Hafenbucht hörbaren **Böllerschusses.**

Während der Kolonialzeit erinnerte er die Bürger an die Schließung der Stadttore und die Abriegelung der Hafeneinfahrt. Geführte Cañonazo-Ausflüge mit anschließendem Dinner im unweit gelegenen Restaurant La Divina Pastora (s. S. 63) können über große Hotels und bei Veranstaltern von Städtetouren (s. S. 129) gebucht werden.

Die Zeremonie kann für 1 CUC von einem speziellen „Balkon" aus genossen werden. Der Einlass in die sogenannte „Presidential Box" kostet 3 CUC.

38 Estatua El Cristo de La Habana ★ [jl]

Einen kurzen Fußmarsch südöstlich von La Cabaña blickt die 15 Meter hohe Statue El Cristo de La Habana, die Hand zum Segen erhoben, von einem drei Meter hohen Podest über den Hafenkanal gen Altstadt. Die **weithin sichtbare Marmorstatue** wurde 1958 von der cubanischen Künstlerin Jilma Madera fertiggestellt und am 25. Dezember desselben Jahres, also nur wenige Tage vor dem Sieg der Revolution, enthüllt. Auf dem Mirador (Aussichtspunkt) serviert eine kleine Cafeteria Snacks und Erfrischungen.

❯ tägl. 10–18 Uhr, Eintritt 1 CUC

39 Finca Vigía ★★★

In der Villa Finca Vigía im Vorort San Francisco de Paula ist heute das Museo Ernest Hemingway untergebracht. Zwölf Kilometer südlich von Habana Vieja hatte sich „Hem" im Mai 1939 mit seiner dritten Frau Martha Gellhorn in die 1886/1887 nach Plänen eines katalanischen Architekten errichtete einstöckige **Kolonialvilla** eingemietet. Ein Jahr später erwarb er das recht weitläufige Anwesen. Er bewohnte die Villa bis kurz vor seinem Tod 1961 und arbeitete hier unter anderem an den weltberühmten Werken „Inseln im Strom" und „Der alte Mann und das Meer".

Im August 1961 veranlasste man seine Witwe Mary Welsh, die Villa mitsamt Einrichtung an den Staat abzutreten. Am 21. Juli 1962 wurde die Anlage der Öffentlichkeit zugänglich gemacht. Anfangs war es interessierten Besuchern noch erlaubt, die einzelnen Räume zu betreten, während man Hemingways privates Reich heutzutage durch die weit geöffneten Türen und Fenster betrachtet. Das Innere des Gebäudes erweckt den Eindruck, der Autor habe sein Zuhause nur mal kurz für einen Drink in einer seiner Lieblingskneipen verlassen. Man bestaunt den Originalzustand der Räumlichkeiten, persönliche Gegenstände des Nobelpreisträgers sowie eine Vielzahl seiner Jagdtrophäen, Waffen, Fotografien und Bücher.

Unweit des Hauptgebäudes können auch die legendäre **Jacht „Pilar"**, mit der er vor Havannas Küste Jagd auf Raubfische machte, sowie die Grabstätten seiner Hunde besichtigt werden. Ferner kann man sich auf Hemingways **Aussichtsturm** führen lassen. In diesem ist sein Arbeitszim-

mer mit weiteren Exponaten untergebracht, darunter ein Teleskop, eine
Angelausrüstung und eine Schreib-
maschine mitsamt einem angeblich
noch vom Meister selbst eingespann-
ten Bogen Papier.

Ein **Souvenirshop** gegenüber dem
Hauptgebäude vertreibt diverse An-
denken und Erfrischungen.

❭ **Museo Ernest Hemingway**, Calle Vigía,
Ecke Steinhart, im Vorort San Francisco
de Paula, Tel. 76910809, geöffnet: Mo–
Sa 10–16.30, So geschl., Eintritt: 5 CUC,
ein Guide kostet pro Person 5 CUC extra

🟠40 Jardín Botánico Nacional ★★

Gegenüber dem 60 Hektar großen
Ausstellungsgelände von ExpoCuba
betritt man den riesigen Nationalen
Botanischen Garten. Die Anlage ist
in **zwei Zonen** aufgeteilt – Cuba und
mundial (international) – und wird
von Wegen mit einer Gesamtlänge
von 35 km durchzogen.

Zu den Highlights des 600 Hektar großen Geländes gehören der
wunderschöne **Japanische Garten**,
das nach dem Botaniker Erik Leo-
nard Eckmann benannte **Gewächs-
haus** „Invernáculo Rincón Eckmann"
und nicht zuletzt das auf vegetari-
sche Kost spezialisierte **Restaurante Bambú**.

❭ Carretera del Rocío, geöffnet:
tägl. 8–16 Uhr, Eintritt: 4 CUC inkl.
motorisierter einstündiger Führung
auf dem mit Plastiksitzen versehenen
Anhänger eines Traktors

🟠41 Santuario de San Lázaro ★

In der Nähe des zum Stadtbezirk Boyeros gehörenden Dörfchens Rincón
liegt das Santuario de San Lázaro
(Heiligtum des Heiligen Lazarus), neben dem Santuario de la Virgen de
la Caridad del Cobre bei Santiago de
Cuba die **bedeutendste Pilgerstätte
des Landes.** Der Heilige Lazarus als
Patron der Kranken wird in der Santería (s. S. 25) mit der Gottheit Ba-
balú Ayé assoziiert.

Die in gelb gehaltene **Iglesia de
San Lázaro** füllt sich jeden Tag mit
Hunderten von Gläubigen aus Havan-
na und den Provinzen.

Jeden 17. eines Monats findet eine
Prozession zum Heiligtum statt. Am
17. Dezember, dem Namenstag ihres
Idols, nehmen bis zu 50.000 Gläubige an der **Procesión de los Milagros**
(Prozession der Wunder) teil – ein
ergreifendes und auch für ausländische Besucher unvergessliches
Ereignis.

Die Kirche ist täglich geöffnet. Alle
Andenkenverkäufer geraten außer
Rand und Band, sobald sich dem Are-
al ausländische Besucher nähern.

❭ Santuario de San Lázaro, Carretera de
San Antonio de los Baños

Tagesausflüge

Für die hier empfohlenen Tagesausflüge ist ein **eigenes Fahrzeug erforderlich** (Mietwagen oder gechar-
tertes Taxi). Wer mit dem **Bus** reist,
sollte mindestens eine Übernachtung am Zielort einplanen. In der Regel ist die An- und Abreise per Touris-
tenbus (Víazul, s. S. 108) am günstigsten und praktischsten. Wichtig: In
der Hauptsaison mehrere Tage vorher Plätze reservieren! Sollte eine Reservierung nicht mehr möglich sein
– nicht verzagen: Zum einen kann
man sich in die Warteliste eintragen
lassen und zum anderen, mit nicht
einmal wenig Aussicht auf Erfolg,
einfach zur gewünschten Abfahrts-

zeit am Busterminal einfinden und auf kurzfristig frei gewordene Plätze hoffen.

Ferner halten sich in der Nähe der Busbahnhöfe stets private *taxistas* auf, die Sie gegen eine angemessene Gage an Ihr Wunschziel bringen werden. Tipp: Teilt man sich so ein **Taxi** mit anderen, kann die Tour pro Person sogar günstiger kommen als die Fahrt mit dem Bus! Wer alleine unterwegs ist, kann versuchen, an Ort und Stelle eine Taxi-Fahrgemeinschaft mit Reisenden, die dasselbe Ziel haben, zu bilden.

In allen hier für Ausflüge empfohlenen Orten existieren **Infotur-Büros**.

42 Playas del Este ★★★

Das Strandgebiet besteht von West nach Ost aus den Örtchen Tarará, El Megano, Santa Maria del Mar, Boca Ciega und Guanabo, die fast nahtlos ineinander übergehen. Jibacoa, El Abra und Tropico liegen weiter ostwärts jenseits einer kleinen Schlucht. Die auch bei der einheimischen Bevölkerung **beliebtesten Strände** sind diejenigen von **Santa Maria** und **Guanabo**, weshalb es hier an den Wochenenden und vor allem während

der cubanischen Sommerferien etwas voller werden kann.

Klares Wasser und feine Sandstrände gibt es überall an den Playas del Este, mal ist der Sandstreifen breiter, mal schmaler. In Guanabo und Santa Maria findet man direkt am Strand mehr Infrastruktur wie Kioske, Bars etc. als in den anderen Orten. Wassersportgerät kann in den größeren Hotels entliehen werden. Wichtig: Sein Eigentum lässt man an Havannas Riviera niemals unbeaufsichtigt!

Empfehlenswerte Unterkünfte an den Playas s. S. 135.

❻ Infotur Santa María del Mar, Avenida de las Terrazas, Ecke Calle 10, Santa María del Mar, Tel. 77971261, 77961111, tägl. 8.15–16.15 Uhr

❼ Infotur Guanabo, Avenida 5ta e/Calles 468 y 470, Tel. 77966868, tägl. 8.15–16.15 Uhr

☑ *In der Nebensaison hat man die Playas del Este für sich allein*

034hv Abb.: js

㊸ Matanzas ★★

Die 1693 zwischen den Mündungen der Flüsse Yumuri und San Juan gegründete Stadt Matanzas wird wegen ihrer architektonischen Pracht gerne als „cubanisches Athen" oder „Venedig Cubas" tituliert und hat heute etwa 150.000 Einwohner.

Reparto Matanzas, das alte koloniale Herz Matanzas, erstreckt sich westlich der Plaza de la Vigía. Architektonisches Glanzstück ist das 1863 im neoklassizistischen Stil fertiggestellte **Teatro Sauto.** Den **Parque de la Libertad** vier Blocks weiter westlich ziert eine Bronzestatue von José Martí sowie eine kettenzerreißende barbusige Dame (ebenfalls aus Bronze) direkt davor. Rundum erblickt man eindrucksvolle Gebäude: im Norden die **Biblioteca** und gleich daneben die **Casa de la Cultura** im ehemaligen Lyceum bzw. Casino Club, im Süden das **Hotel Louvre** sowie das in einer Apotheke von 1882 untergebrachte **Museo Farmacéutico** (Pharmazeutisches Museum). Die **Catedral de San Carlos** (Calle 282 zwischen Calles 83 und 85) von 1878 beeindruckt mit ihren Deckenfresken.

🏠**8 Casa Particular Evelio e Isel** €, Calle 79 No. 28201 e/282 y 288, Tel. (0)45243090. Zwei Zimmer unweit des Parque de la Libertad mit herzlichem Familienanschluss. Die Vermieter sind ausgesprochen hilfsbereit.

🏠**9 Hotel Canimao** €, Carretera Varadero km 4,5, Tel. (0)45261014. Sehr preisgünstige Hotelanlage am Río Canímar, 4 km östlich von Matanzas in unmittelbarer Nähe des örtlichen Tropicana-Cabarets (Reservierungen Tel. (0)45265555) und des schlicht eingerichteten, für sein Seafood überregional bekannten Restaurants „El Marino".

EXTRATIPP

Ausflug zu den Cuevas de Bellamar

Havanna- bzw. Varadero-Reisende können eine Besichtigung der spektakulären Höhlen von Bellamar mit einem Besuch der nahe gelegenen Provinzhauptstadt Matanzas ㊸ zu einem erlebnisreichen Tagesausflug kombinieren (siehe dazu auch „MatanzasBusTour" auf S. 94).

25 km südwestlich Varadero (von seinem westlichen Ende gemessen und immer an der cubanischen Nordküste entlang) liegt ca. 5 km vor dem Ortseingang Matanzas der Eingang zu einem grandiosen Höhlensystem, das mit allen Verästelungen über 20 km lang sein soll. Immerhin 3 km davon können in Begleitung eines fachkundigen Führers besichtigt werden. Bei entsprechend hoher Nachfrage finden die Führungen im Stundentakt statt.

●**10 Cuevas de Bellamar,** geöffnet tgl. 9–17 Uhr, Eintritt 5 CUC inkl. Schutzhelm und ca. 60-minütiger Führung

❯ **Tropicana** (Matanzas, s. S. 101) – Tanzshow ähnlich dem gleichnamigen Revue-Theater in Havanna

㊹ Santa Clara ★★

Santa Clara hat ca. 230.000 Einwohner, ist Universitätsstadt, die Kapitale der Provinz Villa Clara und das Tor zu Cubas Ostprovinzen.

Che Guevara siegte hier im Dezember 1958 in der entscheidenden Schlacht der Guerilleros gegen das Batista-Regime. Die in Bolivien wieder ausgebuddelten Überreste Guevaras wurden an dessen 30. Todestag im Oktober 1997 in ei-

036hv Abb.: js

nem eigens eingerichteten **Mausole-um** bestattet. Angeschlossen ist ein **Che-Museum**.

🏛 **11** Monumento y Mausoleo Coman-dante Ernesto Che Guevara, Plaza de la Revolución, Tel. (0)4220 5878, Di–So 9–17 Uhr, Eintritt frei. Das Fotografieren ist im Mausoleum verboten!

An der **Iglesia de Carmen** aus dem Jahr 1748 an der gleichnamigen Pla-za sind noch die Einschusslöcher der Gewehre zu sehen, die als Antwort auf Che Guevaras Sturmangriff von der Polizeiwache auf der gegenüberliegen-den Straßenseite abgefeuert wurden.

⌂ Ein gigantischer Che in Bronze wacht hoch über seinem Mausoleum

Der stets belebte **Parque Vidal** im Stadtzentrum ist nach dem Natio-nalhelden General Leoncio Vidal be-nannt. Bei dem wenig einladenden Betonturm an der Südwestseite des Platzes handelt es sich um das Hotel Santa Clara Libre.

ℹ **12** Infotur, Calle Cuba No. 68, e/Candelaria y E. Machado, Santa Clara, Tel. (0)4222 7557

🏠 **13** Casa Particular Ing. Jorge Grillo Flo-res, Calle Toscano (Pons y Naranjo) No. 66 e/Independencia y Real, Tel. (0)4221 5935, Mobil (0)5289 1995, http://hostaljorgesheila.yolasite.com. Die Casa hat zwei Unterkünfte und bie-tet ganz viel Familienanschluss sowie die Möglichkeit der Mitbenutzung des klei-nen Swimmingpools.

45 Pinar del Río ★★

Pinar del Río ist neben Viñales und Soroa das touristische Highlight in Cubas ländlichem Westen.

Die Stadt ist seit Jahrhunderten ein Zentrum für den Anbau und die indus-trielle Verarbeitung von **Tabakpflan-zen**. In architektonischer Hinsicht fal-len in dieser gemütlichen „**Stadt der Kapitelle**" die zahlreichen Säulen auf, ob korinthisch oder ionisch, ein-fach oder kunstvoll verziert. Die be-deutendsten Bauwerke liegen an der Hauptverkehrsader **Calle Martí (Real)**.

ℹ **14** Infotur, Hotel Vueltabajo, Calle Martí No. 103, Ecke Rafael Morales, Pinar del Río, Tel. (0)4872 8616

🏠 **15** Casa Doctora Mayda, Calle Isa-bel Rubio (Recreo) No. 125 e/Maceo y Ceferino Fernández (Virtudes), Tel. (0)4875 2110, Mobil (0)5461 0467. Die pensionierte Ärztin Mayda vermie-tet mehrere zentrumsnahe Unterkünfte. Diese nehmen den größten Teil der obe-ren Etage des Gebäudes ein. Separater Eingang und große Terrasse.

Wie Ernesto Guevara Serna zu „El Che" wurde

Ernesto Guevara Serna wurde 1928 in Rosario, Argentinien, geboren und wuchs in bürgerlichen Verhältnissen auf. Während und nach seinem Medizinstudium bereiste er ganz Lateinamerika. Das Elend, auf das er vielerorts stieß, erschütterte ihn nachhaltig, und er fasste den Entschluss, für eine gerechtere Welt zu kämpfen. 1955 schloss er sich in Mexiko Fidel Castro und dessen Mitstreitern an. Diese gaben ihm wegen des für Argentinier typischen Satzbausteins „che" (etwa: „sag bloß", aber auch: „Kumpel") den Spitznamen „El Che". Als Kommandant der Rebellentruppen, die 1958 von Osten her Santa Clara einnahmen, trug er entscheidend zum militärischen Sieg der Revolution bei.

1959 erhielt Guevara die cubanische Staatsbürgerschaft und wirkte bei der Durchführung von Wirtschaftsreformen mit. Sein eigentliches Ziel jedoch war die Schaffung eines „neuen", selbstlosen Menschen („hombre nuevo"). Auf zahlreichen Auslandsreisen propagierte er unermüdlich seine Vision von einer gerechteren Welt und warb für die Werte der cubanischen Revolution. Kritiker heben seine weniger charmante Rolle bei der - aus Sicht der Rebellen - Verteidigung der Revolution hervor und meinen damit die Einrichtung von Arbeitslagern, Folter und standrechtliche Erschießungen.

*Im Jahr 1966 begab sich Guevara in dem Glauben, aus den Anden eine Hochburg der internationalen Revolution machen zu können, nach Südamerika. Getreu seiner Doktrin von einem erfolgreichen Umsturz durch die „Einnahme der Stadt vom Land her" errichteten er und seine Mitstreiter im November 1966 in den bolivianischen Wäldern einen ersten Stützpunkt. Am 8. Oktober 1967 wurde er von der bolivianischen Armee gefangen genommen und einen Tag später erschossen. Erst dreißig Jahre später wurden Guevaras sterbliche Überreste nach Cuba überführt und in Santa Clara **44** beigesetzt.*

Che Guevara gilt vielen als Personifizierung des wahrhaftigen und unbestechlichen Freiheitskämpfers, der bereit ist, sich für die Unterdrückten der Welt einer unüberwindlich scheinenden Übermacht entgegenzustellen. Das anlässlich eines Begräbnisses von Alberto Korda geschossene Foto, das ihn mit langen Haaren und sternverziertem Barett zeigt, ist vielleicht das am weitesten verbreitete Porträt eines Menschen überhaupt.

100hv

▷ *Che (links) und Fidel im Jahr 1959*

051hv Abb.: js

46 Viñales ★★★

Das Valle (Tal) de Viñales gilt vielen als **bezauberndste Landschaft Cubas.** Es liegt in der **Sierra de los Órganos** (Orgelgebirge) und ist von *mogotes* genannten Felskegeln umringt. Rote, fruchtbare Erde bedeckt die Felder *(vegas),* auf denen der **beste Tabak der Welt** wächst. Unweit des Hauptortes Viñales gibt es eine Reihe von weitläufigen **Höhlen,** die für den Tourismus erschlossen sind, darunter die **Cueva del Indio** als wohl bekannteste.

Der architektonische Höhepunkt des Städtchens ist der **Parque Martí** genannte Hauptplatz mit der Iglesia del Sagrado Corazón de Jesús. Naturfreunde gönnen sich den ein oder anderen Spaziergang bzw. Ausritt (Pferdevermietung ab 5 CUC pro Stunde) durch das beschauliche Tal von Viñales.

16 Infotur, Salvador Cisneros No. 63B, Viñales, Tel. (0)48796263

17 Villa Nereyda Iañez Jiménez, Pasaje Camilo Cienfuegos No. 32, Tel. (0)48696811, Mobil (0)53103112. Zwei Zimmer in einem rosafarbenen Häuschen mit Kolonnadenvordach.

Die beliebtesten Hotels in der näheren Umgebung sind die Anlagen.

18 Los Jazmines, Tel. (0)48796210, (0)48796205, und

19 La Ermita, Tel. (0)48796071. Beide bieten Freiluft-Swimmingpools und atemberaubende Panoramablicke über das Tal von Viñales.

◁ *Das Tal von Viñales gilt nicht ohne Grund als einer der schönsten Orte Cubas*

HAVANNA
ERLEBEN

003hv Abb.: js

Havanna für Kunst- und Museumsfreunde

Museen

Stolz verweisen die *Habaneros* auf eine beachtliche Zahl von (teils recht originellen) Museen. Achtung: Vor allem kleinere sind an mindestens einem Tag in der Woche geschlossen (oft montags). Sofern Museen sonntags geöffnet haben, gelten oft verkürzte Öffnungszeiten. Die größeren Museen Havannas bieten Führungen in spanischer Sprache, manchmal auch auf Englisch.

Der **Eintrittspreis** liegt meist zwischen 1 und 5 CUC. Für Kinder gilt manchmal ein reduzierter Eintrittspreis, seltener auch für Personen über 60 Jahre. Weiterhin lassen sich einige Museen das Privileg, **Fotos oder Videoaufzeichnungen** der Exponate zu fertigen, mit einer zusätzlichen Gebühr honorieren. In manchen kleineren Museen sind Eintritt, Fotografieren und Filmen gratis.

Tipp: Das ganz in der Nähe der Plaza de San Francisco ⓫ gelegene Museo del Ron ⓭ beschäftigt sehr charmante deutschsprachige Guides!

Habana Vieja

🏛 **20** [C3] **Casa-Museo de Asia,** Mercaderes No. 111 e/Obispo y Obrapía, Tel. 78639740, Di – Sa 9.30 – 17.30, So 9 – 12.30 Uhr, Eintritt frei. Das Glanzlicht des kleinen Asienmuseums ist ein Marmormodell des indischen Taj Mahal. Im oberen Geschoss besichtigt man fernöstlichen Schmuck und Waffen. Auch einen hübschen Bonsai-Garten gibt es zu bestaunen.

◁ *Vorseite: Blick aus der Kathedrale auf die Plaza de la Catedral* ❺

🏛 **21** [C3] **Casa-Museo del Libertador Simón Bolívar (Befreier Simón Bolívar),** Mercaderes No. 156 e/Lamparilla y Obrapía, Tel. 78613988, Di – Sa 9.30 – 17, So 9.30 – 13 Uhr, Eintritt frei. In drei Räumen wird das Leben des Befreiers Lateinamerikas reflektiert.

🏛 **22** [B6] **Casa Natal de José Martí (Geburtshaus José Martís),** Leónor Pérez No. 314 e/Picota y Egido (Avenida de Bélgica), Tel. 78613778, Di – Sa 9.30 – 17, So 9.30 – 13 Uhr, Eintritt: 1 CUC (2 CUC mit Führung), Fotos und Videos extra. Der „Apostel der cubanischen Unabhängigkeit" (s. S. 36) wurde 1853 in diesem Haus geboren. Ausgestellt sind Hausrat, Dokumente, Fotos und Auszüge aus seinen Schriften.

🏛 **23** [C3] **Gabinete de Arqueología,** Tacón No. 12 e/O'Reilly y Empedrado, Tel. 78614469, Di – Sa 9 – 17, So 9 – 13 Uhr, Eintritt frei. Man entdeckt eine überschaubare Anzahl präkolumbianischer und frühkolonialer Artefakte – und einen ausgestopften großen Vogel.

🏛 **24** [C3] **Maqueta del Centro Histórico,** Mercaderes No. 114 e/Obispo y Obrapía, Tel. 78664425, Di – Sa 9.30 – 17 Uhr, So 9.30 – 13 Uhr, Eintritt: 2 CUC (Kamera inkl.). Faszinierende Miniaturdarstellung von Havannas Altstadt im Maßstab 1 : 1500.

🏛 **25** [B2] **Memorial Granma,** Refugio No. 1 e/Monserrate y Zulueta, Tel. 78624091, tägl. 10 – 17 Uhr. Zwischen dem Museo de la Revolución und dem Palacio de Bellas Artes bestaunt man (als Teil des ersteren) jene kleine Jacht, mit der sich die Revolutionäre 1956 nach Cuba einschifften.

🏛 **26** [C3] **Museo de Arte Colonial,** San Ignacio No. 61, Ecke Plaza de la Catedral, Tel. 78626440, Di – Sa 9.30 – 17, So 9.30 – 13 Uhr, Eintritt: 2 CUC, Fotos und Videos kosten extra. Der restaurierte spanische Palast Casa del Conde de Bayona beherbergt eine Ausstellung von für die Kolonialzeit typischen Gebrauchsgegenständen wie Möbel und Hausrat.

27 [C4] **Museo de Naipes,** Muralla No. 101, Ecke Mercaderes, Tel. 78601534, Di–Sa 9.30–17, So 9.30–13 Uhr, Eintritt frei. Wie der Name vermuten lässt, drehen sich die Exponate hauptsächlich um das Thema Kartenspiele.

28 [D4] **Museo de Arte Religioso (Religiöse Kunst),** Iglesia y Convento de San Francisco de Asís, Calle Oficios e/Amargura y Brasil, Tel. 78629683, Mo–Fr 9–17, Sa 11.30–17 Uhr, Eintritt: 2 CUC, Fotos und Videos extra. Für Freunde elaborierter Kirchenkunst.

29 [D3] **Museo de la Ciudad de La Habana (Stadtmuseum),** Palacio de los Capitanes Generales, Tacón No. 1 e/Obispo y O'Reilly, Tel. 78612876, 78615001, tägl. 9.30–18.30 Uhr, Eintritt: 3 CUC (mit Guide 8 CUC, mit Audioguide 5 CUC). Das Museum befindet sich im früheren Palast der spanischen Gouverneure und ist weniger ein Museum zur Stadtgeschichte als zur Kolonialgeschichte Cubas. Neben Möbeln, Porzellan und Hausrat aus dem 18. und 19. Jahrhundert geben die Sammlungen auch einen Einblick in markante Ereignisse des nationalen Unabhängigkeitskampfes.

2 [B2] **Museo de la Revolución.** Tausende Ausstellungsstücke auf drei Stockwerken erinnern an die Freiheitskämpfe der Cubaner (s. S. 12).

17 [A5] **Museo de los Orichas.** Exponate rund um den Santería-Kult, insbesondere mit 32 lebensgroßen Santería-Gottheiten (s. Exkurs s. S. 25). Szenische Darstellungen der wichtigsten Santería-Gottheiten (Orishas) und Kultgegenstände aus Westafrika, wo die Wurzeln dieser archaischen Religion liegen (s. S. 26).

015tw Abb.: om

30 [C6] **Depósito del Automóvil,** Desamparados, Ecke Damas, Tel. 78639942, Di–Sa 9.30–16.30 Uhr, Eintritt: 1,50 CUC (Fotos und Videos kosten extra). Unter den ca. 30 Exponaten befinden sich Che Guevaras mintgrüner 1959er Chevrolet, Alejo Carpentiers VW Käfer sowie alte Harley-Davidsons.

⌂ *Eine aufblasbare Riesen-Rumflasche wirbt für den Besuch der örtlichen Destillerie* **13**

🔞 [D4] **Museo del Ron.** In einem umgebauten Kolonialgebäude werden Besucher in 13 Etappen über die Einzelheiten der Rumherstellung informiert. Am Ende der Führungen gibt es eine Rumprobe mit den bekanntesten Rumsorten (s. S. 22).

🏛 31 [C3] **Museo de Pintura Mural,** Obispo No. 119 e/Mercaderes y Oficios, Tel. 78642354, Di–Sa 9.30–17, So 9.30–13 Uhr. In einem der ältesten Gebäude der Stadt sind restaurierte Wandfliesen zu besichtigen. **Anfang 2018 wegen Restaurierung geschlossen.**

❹ [B3] **Museo Nacional de Bellas Artes.** Wertvolle Kunst aus Cuba und dem Rest der Welt wurde auf zwei Gebäude im Westen der Altstadt verteilt (s. S. 13).

🏛 32 [C3] **Museo Numismático,** Obispo No. 335 e/Habana y Aguiar, Tel. 78615811, Di–Sa 9.30–17, So 9.30–12.45 Uhr, Eintritt: 1,50 CUC. Ständige Ausstellung von Zahlungsmitteln der Kolonialzeit bis zur Gegenwart, ferner Medaillen und Lotteriescheine.

Centro Habana

🏛 33 [gl] **Museo Fragua Martiana,** Principe No. 108, Ecke Hospital, Tel. 78707338, Mo–Fr 9.30–16.30 (Mittagspause 13–14), Sa 9.30–12 Uhr, Eintritt gratis. In der wörtlich übersetzten „Martianischen Schmiede" wird einmal mehr die Verehrung des Nationalhelden José Martí (s. S. 36) betrieben.

Vedado

🏛 34 [fl] **Museo Antropológico Montané,** San Lazaro, Ecke Calle L, Tel. 78793488, geöffnet: Mo–Fr 10–12 und 13–16 Uhr, Eintritt frei. Die bereits 1903 gegründete Einrichtung der Universität Havanna zeigt eine Sammlung präkolumbianischer Funde.

🏛 35 [ek] **Museo de la Danza,** Línea No. 365, Ecke Calle G, Tel. 78312198, Di–Sa 10–18 Uhr, Eintritt: 2 CUC, Führung 1 CUC (Fotos und Videos kosten extra). Ein besonderer Schwerpunkt des Ballettmuseums liegt auf Leben und Werk von Cubas Jahrhundert-Primaballerina Alicia Alonso.

🏛 36 [en] **Museo José Martí,** Plaza de la Revolución e/Avenidas Céspedes y Rancho Boyeros, Tel. 78592335, Mo–Sa 9–16.30 Uhr, Eintritt: 3 CUC (nur Museum), 5 CUC (Museum und Aussichtsplattform) bzw. 1 CUC (nur Zutritt zum Gelände). Das Museum ist als Teil des Komplexes **Monumento y Museo José Martí** dem Leben und Wirken von Cubas 1895 im dritten Unabhängigkeitskrieg gefallenen Nationalhelden Numero Uno gewidmet.

🏛 37 [el] **Museo Nacional de Artes Decorativas,** Calle 17 No. 502 e/Calles D y E, Tel. 78320924, 78309848, Di–Sa 11–17, So 9–13 Uhr, Eintritt: 3 CUC inkl. Führung, Fotos und Videos kosten extra. Sammlung von Kunsthandwerk: Möbel, Keramiken, Porzellan und Glas aus Frankreich, Japan und China des 18. und 19. Jahrhunderts und thematisch wechselnde Ausstellungen zur cubanischen Volkskunst.

㉘ [fl] **Museo Napoleónico.** Kuriositätensammlung von Napoleonica, Möbeln, Waffen und Kunstgegenständen aus dem ausgehenden 18. und frühen 19. Jahrhundert (s. S. 35).

🏛 38 [fm] **Museo Postal Cubano,** Avenida Rancho Boyeros, Ecke 19 de Mayo, Mo–Fr 8–16.30 Uhr, Eintritt: 1 CUC. Die Sammlung umfasst Briefmarken aus 80 Nationen einschließlich cubanischer Emissionen und eine Ausstellung zu Ursprung und Entwicklung des cubanischen Postwesens. Mit Verkaufsstand.

Miramar

㉝ [am] **Maqueta de La Habana.** Sehenswertes Miniaturmodell der Stadt (s. S. 40).

Vororte

39 **Museo Ernest Hemingway in der Finca Vigía.** Seit „Hem" sein Domizil auf Cuba 1960 zum letzten Mal verließ, wurde hier nichts verändert. Für Fans ein Muss (s. S. 44).

Kunstgalerien

Gemälde und andere Erzeugnisse der bildenden Kunst werden in unzähligen Galerien (galerías), auf Kunstmärkten und manchmal auch einfach auf der Straße oder in Privathäusern zum Kauf angeboten. Kleinere Bilder mit in eher bescheidenem Stil gemalten cubanischen Motiven (ab 25 CUC) wird man meist ohne Probleme durch den cubanischen Zoll bekommen. Für wahre Kunstwerke, die leicht einige hundert CUC kosten können, ist eine autorización de exportación, also eine **Ausfuhrgenehmigung**, erforderlich. Diese besteht aus einem nummerierten Formblatt mit Stempel und Unterschrift sowie einer ebenfalls nummerierten Marke, die auf die Rückseite des Gemäldes bzw. die Unterseite der Skulptur geklebt wird. (Die Galerien sind bei den Formalitäten gern behilflich.)

Die geschäftige Kunstszene Havannas hat eine bemerkenswerte Zahl an **Kunstgalerien** hervorgebracht. Diese werden von staatlichen Organisationen betrieben und bieten neben festen und Wanderausstellungen auch Kunst zum Kaufen: Gemälde, Keramiken, Silber- und Korallenschmuck, Lampen, Holzschnitzereien, Kreationen aus Pappmaché usw. Die meisten Galerien haben mindestens 10–16 Uhr geöffnet, während der touristischen Hauptsaison im Sommer auch länger, am Wochenende manchmal (sehr) verkürzt.

39 [C3] **Centro de Arte Contemporáneo Wifredo Lam,** San Ignacio No. 22, Ecke Empedrado, Plaza de la Catedral, Habana Vieja, Tel. 78612096, www.wlam.cult.cu. Souvenirverkauf tägl. 10–18 Uhr.

40 [C4] **Centro de Desarrollo de las Artes Visuales,** Casa de las Hermanas Cárdenas, San Ignacio No. 352, Ecke Teniente Rey, Habana Vieja, Tel. 78622611. Der Schwerpunkt liegt auf experimenteller Kunst.

41 [ek] **Habana,** Línea No. 460 e/ Calles E y F, Vedado, Tel. 78327101. Auch Nachwuchskünstler bekommen hier eine Chance.

42 [A3] **Taller Comunitario José Martí,** Paseo de Martí (Prado) No. 354, Ecke Neptuno. Werke junger Maler, Grafiker, Fotografen etc. in denkbar schlichtem Ambiente.

43 [C3] **Taller Experimental de Gráfica,** Callejón del Chorro No. 62, Plaza de la Catedral, Tel. 78646013. Für Fans cubanischen Grafikdesigns eine der ersten Adressen. Kurse ab 50 CUC.

Filmtipps

> **Juan of the Dead (2011):** Cubas erste Zombie-Komödie setzt auf schwarzen Humor und wagt gesellschaftskritische Untertöne.

> **7 Tage in Havanna (2012):** Benicio del Toro und sechs weitere Regisseure porträtieren die Kapitale in sieben Episoden. Daniel Brühl überzeugt in der Rolle eines verliebten spanischen Touristen!

> **Fast & Furious 8 (2017)** beginnt mit einem spektakulären Wettrennen durch das moderne Havanna. Gegner von „Dom" Toretto ist dabei kein geringerer als Reggaetón-Superstar Don Omar.

Kunst unter freiem Himmel

Wer die Calle 23 (La Rampa) vom Malecón kommend hinaufspaziert, trifft an der Ecke zur Calle M links auf Vedados **bekanntesten Freiluft-Kunsthandwerkermarkt „La fería de 23"**. Schnäppchenjäger haben es dort schwer, da die Verkäufer ausländischen Touristen gute Kaufkraft unterstellen. Feilschen schadet also nicht!

In vielen Publikationen zu Havanna wird ein ziemlicher Bohai um den in Centro Habana unweit des *Hospital Hermanos Ameijeiras* gelegenen „**Callejón de Hamel**" [gl] (e/Hospital y Aramburu) gemacht. Tatsächlich handelt es sich bei diesem kurzen, mit farbenfrohen Graffitis verzierten Gässchen nicht (mehr) um einen magischen Brennpunkt afrikanischer Kultur und Kulte, sondern eher um eine Zone besonders geschäftstüchtiger Galeristen und Schlepper. Für Freunde afrocubanischer Klänge lohnt sich aber ein Besuch der öffentlichen Rumba-Session, die dort fast jeden Sonntagmittag beginnt und einige Stunden dauert.

Havanna für Genießer

Essen und Trinken

Die **cubanische Küche** ist, analog zur örtlichen ethnischen Zusammensetzung, aus einer Mischung von indianischen, spanischen, afrikanischen und chinesischen Einflüssen entstanden. Über den Umweg Haiti hatten ferner die Franzosen einen gewissen Einfluss.

Der von chinesischen Plantagenarbeitern Mitte des 18. Jahrhunderts mitgebrachte **Reis** ist Grundnahrungsmittel Nummer eins und darf ebenso wie **Bohnen** bei keinem nationalen Gericht fehlen. Die Cubaner bezeichnen ihre von vergleichsweise schlichten und deftigen Speisen dominierte Kochkunst stolz als „kreolische Küche" *(cocina criolla)*.

Die Revolution von 1959 wirkte sich auch auf die Essgewohnheiten aus: Die „Haute cuisine" des Bürgertums galt lange Zeit als dekadent. Heutzutage bekommt jeder Feinschmecker, der es sich leisten kann, in den auf solventes internati-

016hv Abb.: js

onales Publikum ausgerichteten Restaurants wieder alles, was sein Herz begehrt.

Typische kreolische Speisen

Beliebte **Vorspeisen** sind Krabbensuppe, *sopa de camarones,* und Krebssalat, *enchilada de cangrejos.* *Ajiaco* ist eine kräftige, cremige Suppe, von der es heißt, dass sie Tote aufwecke. Fast so dick wie Mus, enthält sie alle möglichen Knollen und Früchte der Insel, die miteinander vermengt auf kleiner Flamme gekocht werden. Überhaupt ist das Vermischen eine der kennzeichnenden Eigenheiten der cubanischen Küche, quasi analog zum Durch- und Miteinander der vielen auf Cuba vertretenen Ethnien.

Das weitestverbreitete **Hauptgericht** nennt sich *criollo* und besteht aus Reis *(arroz),* Bohnen *(frijoles),* Schweinefleisch *(carne de cerdo)* und Maniok *(yuca).* Weitere typische Kreationen sind *arroz congrí,* ein Essen, das auch auf weißem Reis und bunten Bohnen basiert, und die Variante *moros y cristianos* (wörtlich: Mohren und Christen) mit schwarzen Bohnen, die Islam und Christentum auf dem Teller Frieden schließen lässt.

Cubanischer Schweinebraten, *lechón asado,* wird gerne an Festtagen serviert. Sehr verbreitet ist Reis mit Hühnchen *(arroz con pollo),* ein Gericht, das ein wenig unter seinem Image als Arme-Leute-Essen leidet. Kreolisches Huhn wird mit einer Sauce *(salsa)* aus Tomaten *(tomate),* Zwiebeln *(cebolla)* und Knoblauch *(ajo)* zubereitet. Als Beilage findet häufig Mais *(maíz)* Verwendung.

Ebenfalls sehr beliebt sind gegrilltes Hähnchen *(pollo asado),* Schweinehack *(picadillo)* und Spiegelei *(huevo frito).* Eintopf *(ajicao)* mit Schweinefleisch, Süßkartoffeln, Maniok, Ajipfeffer und Knoblauch wird vor allem in den Provinzen sehr geschätzt.

Eines der wenigen typischen **Fischgerichte** heißt *pescado en escabeche* (marinierter Fisch), bei dem vorzugsweise auf Sägefisch *(pez sierra)* zurückgegriffen wird. Ferner lieben Cubaner Langusten *(langostas),* aber die wenigsten können sich regelmäßig welche leisten.

*Vianda*s ist der Oberbegriff für eine ganze Reihe von stärkereichen Knollengewächsen, die Cubanern als **Beilage** dienen: Kochbananen *(plátano),*

◁ *Kunst im öffentlichen Raum*

△ *„Alimenta mucho!" –*
„Macht dich pappsatt!"

Kartoffeln *(papa)*, Süßkartoffeln *(boniato)*, Yucca *(yuca)* und Taro. Diese ersetzen, gekocht oder frittiert, mancherorts auch heute noch das Brot. In vielen Gerichten spielt das leicht zu verarbeitende Maismehl *(harina de maíz)* eine Rolle. Gekochten Bananenbrei mit Salz nennt man *fufú de plátano/boniato*, zerstampfte Kochbananen *tachino*. Köstlich sind auch gebratene, fein geschnittene Kochbananen *(chicharrita)*. Die fingerdicke Version heißt *tostones*. Stilecht zubereitet werden diese erst angebraten, dann in Packpapier eingewickelt und, bevor man sie durchgart, mit der Faust kraftvoll geplättet. Nicht jedermanns Sache sind die landestypischen Speckgrieben *(chicharrónes)*.

Beliebte **Nachspeisen** sind Pudding mit Karamell- *(flan)* oder Vanillegeschmack *(natilla)*, Bananen mit Zimt und fettiges Zuckergebäck *(churros)*. Das oft hervorragende Speiseeis kennt viele verschiedene Geschmacksrichtungen und wird unter anderem in den „**coppelias**" genannten Eisdielen verkauft.

Aufgrund seiner geografischen und klimatischen Lage herrscht auf Cuba kein Mangel an **tropischen Früchten:** Ananas *(piña)*, Grapefruits *(pomelo)*, Guaven *(guayaba)*, Kokosnüsse *(coco)*, Orangen *(naranja)*, Zitronen *(limón)*, Mangos *(mango)* und Papayas, um nur einige zu nennen. Letztere sollte man auf Cuba lieber *fruta bomba* nennen, denn *papaya* ist eine sehr gebräuchliche zotige Bezeichnung für den weiblichen Intimbereich.

Das cubanische **Leitungswasser** sollte man unbedingt meiden.

Hervorhebenswerte Lokale

Auf Cuba gibt es drei Arten von Restaurants: Erstens Lokale, in denen mit CUC gezahlt wird, zweitens solche, in denen die Rechnung auf Pesos Cubanos lautet, und drittens die inzwischen recht zahlreichen, „**paladares**" (wörtlich: Geschmackssinn, Gaumen) genannten **Privatrestaurants**. Die Köchin dieser Gaststätten ist meist die Frau des Hauses, oft eine waschechte cubanische „Mama" oder „Oma" mit jahrzehntelanger Erfahrung in der hohen Kunst des Backens und Bratens.

Paladares und Restaurants sind in der Regel von 12 bis mindestens 23 Uhr geöffnet und kredenzen stets auch schmackhafte Cocktails für 2 bis 3 CUC. Reservieren ist v. a. für die Abendstunden sehr empfehlenswert. Manche *Paladares* sind an einem Tag in der Woche (oft sonntags) geschlossen.

Wie die Top-Herbergen in Habana Vieja werden auch die **besten Restaurants** von Habaguanex betrieben.

EXTRATIPP

Wo Habaneros dinieren

In den touristisch relevanten Stadtteilen gibt es nur wenige preisgünstige Peso-Cubano-Restaurants mit „Wohnzimmer-Charme". Vor allem mittags lassen sich dort *Habaneros* mit etwas höherem Einkommen schlichte Mahlzeiten für umgerechnet ca. 2 CUC schmecken. Ausländer sind eher seltene Gäste. Tipp:

🎑**44** [A2] **Donde Adrian (La Niquarena)** € , Consulado No. 101, Ecke Refugio, Tel. 78648122, Mo–Sa 8.30–23 Uhr. Einfache, kräftige Gerichte mit Fleisch oder Fisch, Beilagen und Salat für umgerechnet 2 bis 3 CUC, auch zum Mitnehmen. Bezahlung in CUP oder CUC möglich.

Ferner verfügt **jedes bessere Hotel** über ein Restaurant, wo in aller Regel auch Gäste bewirtet werden, die nicht im Hotel logieren. Als besonders exquisit und dementsprechend kostenintensiv gilt das im **Hotel Parque Central** (s. S. 133) am gleichnamigen Park untergebrachte Lokal.

Cubanische (kreolische) Speisen fehlen auf keiner Speisekarte. **Trinkgeld** ist üblich und wird von der Bedienung auch erwartet. Man rundet einfach auf und bewegt sich dabei tendenziell im Bereich von 10 Prozent des Rechnungsbetrages. Bekommt man den Restbetrag centgenau zurück, lässt man das Trinkgeld beim Verlassen des Lokals auf dem Tisch liegen.

Im Folgenden eine kleine, nach Stadtteilen sortierte Auswahl an empfehlenswerten Paladares und Restaurants. Sofern es sich um einen **Paladar** handelt, findet dies in der jeweiligen Kurzbeschreibung Erwähnung.

Habana Vieja

45 [D6] Cervecería **Antiguo Almacén de la Madera y El Tabaco** €€, Avenida del Puerto, Ecke San Pedro, Tel. 78647780. Die riesige, 2014 in einem ehemaligen Lagergebäude eröffnete Bierhalle hilft mit, die Hafenpromenade der südlichen Altstadt aufzuwerten. Brautechnik aus Österreich, oft schöne Liveacts.

46 [C3] **D'Giovanni** €, Empedrado No. 107–109 e/Tacón y Mercaderes, Tel. 78671036. Havannas bekanntestes italienisches Restaurant (Pizza 3–6 CUC) mit erfreulicher Wein-Auswahl.

47 [C5] **Don Lorenzo** €, Acosta No. 260-A e/Habana y Compostela, Tel. 78616733. Viele *Habaneros* halten diesen Paladar für den empfehlenswertesten in Habana Vieja. Es kommen cubanische Kost und örtliche Interpretationen der italienischen und chinesischen Küche auf den Tisch.

Smoker's Guide

Offiziell ist das Rauchen in allen öffentlich zugänglichen Räumen verboten. Im wahren Leben herrschen in Havannas Lokalen unterschiedliche Gepflogenheiten. In besseren Restaurants ist Rauchen meist untersagt bzw. man wird auf eigene Bereiche bzw. Räume verwiesen. Wenn es, wie häufig, auch Tische im Außenbereich gibt, kann dort grundsätzlich nach Herzenslust gequalmt werden.

Aschenbecher werden vom in dieser Hinsicht nicht immer sehr aufmerksamen Personal oft erst nach entsprechender Aufforderung gebracht. Der Grund dafür ist, dass viele cubanische Raucher deren Benutzung nicht gewohnt sind. Zuhause aschen sie lieber in die Spüle oder aus dem Fenster und in der Öffentlichkeit auf den Boden, auch in Bars und (einfachen) Restaurants. Touristen- und Businesshotels sowie große Zigarrenläden verfügen oft über geschmackvoll eingerichtete Bereiche für (Zigarren-)Raucher, meist im Stil eines kleinen Salons.

48 [B5] **El Guajirito** €€, Zulueta No. 658 e/Gloria y Apodaca, Tel. 78622760. Zwei Blocks vom Hauptbahnhof entfernt kann man im Gebäude der Sociedad Artística Gallega erleben, was Cubaner unter „Wilder Westen" verstehen, so sind z. B. die Kellnerinnen als Cowgirls mitsamt Stetson kostümiert. Spezialität des Hauses sind Gerichte mit Kalbfleisch *(cortero)*. Spätabends kommt man besser nicht zu Fuß, denn die Gegend wirkt etwas finster.

🍴**49** [C4] **Factoría La Muralla** €–€€, San
Ignacio, Ecke Muralla, Tel. 78664453,
tägl. 12–24 Uhr. An der Südwestecke
der Plaza Vieja geht es deftig zu. Beliebt
ist das *Matrimonio Cervecero* für 7 CUC,
das aus einem großen Hamburger und
einem Glas Bier besteht. Das Bier wird in
den Varianten *clara* (hell), *oscura* (dun-
kel) und *negra* (schwarz) im hinteren Teil
des Gebäudes gebraut und kostet 2 CUC
pro jarra (Halbliterglas). Besonders Durs-
tige ordern eine 3-Liter-Röhre *(un metro)*
für 12 CUC, gesalzene Snacks inklusive.

🍴**50** [B4] **Hanoi** €€, Teniente Rey, Ecke
Bernaza, Tel. 78671029. Nicht vom
Namen verwirren lassen! In diesem alt-
eingesessenen Restaurant an der Plaza
del Santo Cristo del Buen Viaje werden nicht fernöstliche, sondern cubanische Spezialitäten, darunter reichlich
Seafood, aufgetragen.

🍴**51** [D3] **La Barca** €€, Avenida del Puerto,
Ecke Obispo, Tel. 78668807. Kreolische
Küche in stilvollem Ambiente. Das Restaurant **El Templete** (Tel. 78647777)
gleich daneben ist ebenfalls empfehlenswert, aber etwas teurer. Beide bieten eine schöne Aussicht auf die Estatua
El Cristo de La Habana und werden von
der Tourismus-Gesellschaft Habaguanex
betrieben.

🍴**52** [C3] **La Torre de Marfil** €€, Mercaderes e/Obispo y Obrapía, Tel. 78671038.
Den eleganten „Elfenbeinturm" besucht
man wegen des relativ günstigen Essens.

🍴**53** [D3] **Los Marinos** €€, Avenida
del Puerto e/Jústiz y Obrapía, Tel.
78671402. Das Restaurant ist in der
Form eines Schiffes in die Hafenbucht

hineingebaut. Mit Rundumblick auf die
Bahía de La Habana speist man def-
tige cubanische Gerichte oder Mee-
resfrüchte, wahlweise drinnen oder
draußen.

Die berühmten Lokale in der näheren
Umgebung der Kreuzung Obispo **9**
und Oficios **10** unweit der Plaza de
Armas **7**, darunter das Restaurant
La Mina, bieten einen professionel-
len Service und zusätzlich hervorragende Gerichte, sind aber vergleichsweise teuer. Dasselbe gilt für **El Patio** an der Plaza de la Catedral und
ganz besonders für **La Bodeguita del
Medio** (s. S. 66) und **El Floridita**
(s. S. 66) sowie für das **Café del Oriente** an der Plaza de San Francisco.

🍴**54** [D4] **Café del Oriente** €€€, Oficios No.
112, Ecke Amargura, Tel. 78606686.
Berühmter Gourmet-Tempel mit erstaunlich guter Weinkarte. Angegliederte Café-
Bar im Stile der Zeit um 1900.

🍴**55** [C3] **El Patio** €€€, San Ignacio No. 54,
Plaza de la Catedral, Tel. 78671034,
78671035. Efeuumrankter Innenhof
und einige Tische mit Blick auf die Kathedrale gleich daneben. Cubanische und
internationale Speisen.

🍴**56** [D3] **La Mina** €€€, Obispo No. 109,
Ecke Oficios, Tel. 78620216. An Tischen
im kolonialen Hof und auch im Freien
werden vorwiegend kreolische (cubanische) Gerichte aufgetragen.

> ▷ *An von vielen Touristen
frequentierten Lokalen wird
täglich aufgespielt*

Centro Habana

57 [hm] **Chang Weng Chung Tong** €€, San Nicolás No. 517 e/Zanja y Dragones, Tel. 78621490. Das von der Sociedad Chang betriebene Lokal liegt im *barrio chino* (Chinesenviertel, s. S. 32). Es wird cubanische, chinesische und italienische Kost serviert. Spezialität des Hauses ist die „Pizza Chang".

58 [A2] **Doña Blanquita** €, Paseo de Martí (Prado) No. 158 e/Colón y Refugio, Tel. 78674958. Besonders beliebt sind die Plätze auf dem kleinen Balkon des Paladars mit Blick auf den Prado.

59 [hl] **La Guarida** €€, Concordia No. 418 e/Gervasio y Escobar 418 (3. Stock), Tel. 78669047. Im wohl berühmtesten Paladar Havannas wurden einige Szenen des Films „Erdbeer und Schokolade" gedreht. Man speist in kolonialem Ambiente. Reservierung unbedingt erforderlich!

60 [hl] **Notre Dame des Bijoux** €, Gervasio No. 218 e/Concordia y Virtudes, Tel. 78606764. Der Clou dieses 2011 mitten in Centro Habana eröffneten Paladars mit Dachterrasse ist die originelle Deko. Der ebenso schillernde wie feinsinnige Inhaber, Tommy Reyes, war in seiner Jugend ein weltberühmter Balletttänzer und bereits Gegenstand mehrerer europäischer Dokumentarfilme.

Preiskategorien

€	bis 10 CUC
€€	bis 20 CUC
€€€	über 20 CUC

(jeweils für eine Hauptmahlzeit)

Vedado

61 [cl] „**1830**" €€, Malecón No. 1252, Ecke Calle 22, Tel. 78383090/92. Kurz vor den Tunnels nach Miramar speist man in eleganter Atmosphäre mit Meerblick. Piano-Bar im selben Gebäude. In den angeschlossenen Jardines del „1830" finden Abendveranstaltungen statt.

62 [dk] **Atelier** €, Calle 5 No. 511 e/Paseo y Calle 2, Tel. 78362025. Köstliche cubanische Speisen in einem Paladar mit tollem Ambiente und Außenbereich.

63 [fl] **El Cochinito** €€, Calle 23 (La Rampa) No. 457 e/Calles H y I, Tel. 78326256. Traditionsreiches Restaurant mit typisch cubanischer Küche. Ein paar Schritte weiter speisen Sparfüchse in der Pizzeria **Buona Sera** (Tel. 78320390) dicke Pizzen a lo cubano.

64 [ek] **El Litoral** €€€, Malecón No. 161 e/Calles K y L, Tel. 78302201. Nur einen

011iv Abb.: js

Lecker vegetarisch

Natürlich bekommt man in jedem Restaurant und jedem Paladar auch fleischlose Gerichte. Einige behaupten, besonders gut auf die Wünsche vegetarischer Gäste eingestellt zu sein, z. B.:

❶**74** [D4] **El Mercurio** €€, Lonja del Comercio, Plaza de San Francisco, Habana Vieja, Tel. 78606168

❶**75** **Restaurante Bambú** €, im recht weit außerhalb gelegenen Jardín Botánico Nacional ㊵

Fastfood

Ketten wie **El Rápido, PAN.COM** und **Ditú** bieten Fritten, Sandwiches, Hamburger, Hühnchen, Mikrowellen-Pizza und Ähnliches. Die Qualität heimischen Fastfoods sollte man nicht unbedingt erwarten. Der eine oder andere Imbiss ist fast rund um die Uhr geöffnet. Die beliebteste **Eisdielenkette** nennt ihre Läden **BimBom**. Imbiss mit Kultstatus:

❶**76** [cm] **La Pachanga** €, Calle 28 e/ Calles 21 y 23, Vedado. Inbegriff cubanischen Fastfoods in der Nähe des Cementerio Colón ㉚.

Steinwurf von der Interessenvertretung der USA verwöhnt das elegante Restaurant am Malecón seine Gäste nicht bloß kulinarisch, sondern auch mit Eleganz und Meerblick. Bei Cubanern, die es sich leisten können, sehr populär.

❶**65** [fk] **Fabio** €, Calle 17, Ecke Calle J, Tel. 78363230, 78363229. Modernes Restaurant mit Pizza, Pasta und italienischem Vino auf der Karte.

❶**66** [el] **Gringo Viejo** €€, Calle 21 No. 454 e/Calles E y F, Tel. 78311946. Der „alte Gringo" rühmt sich, bereits viele illustre Gäste in seinem Paladar bewirtet zu haben.

❶**67** [dl] **La Catedral** €, Calle 8 e/Calle 5 y Calzada, Tel. 78300793. Viele *Habane-*

ros beehren den Paladar wegen der relativ günstigen Cocktails. Eine Besonderheit ist die Bestellannahme per elektronischem Tablet. Abends wird es oft rappelvoll.

❭ **La Pachanga,** cubanisches Fastfood in peppigem Ambiente – ein Imbiss mit Kultstatus (siehe Kasten links)

❶**68** [fk] **Monseigneur** €€, Calle 21, Ecke Calle O, Tel. 78329884. Das alteingesessene Restaurant bemüht sich um französisches Flair (Hotel Nacional gegenüber).

Miramar

❶**69** [al] **Don Cangrejo** €€, Avenida 1ra e/ Calles 16 y 18, Tel. 72043837/39. Modernes Restaurant direkt an der Küste mit guter Weinkarte. Die Spezialität des Hauses ist, wie der Name schon sagt, *cangrejo* (Landkrebs).

❶**70** [bm] **Espacios** €€, Calle 10 No. 513 e/ Avenida 5ta y Calle 31, Tel. 72022921. Tapas und andere Leckereien in glamourösem, auf Europäisch getrimmtem Ambiente. In Havannas „besseren Kreisen" sehr angesagt.

❶**71** **La Cecilia** €€€, Avenida 5ta e/Calles 110 y 112, Tel. 72041562. Stilvolles Restaurant mit großem Garten.

❶**72** **La Cocina de Lilliam** €€-€€€, Calle 48 No. 1311 e/Calles 13 und 15, Tel. 72096514, www.lacocinadelilliam.com. Nomen est omen: Die cubanische „Küche von Lilliam" ist schon lange eine kulinarische Institution im Stadtteil Miramar. Schöner Außenbereich. Montag Ruhetag.

❶**73** **La Ferminia** €€€, Avenida 5ta No. 18207 e/Calles 182 y 184, Tel.

❭ *Blick über Centro Habana*

012hv Abb.: js

Lokal mit guter Aussicht

85 [fk] **La Torre** €€€, Edificio Focsa (33. Stock), Calle 17 No. 55 e/Calles M y N, Tel. 78327306. Internationale Küche in Havannas dritthöchstem Gebäude. Umfangreiche Weinkarte und atemberaubender Blick über die Stadt. Eine Bar befindet sich auf derselben Etage.

72736786. Gutes Restaurant in einer Villa mit Innenhof, Garten und vielen Antiquitäten.

77 **La Fontana** €€, Avenida 3ra No. 305, Ecke Calle 46, Tel. 72025139. Vielleicht der bekannteste Paladar in Miramar. Großer Freiluftbereich, große Auswahl.

78 **La Vicaria** €€, Avenida 5ta No. 18207, Ecke Calle 180, Tel. 72739100. Relativ günstiger, bei Cubanern seit langem beliebter Paladar mit großem Außenbereich.

79 **Restaurante Italiano Roma** €€, Calle 92 No. 307e/Avenida 5ta und Avenida 3ra, Tel. 72065492. Gilt vielen als bestes italienisches Restaurant Havannas. Von cubanisch-italienischem Ehepaar betrieben. Dienstag Ruhetag.

80 [bm] **Tocororo** €€, Calle 18 No. 302, Ecke Avenida 3ra, Tel. 72042209. Cubanische und internationale Gerichte in geschmackvollem Ambiente, Livemusik und Terrasse. Gute Weinkarte.

Parque Histórico Militar Morro-Cabaña

81 [C1] **La Divina Pastora** €€€, Parque Morro-Cabaña, Tel. 78608341. In einem Gebäude aus dem 18. Jahrhundert nahe der Festung La Cabaña untergebracht, lockt dieses Restaurant mit Meeresfrüchten und Blick auf die Skyline Havannas.

82 [ik] **Los Doce Apóstoles** €€, Parque Morro-Cabaña, Carretera de La Cabaña, Tel. 78638295, 78609990, 78614678. Cubanische Küche und unschlagbares Ambiente direkt neben der Festung El Morro mit Altstadtblick.

Playas del Este und Cojímar

83 **El Cubano** €, Avenida 5ta e/454 y 456, Boca Ciega, Playas del Este, Tel. 77964061. Bar-Restaurant mit deftiger cubanischer Küche.

84 **El Piccolo** €, Avenida 5ta e/Calles 502 y 504, Guanabo, Playas del Este, Tel. 77964300. Wie der Name vermuten lässt, werden in diesem kleinen Paladar unweit des Strandes von Guanabo vor allem italienische Gerichte serviert.

📍86 **La Terraza de Cojímar** €€, Calle Real No. 161, Ecke Candelaria, Cojímar (Vorort im Osten Havannas), Tel. 77939486. Einst das bescheidene Lieblingsrestaurant Hemingways, werden die Touristenmassen hier heutzutage mit Meeresfrüchten vom Lobster bis zum Zackenbarsch verwöhnt. Flüssige Spezialität des Hauses ist der Cocktail „Don Gregorio", benannt nach Hemingways legendärem, 2002 verstorbenem Skipper. Die verhältnismäßig hohen Preise der Speisen und Getränke hätte der exzentrische Nobelpreisträger vermutlich nicht goutiert. Eine Alternative ist der nach der Santería-Göttin des Meeres benannte **Paladar Yemaya** zwei Blocks weiter.

☐ Unschlagbare Lage: das Café Paris (s. S. 65) an der Touristenmeile Calle Obispo ❾

Havanna am Abend

Nachtleben

Das vor allem am Wochenende bis zum Morgengrauen („madrugada") dauernde Nachtleben Havannas sucht seinesgleichen und bietet von Peso-Kaschemmen, in denen nur billiger Rum ausgeschenkt wird, bis zu den weltberühmten Revues des „Tropicana" (s. S. 69) eine denkbar breite Palette möglicher Aktivitäten.

Das kostenlose Veranstaltungsmagazin *Cartelera Cultural* bietet eine Auflistung von aktuellen Kinoprogrammen, Theatervorstellungen, Musik-Events und anderen Darbietungen. Am ehesten bekommt man es an Hotelrezeptionen. Kulturelle Veranstaltungen werden ferner in der Zeitung *Juventud Rebelde* („Rebellische Jugend") aufgelistet.

Poster vor dem Cine Yara (s. S. 71) gegenüber dem Hotel Habana Libre kündigen bevorstehende Großkonzerte an. Sehr informativ ist auch das vom Büro des *Historiador de la Ciudad* („Stadthistoriker") herausgegebene Magazin *Opus Habana* und die

013hv Abb.: js

dazugehörige, gut gepflegte Webpräsenz (www.opushabana.cu). Das von Infotur (s. S. 118) ausgegebene **Faltblättchen** *Centros Nocturnos/Night Clubs* bietet eine unkommentierte Auflistung der bekanntesten Cabarets und Nachtklubs.

In vielen großen Hotels gibt es eine **Disco**, die von 21 Uhr bis irgendwann zwischen 2 und 5 Uhr geöffnet hat. Stimmung kommt dort meist frühestens gegen Mitternacht auf. In einigen Topdiscos herrschen von der Laune der Türsteher abhängige Dresscodes, z. B. für den Herrn langärmliges Hemd mit Kragen, keine Shorts, Sandalen und anderweitige Strandkleidung. Damen dürfen deutlich mehr Haut zeigen.

Viele cubanische **Cabarets** bieten Galavorstellungen mit Big Bands, anmutigen Tänzerinnen, schmalzigen Sangeskünstlern, Akrobaten, Comedians (*humoristas*), Modenschauen (*desfiles de modas*) und ganz viel Glamour. Der Eintritt kostet von 5 bis 50 CUC pro Person, im Tropicana deutlich mehr. Fast alle großen Hotels verkaufen Cabaret-Pauschalpakete, die Transport, Eintritt und mindestens ein Getränk beinhalten.

Bars und Cafés

Es wird nicht allzu streng zwischen Bars, Cafés und (zumindest kleinen) Restaurants unterschieden. Das heißt, in vielen Lokalen mit Bar-Charakter bekommt man auch kleine Snacks oder komplette Mahlzeiten und in vielen Restaurants werden Gäste, die (außerhalb der Zeit des Abendessens) nur einen *cafecito* oder Drink zu sich nehmen möchten, nicht schief angesehen. Viele Lokale bezeichnen sich selbst als „Bar-Restaurante".

Die Bars bzw. Bar-Restaurants in den großen Touristenhotels bewirten in aller Regel auch Nicht-Hausgäste und sind manchmal kaum teurer als die Lokale an der Straße, von denen es die mit Abstand meisten in Habana Vieja gibt. Für kostenbewusste Reisende gilt in jedem Fall: Rechnung kontrollieren!

Dass der **Geist Hemingways** durch die auf 1950er-Jahre gestylten Bars La Bodeguita del Medio (s. S. 66), El Floridita (s. S. 66) und Dos Hermanos (s. S. 66) streifen soll, spürt der Gast nicht zuletzt an deren gesalzenen Preisen. Ein paar Schritte weiter zahlt man unter Umständen nur halb so viel für Speis und Trank derselben Qualität. Viele Bars haben tagsüber eher den Charakter eines Cafés und manche nennen sich denn auch Café bzw. Café Taberna. Vor allem in Habana Vieja ist in praktisch allen Bars mit **Livemusik** zu rechnen. Die oft nicht gerade dezent aufspielenden Combos werden nicht müde, inbrünstig cubanische Klassiker à la „Guantanamera" und „Comandante Che Guevara" zu intonieren.

Habana Vieja

⏻**87** [C3] **Café Paris,** San Ignacio No. 202, Ecke Calle Obispo, Tel. 78620466, tägl. 9 – 1 Uhr. Das traditionsreiche Lokal ist dank seiner günstigen Lage stets gut besucht. Relativ kostspielig.

⏻**88** [C4] **Café Taberna Amigos del Benny,** Mercaderes No. 531, Ecke Teniente Rey, Tel. 78611637. Gleich neben der Plaza Vieja gelegen, finden hier regelmäßig musikalische Abendveranstaltungen mit dem Schwerpunkt 1950er-Jahre statt. Der Name bezieht sich auf den legendären cubanischen *Bárbaro del Ritmo* (Rhythmus-Barbar) Benny Moré.

❼89 [D4] **Dos Hermanos,** Avenida San Pedro No. 304, Ecke Sol, Tel. 78613514, tägl. 12–23 Uhr. Von Hemingways Lieblings-Trinkstätten diejenige, die sich noch am ehesten den Charakter einer Bar bzw. Kneipe erhalten hat. Direkt am Hafen nahm hier auch der spanische Dichter García Lorca gerne den ein oder anderen Drink. Cocktails ab 2,50 CUC.

❼90 [B3] **El Floridita,** Calle Obispo No. 557, Ecke Monserrate (Avenida de Bélgica), Tel. 78671300, tägl. 12–23 Uhr. Das elegante El Floridita behauptet von sich, die Wiege des Daiquiri zu sein. Hemingway hat dieses Getränk nicht erfunden, aber reichlich davon konsumiert und mit der eindringlichen Schilderung dieses eiskalt servierten Cocktails zu dessen weltweiter Popularität beige-tragen. Im angegliederten Restaurant täglich Livemusik.

❼91 [C3] **La Bodeguita del Medio,** Calle Empredado No. 207 e/Cuba y San Ignacio, Tel. 78668857, 786713-74/75, tägl. 10.30–24 Uhr. Hier findet man Hemingways berühmte handschriftliche Widmung unter Glas: „My Mojito at La Bodeguita del Medio and my Daiquiri at the Floridita", ein nach heutigen Maßstäben unbezahlbarer Werbegag. Cocktails ab 4 CUC, Kaffee ab 3 CUC. Im Obergeschoss der 1942 eröffneten „La B del M" werden ab 12 Uhr typisch kreolische Gerichte serviert. Nicht erschrecken: Dass sich viele Gäste handschriftlich an den Wänden „verewigen", wird seit Jahrzehnten bewusst toleriert. Ein kleiner Souvenirshop findet sich gleich rechts vom Eingang.

Beliebte Getränke

Auf der „Rum-Insel" Cuba findet man eine Reihe erstaunlich guter einheimischer **Biermarken (cerveza),** darunter Cristal, Bucanero (wörtlich: Pirat) und Mayabe. Seltener begegnet man dem in El Cotorro hergestellten und nach dem Führer eines Indianeraufstandes benannten Hatuey, dem weniger empfehlenswerten Tínima und lokalen Sorten wie Princesa (Pinar del Río) oder La Matancera (Matanzas).

Ein typisches nicht-alkoholisches Getränk ist **Zuckerrohrsaft (guarapo).** In den **casas de infusiones** genießt man keine Infusionen, sondern **Tee (té** oder **yerba buena).** Dieser wird gerne mit etwas Limone versetzt.

Fruchtsäfte (jugo) und **Milchshakes (batido)** sind nicht nur bei den Kids sehr beliebt. Und auch die Erzeugnisse US-amerikanischer Brausegiganten sind, über Kanada oder Mexiko importiert, überall zu bekommen. Wer möchte, kann auf cubanische **Cola-Marken** wie Tropicola und Tucola ausweichen, die es auch in Light-Versionen („diétetica") gibt.

Cubaner lieben starken schwarzen **Kaffee (cafecito, café cubano, café criollo),** den man mit viel Zucker in kleinen Gläsern oder Tassen serviert.

Rum (ron), das alkoholische Nationalgetränk pur oder im Cocktail, galt vor 200 Jahren noch als minderwertiges Piratengesöff. Dies änderte sich, nachdem der nach Santiago de Cuba ausgewanderte spanische Weinhändler Fernando Bacardí die Herstellung mittels Holzkohlenfilterung und Reifezeit in Eichenfässern verfeinert hatte. Grundsätzlich gilt: Je länger die Reifezeit, desto edler und teurer das Ergebnis. Cubaner, die sich Rum nicht leisten können, weichen auf **aguardiente** (wörtlich: brennendes Wasser) genannten Zuckerrohrschnaps aus.

❼92 [B4] **Monserrate,** Avenida de Bélgica (Monserrate) No. 261, Ecke Obrapía, Tel. 78609751, tägl. 12–23 Uhr. Nur einige Schritte vom Floridita gelegen, sind Speis und Trank im holzgetäfelten Monserrate deutlich günstiger. Livemusik.

❼93 [A3] **Sloppy Joe's,** Agramonte (Zulueta), Ecke Ánimas, Tel. 78667157, tägl. 12–2 Uhr. Nach fast 50 Jahren wurde 2013 das zu Hemingways Zeiten recht ranzige Sloppy Joe's wiedereröffnet – als moderne, nicht gerade preisgünstige Touristenbar mit beeindruckend langer Mahagoni-Bar.

Centro Habana

❼94 [B3] **Asociación Canaria de Cuba,** Montserrate No. 258 e/Neptuno y Ánimas, Tel. 78625484, 78625284. Wer sehr zentral und in Gesellschaft besser situierter *Habaneros* einen Cocktail oder Snack einnehmen möchte, besucht die Café-Bar der altehrwürdigen Kanaren-Vereinigung. Einfache Gerichte zu günstigen Preisen in historischem Ambiente. Vor allem am Wochenende Tanz- und Kultur-Events. Nicht erschrecken, die Preise sind in CUP ausgezeichnet (s. S. 114).

❼95 [A3] **Café Louvre,** Paseo de Martí (Prado) No. 416, Ecke San Rafael, Tel. 78608595, tägl. 10–24 Uhr. Unter dem Vordach des Hotels Inglaterra gelegene Terrassenbar, von der aus sich das Kommen und Gehen auf dem Parque Central bestaunen lässt. Falls alle Tische besetzt sind, findet man gleich nebenan zwei weitere Freiluftbars ähnlichen Stils. Livemusik. Eine weitere Bar befindet sich auf der Dachterrasse des Inglaterra.

❼96 [gl] **XY Café – MYXTO,** Calle Jovellar No. 3e/Marina y Oquendo, Tel. 78784410, www.facebook.com/pg/yxcafe. *Straight* oder *queer*, LGBT+ – hier sind alle herzlich willkommen! Fast täglich Live-Events.

Lange geöffnet

Nachtschwärmer und Nimmermüde freuen sich über die langen Öffnungszeiten des hippen King Bar Restaurante im Stadtteil Vedado.

❼99 [el] **King Bar Restaurante** €€, Calle 23 (La Rampa) No. 667 e/Calles D und E, Tel. 78330556, www.kingbarhavana.com, tgl. 17–3 Uhr, Happy Hour tgl. 17–20 Uhr (unter anderem zwei Cocktails zum Preis von einem)

Vedado

Während die Zahl der Bars bzw. Bar-Restaurants in Habana Vieja, der Altstadt, kaum zu überblicken ist, befinden sich viele der in Vedado lohnenden in oder auf den großen Hotels.

❼97 [dk] **Habana Café,** im Hotel Meliá Cohiba, Paseo e/Calles 1ra y 3ra, Tel. 78333636, tägl. 12–23 Uhr. Man kommt der Eleganz und des Styles der 1950er-Jahre wegen: Mit einer uralten Harley, einem kanariengelben offenen Chevy und ähnlichen Exponaten inklusive Billardtisch ist das Habana Café Cubas Antwort auf die Hard Rock Cafés anderswo. Regelmäßig Livemusik gehört natürlich auch dazu.

❼98 [fk] **La Terraza,** im Hotel Nacional, Calle O, Ecke Calle 21, Tel. 78363564, tägl. 12–24 Uhr. Wer schnurstracks die Lobby des Hotels Nacional durchquert, gelangt in eine großzügige Parkanlage mit Pool und einige Schritte unter Palmen weiter zu diesem kleinen, von einer Seebrise gestreichelten Lokal. Cocktails ab 4 CUC.

Wer hoch hinaus will und seinen Café Cubano oder Mojito in schwindelerregender Höhe einnehmen möchte, begibt sich in eine der **Dachterrassen-Bars** mit atemberaubender Fernsicht:

> ❯ **La Torre** (s. S. 63), Tel. 78322451, geöffnet: tägl. 12–24 Uhr. Die Bar liegt im 36., dem obersten Stock des Gebäudes. Das gleichnamige exquisite Restaurant auf derselben Etage bietet einen atemberaubenden Panoramablick über Havanna.

> ❶**100** [fl] **Sala de Fiestas Turquino** im 25. Stock des Hotel Habana Libre, Calle L (Paseo) e/Calles 23 (La Rampa) y 25, Tel. 78346100, tägl. 10–23 Uhr. Wenn Shows und/oder Discobetrieb stattfinden, verlängert sich die Öffnungszeit bis weit nach Mitternacht.

Miramar

Alle Hotels in Miramar haben auf den touristischen Geschmack zugeschnittene Bars. Hier zwei empfehlenswerte, von Touristenhotels unabhängige Etablissements:

> ❶**101** [an] **Complejo Turístico Cultural Dos Gardenias**, Avenida 7ma, Ecke Calle 28, Tel. 72048188, tägl. 22–6 Uhr. Die verhältnismäßig gediegene Bar kontrastiert mit dem nächtlichen Trubel im Tanzlokal gleich nebenan (s. S. 70). Außerdem warten drei Restaurants und ein Zigarrenladen auf Kundschaft.

> ❶**102** [bm] **Piano Bar Piel Canela (La Maison)**, Calle 16 No. 701, Ecke Avenida 7ma, Tel. 72041543, 72041546, 5 CUC Eintritt. Wie der Name vermuten lässt, wird hier regelmäßig in die Tasten gegriffen.

> ❯ Dem im Stadtteil Marianao gelegenen Nachtklub Tropicana (s. S. 69) ist das Bar-Restaurant **Los Jardines** angeschlossen, in dem man vor oder nach der Show gerne vorglüht beziehungsweise auch absackt: Calle 72 e/Calles 41 y 45, Marianao, Tel. 72670110, tägl. 19–24 Uhr (teilweise nur bis 23 Uhr).

Nachtklubs, Cabarets und Discos

Oft ist die Bezeichnung Klub, Cabaret, Disco oder Nachtklub eher willkürlich, schließlich gibt es in allen diesen Etablissements nicht nur Shows, sondern auch Raum zum Tanzen. Bei den Cabarets und Nachtklubs steht grundsätzlich das **Showprogramm** im Vordergrund: Tänzer, Humoristen und andere Unterhaltungskünstler buhlen um die Gunst des Publikums, das sich dann sofort nach dem Spektakel zu den satten Beats der aktuellen Latin-Hip-Hop-Hits (Reggaetón/Cubatón) von Pitbull, Gente de Zona und Co. auf die Tanzfläche stürzt.

In den meisten Discos und Tanzhallen wiederum werden regelmäßig Karaoke und andere Unterhaltung zum Mitmachen, Modenschauen und sonstige Shows geboten. Der **Dresscode** in den Cabarets ist grundsätzlich strenger als in den Discos: Herren haben im (möglichst langärmeligen) Hemd, mit langen Hosen und geschlossenem Schuhwerk zu erscheinen, Damen dürfen sich gerne freizügiger zeigen – Hauptsache chic.

Oft ist mit der Entrichtung des **Eintrittspreises** bereits der erste Drink bezahlt. In manchen Klubs ist der Einlass an sich kostenlos, aber die Gäste verpflichten sich zum „Mindestverzehr" in einer bestimmten Höhe (consumo). Wenn nichts los ist, schließen Diskotheken und Nachtklubs schon mal früher als hier angegeben.

Fixpunkte in Havannas schnelllebiger Nachtschwärmerszene sind:

▢ *In Havannas Cabarets wird auch in puncto Kostümierung einiges geboten*

⊕103 [fk] **Cabaret Parisién**, im Hotel Nacional, Calle O, Ecke Calle 21, Vedado, Tel. 78363564/67, Eintritt: 30 CUC (50 CUC mit Dinner). Im Hotel Nacional untergebracht, gilt dieses Cabaret als die Nummer zwei nach dem Tropicana. Nach der großen Abendshow gibt es häufig eine weitere kleinere um Mitternacht.

❭ **Pico Blanco – Rincón del feeling**, im Hotel Saint John's (s. S. 135), Tel. 78333740, Mi–Sa ab 22, So ab 18 Uhr, der Eintritt schwankt zwischen gratis und 10 CUC. Der „Weiße Gipfel" befindet sich im obersten Stockwerk des Hotels Saint John's und bietet wechselnde Shows (Comedy, kleine Revuen, Karaoke, Akrobatik) mit anschließendem Discobetrieb.

⊕104 **Tropicana**, Calle 72 No. 4504 e/ Avenidas 41 y 45, südlich Miramars im Stadtteil Marianao, Tel. 72671717, 72670110, www.cabaret-tropicana. com, tägl. ab 20 Uhr, Show ab 22 Uhr (angeschlossenes Bar-Restaurant „Los Jardines" tägl. 19–24 Uhr), Eintritt: ab 75 CUC (ein Begrüßungstrunk und ein kleiner Snack inklusive). Das legendäre Cabaret Tropicana ist schon lange wieder das, was es bereits von 1939 bis zur Revolution 1959 war: Cubas Nightclub Nummer eins mit den extravagantesten Revuen und den spektakulärsten Shows. Das Interieur des großen Saals „Salón Arcos de Cristal" (Saal der Kristallbögen) wurde Anfang der 1950er-Jahre entworfen. Die im Freien gelegene Hauptbühne heißt „Salón bajo las estrellas" (Saal unter den Sternen). Bis zu 200 Akteure begeistern hier bei der wohl spektakulärsten Show der Karibik mit einer Revue der Extraklasse. Unbedingt direkt oder über ein Hotel reservieren! Kameras 5 CUC, Video 15 CUC, Cocktails ab 3 CUC. Kenner ordern gleich eine Pulle Rum und Coke. Anschließend Discobetrieb. Mit dem „Los Jardines" und dem „Rodney Café" befinden sich zwei Bar-Restaurants im selben Komplex. Die Tropicana-Ableger in Matanzas und Santiago sind hinsichtlich Eintritt (ab 40 CUC) und Qualität der Show etwas bescheidener.

050hv Abb.: om

Wem die Tanzflächen in den Hoteldiscos zu klein sind und/oder wer bereit ist, etwas tiefer in die Tasche zu greifen, wird hier glücklich:

⊘**105** [fk] **Café Concerto Gato Tuerto,** Calle O e/Calles 17 y 19, Vedado, Tel. 78382696, tägl. 22 bis mindestens 2 Uhr, Eintritt: meistens 5 CUC Mindestverzehr. *Música filin, Trova* und *Boleros,* bis der Arzt kommt. An manchen Abenden bietet der „Einäugige Kater" auch launigere Musik, Comedy und ähnliche Vergnügungen.

⊘**106** [an] **Dos Gardenias (Complejo Turístico Cultural),** Avenida 7ma, Ecke Calle 28, Miramar, Tel. 72049517, 72048188, So–Do 22.30–1.30, Fr und Sa 22.30–3 Uhr, Eintritt: ab 10 CUC. Großraumdisco.

⊘**107** [cm] **Fábrica de Arte Cubano,** Calle 26, Ecke Calle 11, Vedado, Tel. 78382260, www.fac.cu (mit virtueller Tour), Do–So 8–3 Uhr, Eintritt: 2 CUC. Die Fábrica ist ein superschickes Kulturzentrum, wie man es in Cuba bisher nicht kannte: Auf zwei Stockwerken einer historischen Fabrik begeistern Theater, Bars, Dancefloors, Ausstellungen, Shows, Open-Air-Bereich etc. – alles in für Havanna noch neuer Boheme-Atmosphäre.

⊘**108** **Guanimar,** Avenida 5ta e/466 y 469, Guanabo, Playas del Este, Tel. 77962947, Mi–So 22–3 Uhr, Eintritt: ab 5 CUC. An den Playas del Este erste Wahl. In der Saison und an den Wochenenden Shows und Liveacts.

⊘**109** [fk] **Jazz Club „La Zorra y El Cuervo",** Calle 23 (La Rampa) e/Calles N y O, Vedado, Tel. 78662402, tägl. 22 bis mindestens 2 Uhr, Eintritt: 10 CUC. Die unterirdische Jazzbar „Die Füchsin und der Rabe" wird durch eine britische Telefonzelle(!) betreten. Nach den Liveacts Discobetrieb. Der Eintrittspreis beinhaltet meistens ein oder zwei Freigetränke.

⊘**110** [el] **Sarao's Bar,** Calle 17 e/Calles E y F, Vedado, Tel. 78320433, tägl. bis 3 Uhr. Für ein In-Publikum, das wie in New York oder Berlin feiern möchte.

Theater und Konzerte

Havannas Theaterszene ist sehr aktiv und in Vedado ist die Theaterdichte am höchsten. Der Eintritt schlägt für Ausländer meist mit 5 bis 10 CUC zu Buche. Showtime ist vor allem an den Wochenenden. Das aktuelle Programm wird im Bereich des Theatereingangs angeschlagen und bietet sowohl klassische als auch moderne Stücke in der Landessprache.

Vedado

⊙**111** [ek] **Auditorium Amadeo Roldán,** Calzada, Ecke Calle D, Tel. 78321168, 78324521/2

⊙**112** [ek] **Centro Cultural Bertolt Brecht,** Calle 13 No. 259, Ecke Calle I, Tel. 78329359

⊙**113** [dk] **Sala Teatro Hubert de Blanck,** Calzada No. 654, Ecke Calle B, Tel. 78301011

⊙**114** [dl] **Teatro Mella,** Línea No. 657 e/Calles A y B, Tel. 78335651

⊙**115** [em] **Teatro Nacional de Cuba,** Paseo, Ecke Calle 39, Tel. 78704145, 78704651, 78796011. Neben dem Gran Teatro ❷❸ größtes und bekanntestes Theater des Landes.

Andere Stadtteile

❷❸ [A3] **Gran Teatro de La Habana Alicia Alonso,** Paseo de Martí (Prado) No. 458, Ecke San José, Centro Habana, Tel. 78613077/78/79

⊙**116** [A2] **Teatro Fausto,** Paseo de Martí (Prado) No. 201, Ecke Colón, Habana Vieja, Tel. 78631173

⊙**117** [bl] **Teatro Karl Marx,** Avenida 1ra No. 1010, Ecke Calle 10, Miramar, Tel. 72030801

Kinos

Die größten und bekanntesten Licht-spielhäuser Havannas liegen im Stadtteil Vedado an „La Rampa" (Cal-le 23) relativ nah beieinander. Die meisten bieten Nachmittags- und Abendvorstellungen. Hollywoodstrei-fen werden häufig im mit spanischen Untertiteln unterlegten Original ge-zeigt. Eintrittskarten kosten rund 25 Pesos Cubanos (gut 1 CUC). Be-sonders populär sind die folgenden Lichtspielhäuser:

🎟 **118** [dm] **Cine 23 y 12,**
Calle 23 No. 1212, Ecke Calle 12, Tel. 78336906

🎟 **119** [dm] **Cine Charles Chaplin,**
Calle 23 No. 1155, e/Calles 10 y 12, Tel. 78311101

🎟 **120** [A4] **Cine Payret,** Paseo de Martí (Prado) No. 513, Tel. 78633163. Schräg gegenüber dem Capitolio **20**. **Derzeit (2018) geschlossen.**

🎟 **121** [fl] **Cine Riviera,** Calle 23 No. 507, Ecke Calle H, Tel. 78309564

🎟 **122** [fl] **Cine Yara,** Calle L No. 363, Ecke Calle 23 (gegenüber Eisdiele Coppelia, s. S. 34), Tel. 78329430

Havanna für Kauflustige

Mit dem Triumph der Revolution hat sich Havanna von der Liste der Shopping-Paradiese gestrichen. Al-les, was nach Mode, Stil und Gla-mour roch, galt in Cuba jahrzehn-telang als dekadent und ist offiziell auch heute noch verpönt. Dazu kam, dass die alteingesessene Bourgeoi-sie das Land ab 1959 in Scharen verließ und neben ihrem Geld und Know-how auch die verfeinerten Sit-ten mitnahm.

Supermärkte und Kaufhäuser

Havannas Supermärkte und Shop-pingmalls verfügen heutzutage aber zumindest über ein ordentliches Sortiment an cubanischen und im-portierten Lebensmitteln sowie an-deren Waren des täglichen Bedarfs. Die Preise entsprechen in etwa den europäischen. Oft müssen Taschen und Rucksäcke im Bereich des Eingangs in Verwahrung gegeben werden.

Große *centros comerciales* sind für gewöhnlich Mo–Sa 10–21 Uhr (mindestens bis 19 Uhr) und So 10–14 Uhr geöffnet. Kleinere Lä-den schließen früher und/oder sind sonntags gar nicht geöffnet. Super-märkte bzw. Malls mit großer Aus-wahl sind:

🛒 **123** [bl] **Centro Comercial La Puntilla,** Avenida 1era y 0, Miramar. Ein Dutzend Geschäfte, darunter ein großer Super-markt, und eine Filiale der Fastfoodkette El Rapido.

🛒 **124** **Complejo Comercial 3ra y 70,** Calle 70, Ecke Avenida 3ra, Miramar, Tel. 72044034. Havannas größter Super-markt ist eher eine Shoppingmall und wird wegen der vielen Botschaftsangehö-rigen, die hier einkaufen, im Volksmund „Diplomercado" genannt.

🛒 **125** [gm] **Plaza Carlos Tercero,** Avenida Salvador Allende (Carlos III) e/Arbol Seco y Retiro, Centro Habana. Zahlreiche Geschäfte auf drei Etagen, Fastfood usw.

Weitere große Shoppingcenter in Mi-ramar sind das *Centro Comercial 5ta y 42* und das Centro Comercial ge-genüber dem Hotel Meliá Habana (s. S. 135). Die größte Mall im Stadt-teil Vedado nennt sich *Galerias de Paseo* und liegt an der Ecke Paseo und Calle 1ra.

Shoppingareale
Die wichtigsten Shoppingbereiche der Stadt sind im Kartenmaterial mit einer rötlichen Fläche markiert.

Bücher

Bücher kosten auf Cuba – je nachdem, wo man sie erwirbt – entweder sehr viel oder auch sehr wenig. Grundsätzlich gilt: Je offensichtlicher eine Buchhandlung oder ein Bücherstand auf touristische Interessen (José Martí, Che Guevara usw.) und Geldbeutel zugeschnitten ist, desto höher fallen die Preise aus. Die kleinen **privaten Secondhand-Buchhandlungen**, in denen sich auch Einheimische mit Lesestoff versorgen, findet man dagegen in der Regel in unscheinbaren Seitenstraßen oder Privathäusern.

Die für Kurzbesucher interessantesten Buchhandlungen findet man im Bereich der Calle Obispo **9**:

🏠**126** [B3] **La Moderna Poesía**, Obispo No. 527, Ecke Bernaza, Tel. 78616983, tägl. 9–18 Uhr. Cubas bekannteste Buchhandlung ist in einem monströsen Art-déco-Bau am westlichen Ende der Obispo untergebracht. Verkauft auch Schreibwaren.

Wer die Obispo hinunterschlendert, passiert auf beiden Seiten einige kleinere Buchhandlungen (z. B. in No. 119 und No. 526), um dann am Ende der Straße auf die nach touristischem Geschmack bestückten **Freiluft-Buchstände** *(mercado de libros)* der Plaza de Armas **7** zu stoßen. Hier kalkuliert man pro Buch ab 5 CUC bei nach oben offener Preisskala.

🏠**127** [C3] **Instituto Cubano del Libro**, Calle O'Reilly No. 4, Ecke Tacón, Tel.

78618585, 78628092. Das cubanische Buchinstitut im Palacio del Segundo Cabo beherbergt auch kleine Buchshops.

🏠**128** [A4] **Todo Libro**, Teniente Rey (Brasil), Ecke Paseo de Martí (Prado), Mo–Sa 10–17.30, So 10–13 Uhr. Buchhandlung gegenüber dem Capitolio. Mit Schreibwarenabteilung.

Zigarren

Wichtige **Warnung** gleich vorab: Meiden Sie die gut gelaunten Herrschaften, die versuchen, unbedarften Touristen Zigarren auf der Straße anzudrehen! Erstens: Der freundliche junge Mann ist gar nicht der eigentliche Schwarzhändler, sondern erhält von diesem lediglich eine Provision für jeden erfolgreich vermittelten Kunden. Zweitens: Wer will schon einem unbekannten Menschen durch den halben Stadtteil und anschließend in eine kleine Wohnung voller angeblich ungehobener Zigarrenschätze folgen? Drittens: Im günstigsten Fall erhält man gestohlene Ware, im schlechtesten etwas, das zwar an eine edle Havanna erinnert, eigentlich aber von Laien in einem Hinterzimmer aus Tabakresten zusammengeschustert wurde.

Eine **gute Zigarre** (cubanisch: *tabaco*, Slang: *puro*) kauft man in einem der zahlreichen **Zigarrenläden**, z. B. in den großen Hotels. Auch hier liegen

EXTRAINFO

Bücherausfuhr
Achtung: Antiquarische Bücher können unter Umständen nur unter Vorlage einer Exportlizenz legal ausgeführt werden! Auskünfte erteilt der **Registro Nacional de Bienes Culturales** (s. S. 112).

die Preise noch deutlich unter denen in europäischen Tabakläden.

Die bekanntesten cubanischen **Marken** sind „Cohiba" (das Taíno-Wort für Tabak), „Montecristo", „Romeo y Julietta" (Romeo und Julia) und „Partagás". Die Marke „H. Upmann" ist nach einem deutschen Bankier benannt, der zunächst nur für besonders wichtige Geschäftspartner produzieren ließ.

Folgende **Geschäfte** für Zigarrenliebhaber haben eine reichhaltige Auswahl:

> **Casa del Habano in der Fábrica Partagás** ㉒, Industria No. 520 e/Dragones y Barcelona (hinter dem Capitol), Habana Vieja. Wie alle etwas größeren Zigarrenläden verfügt auch dieser im Gebäude der Partagás-Fabrik ansässige über eine eigene Raucherbar.

Schnitzarbeiten aus Holz sind beliebte Souvenirs

129 [C4] **Hostal Conde de Villanueva,** Mercaderes No. 202, Ecke Lamparilla, Habana Vieja, Tel. 78629293/94. Mit Bildern berühmter Zigarrenraucher im Patio.

130 [am] **La Casa del Habano,** Avenida 3ra No. 2006 e/20 y 22, Miramar, Tel. 72040525. www.habanos.com. Für viele Cubas bester Zigarrenladen.

La lectura

Eine interessante Einrichtung in den Zigarrenfabriken ist die sogenannte „lectura" (Vorlesung). Seit dem 19. Jahrhundert beschäftigen Fabriken professionelle „lectores", die zur Erbauung und Bildung der (früher leseunkundigen) Zigarrendreher Zeitungsartikel und Romane vorlesen. Gefällt den Tabaqueros eine Passage besonders gut, so spenden sie lautstark Beifall, indem sie mit ihren Schneidemessern *(chavetas)* auf die Arbeitsfläche vor ihnen klopfen.

131 [C3] **La Casa del Habano,** Mercaderes No. 120 e/Obispo y Obrapía, Tel. 78615795, Di–Sa 9.30–16.45, So 9.15–13 Uhr, Eintritt frei. Zigarrenverkauf mit guter Beratung. Highlights einer kleinen Ausstellung sind diverse Raucherutensilien aus verschiedenen Epochen und Schnupftabakdosen.

132 [B3] **La Casa del Ron y del Tabaco Cubano,** Calle Obispo, Ecke Benaza, Tel. 78668911, tägl. 9–18.45 Uhr. Am westlichen Ende der Calle Obispo neben dem Floridita.

❭ Die **großen Hotels,** wie etwa das Hotel Inglaterra (s. S. 134), das Hotel Nacional ㉖ und das Habana Libre (s. S. 135), haben in ihren Zigarrenläden eine ordentliche Auswahl und meist auch stilvolle Raucherbars.

Andere Souvenirs

Vor allem in Habana Vieja wurden viele am Touristengeschmack orientierte Geschäfte und Boutiquen eröffnet. Viele der auf ausländische Besucher eingestellten **Märkte** *(ferias)* haben Silberschmuck, Fächer und sonstige Artefakte aus jedwedem Material im Angebot, beispielsweise die Stände und Läden in der Umgebung der Plaza de la Catedral ❺. Hübsch sind etwa die aus leeren Getränkedosen gefertigten Bastelarbeiten, bunte Santería-Püppchen und Maracas (Rumbakugeln).

Zwei empfehlenswerte Adressen mit großer Auswahl an **Kunsthandwerk und Gemälden** sind:

133 [C6] **Antiguos Almacenes de San José,** Avenida Desamparados e/San Ignacio y Cuba, tägl. 10–19 Uhr. Direkt am Hafen gelegen und so groß wie eine Messehalle. Die Marken *(sellos)* für die Ausfuhrgenehmigung (s. S. 112) sind gleich an Ort und Stelle für 2 CUC erhältlich.

EXTRAINFO **Maße und Gewichte**
Auf Cuba gilt das uns vertraute **metrische System.** Wichtigste Ausnahme ist die Gewichtsangabe *libra* (Pfund). Eine **libra** beträgt 453 Gramm und ist das z. B. auf Bauernmärkten verwendete Gewichtsmaß.

134 [C2] **Palacio de Artesanía,** Cuba No. 64 e/Tacón y Peña Pobre, Tel. 78668360, Mo–Sa 9–21, So 9–14 Uhr. Um den schattigen Innenhof eines prächtigen Kolonialbaus gruppieren sich Geschäfte für Kunsthandwerk, Souvenirs aller Art und Klamotten. Ein kleiner Supermarkt und eine Bar mit regelmäßiger Livemusik runden das sehr touristische Ambiente ab.

Schmuckgeschäfte finden sich in den Tophotels in Miramar, im Hotel Parque Central (s. S. 133) sowie unter folgenden Adressen:

135 [bm] **Centro Comercial La Maison,** Calle 16 No. 701 e/Avenida 7ma, Miramar, Tel. 72040124. Haute Couture, Schmuck und andere schöne Dinge. Regelmäßig Modenschauen.

136 [bm] **Joyería La Habanera,** Calle 12 No. 505 e/Avenidas 5ta y 7ma, Miramar, Tel. 72042546, Mo–Fr 10–18, Sa 10–14 Uhr. Cubas elegantestes Juweliergeschäft.

Hübsche handgefertigte **Fächer** *(abanicos)* kauft man für 5 bis 150 CUC in Habana Vieja, z. B. hier:

137 [D3] **Casa de los Abanicos,** Calle Obrapía No. 107 e/Mercaderes y Oficios, Tel. 78634452, Mo–Fr 9–17, Sa 9–12 Uhr

❭ *Frischer gehts nicht – Produkte der Region auf einem Bauernmarkt*

Bauernmärkte

Frische Produkte werden auf Bauernmärkten *(agromercados/agromercarios/agropecuarios/agros)* feilgeboten und in Pesos Cubanos bezahlt. Die meisten *agros* öffnen um 7 oder 8 Uhr morgens und sind an einem Tag in der Woche (oft montags) geschlossen. Die Plastiktütchen am Eingang kosten 1 CUP.

138 [hn] **Agromercado (1)**, Av. Máximo Gómez (Monte), Ecke Manglar (Arroyo). Havannas größter Bauernmarkt ist in der riesigen Markthalle „Cuatro Caminos" im Süden Centro Habanas ansässig.

Weitere bekannte **Bauernmärkte**:

Habana Vieja

139 [B5] **Agromercado (2)**, Calle Egido (Avenida de Bélgica), e/Luz y Acosta

140 [C4] **Agromercado (3)**, Calle Aguiar, Ecke Sol (weiterer kleiner Agro an der Ecke Habana/Sol)

Centro Habana

141 [hl] **Agromercado (4)**, San Nicolás, Ecke Trocadero

142 [gl] **Agromercado (5)**, Calzada de Infanta, Ecke Jovellar

Kleinere Agros gibt es gerade in Centro Habana in großer Zahl, beispielsweise allein in der Calle Gervasio ein halbes Dutzend.

Vedado

143 [el] **Agromercado (6)**, Calle 19, Ecke Calle B

144 [fl] **Agromercado (7)**, Calle 21, Ecke Calle J

Miramar

145 [an] **Agromercado (8)**, Avenida 42, Ecke Calle 19

Playas del Este

146 **Agromercado (9)**, Calle 492 e/Avenidas 3ra y 5ta

009hv Abb.: js

013hv Abb.: js

Havanna zum Träumen und Entspannen

Südöstlich des Stadtbezirks Arroyo Naranjo stößt man auf das Naherholungsziel **Parque Lenin**. Der weitläufige Park erstreckt sich rund um den Staudamm *Presa Paso Sequito* und das sich östlich anschließende Wasserreservoir *Ejército Rebelde*. Am Wochenende bevölkern cubanische Familien die Grünanlagen oder besuchen den mit Karussellen und anderen Vergnügungseinrichtungen ausgestatteten Freizeitpark. Besonders populär ist Ponyreiten. Moneda Nacional (CUP) mitnehmen (s. S. 114)!

★147 **Parque Lenin,** Calle 100, Ecke Carretera de la Presa

⌂ *Uferpromenade mit Skyline: der Malecón* ㉕

Zur richtigen Zeit am richtigen Ort

Über das Jahr finden in Havanna unzählige Musik-, Tanz-, Theater- und Sportfestivals sowie andere Veranstaltungen statt. Kurzfristige Infos bieten Infotur (s. S. 118) und die großen Hotels. Hier die Highlights:

Januar

❯ **FolkCuba:** Konzerte und Konferenzen zur afrocubanischen Kultur (zweite Monatshälfte)
❯ **Feria Internacional de Artesania:** große Kunsthandwerksmesse

Februar

❯ **Feria Internacional del Libro:** Internationale Buchmesse (Monatsanfang), http://feriadellibro.cubaliteraria.cu
❯ **Festival de Jazz** (Monatsmitte)

Chillen auf Dachterrassen

Auch wer nicht Gast eines Hotels ist, kommt auf die Dachterrasse oder ins oberste Stockwerk einiger großer Touristenhotels in Habana Vieja. Sie sind oft mit Bar, Restaurant und/oder einem Pool ausgestattet. Eine besonders lohnende Aussicht genießt man in folgenden Hotels:

> **Ambos Mundos** (s. S. 133)
> **Deauville,** mit Pool auf der luftigen Terrasse im 6. Stock, tägl. 10-18 Uhr, Eintritt 10 CUC (8 CUC davon für freien Verzehr, s. S. 134)
> **Parque Central,** mit Pool (leider nur für Gäste) auf der Dachterrasse (s. S. 133)
> **Sevilla,** Pool (allerdings ebenerdig), tägl. 10–18 Uhr, Erwachsene 15 CUC (davon 12 CUC Verzehr), Kinder 7,50 CUC (4,50 CUC Verzehr, s. S. 134)

März

> **Bienal Internacional del Humor** (Internationale Humor-Biennale) in San Antonio de los Baños südwestlich von Havanna (alle ungeraden Jahre am Monatsende), www.cubarte.cult.cu

April

> **Festival Percuba:** Bei diesem Event stehen Percussion-Instrumente im Mittelpunkt (3. Woche). Musiker und Kunsthandwerker kommen zusammen.

Mai

> **Cubadisco:** Musikmesse mit cubanischer „Grammy"-Verleihung (Monatsmitte)
> **Bienal de La Habana:** Renommierte Kunstmesse in allen geraden Jahren, manchmal erst Anfang Juni, www.bienalhabana.cult.cu

Juni

> **Hemingway Marlin Tournament:** Hochseeangler-Turnier am Monatsanfang, gelegentlich schon Ende Mai

Juli

> **Karneval:** An zwei aufeinander folgenden Wochenenden Ende Juli/Anfang August. Highlight sind die Umzüge *(paradas de carrozas)* der verschiedenen Karnevalsgruppen, außerdem Essens- und Getränkebuden auf dem Malecón **25**. Erhöhte Diebstahlgefahr!

August

> **Festival de Rap Cubano Habana:** cubanischer Hip-Hop (2. Woche)

September

> Am 7. September: **Wallfahrten zur Jungfrau von Regla** (entspricht der Santería-Gottheit Yemayá) auf der Habana Vieja gegenüberliegenden Seite der Hafenbucht und pompöse Prozessionen

Oktober

> **Diez Días de Cultura:** vom 10. bis 20. Oktober Musikveranstaltungen in allen Stadtteilen
> Das **Internationale Ballettfestival** findet in allen geraden Jahren jeweils am Monatsende statt.

November

> **Marathon Marabana** (Monatsmitte), www.cuba-marathon.de
> **Festival de Raíces Africanos:** Im Stadtteil Guanabacoa wird die afrocubanische Kultur mit bunten Umzügen und Tanzveranstaltungen gefeiert (zweite Monatshälfte).

Feier- und Gedenktage

Offizielle Feste werden in Cuba gerne und häufig begangen. Es gibt eine ganze Reihe von Nationalfeiertagen, an denen die meisten Geschäfte, Ämter und Museen geschlossen bleiben. Fällt ein offizieller Feiertag auf einen Sonntag, so ist für viele der darauf folgende Montag arbeitsfrei – eine schöne Regelung, die hiesigen Arbeitnehmern sicher auch gefallen würde.

❭ Am **1. Januar** erinnert der **Día de la Liberación** die Cubaner daran, dass Batistas Diktatur am 1. Januar 1959 endete. Am **2. Januar** schließt sich der „Tag der Siegesfeiern" (Victoria de las Fuerzas Armadas) an.

❭ Der **1. Mai** ist auch auf Cuba der **Tag der Arbeit (Fiesta del trabajo)** mit zahlreichen Paraden und Festreden.

❭ Vom **25. bis 27. Juli** gedenkt man **Castros misslungenem Angriff** auf die Moncada-Armeekasernen am 26.07.1953 und dem **Beginn der Revolution.**

❭ Am **10. Oktober** stehen die Unabhängigkeitskriege des 19. Jahrhunderts im Mittelpunkt des öffentlichen Gedenkens **(Fiesta de la Guerra de Independencia),** denn der Beginn des ersten Krieges gegen die spanische Kolonialmacht fiel auf den 10. Oktober 1868.

❭ Obwohl Cuba de facto kein katholisches Land (mehr) ist, wurde 1997 **Weihnachten (Día de Navidad, 25. Dezember)** anlässlich des anstehenden Papstbesuches wieder Nationalfeiertag.

❭ Silvester (Fin de Año) ist ein offizieller Feiertag.

❭ An vielen weiteren **Gedenktagen** wird sowohl gearbeitet als auch gefeiert. Die meisten stehen im Zusammenhang mit der Revolution.

Dezember

❭ Am 4. Dezember **Patronatsfest der heiligen Barbara** (entspricht der Santería-Gottheit Changó) in der Iglesia Santa Barbara und anderen Kirchen

❭ **Internationales Festival des neuen lateinamerikanischen Films** (1. Monatshälfte), www.habanafilmfestival.com

❭ Am 17. Dezember **Wallfahrt zum heiligen Lazarus** (entspricht der Santería-Gottheit Babalu Ayé) in die Lazarusbasilika **41** südwestlich von Havanna

HAVANNA
VERSTEHEN

Das Antlitz der Stadt

Havanna, die Hauptstadt Cubas, liegt im Westen der Insel. Mit derzeit rund 2,1 Millionen Einwohnern (entspricht etwa 20 Prozent der cubanischen Bevölkerung) und einer Ausdehnung von ca. 725 km² ist sie mit weitem Abstand die größte Stadt der Insel und die drittgrößte der Karibik.

Verwaltungsmäßig ist Havanna in **15 Bezirke** *(municipios)* unterteilt: Habana Vieja, Centro Habana, Plaza de la Revolución (wozu auch der Stadtteil Vedado gehört), Cerro und Diez de Octubre sowie die Außenbezirke La Habana del Este, Guanabacoa, Regla, San Miguel del Padrón, Cotorro, Arroyo Naranjo, Boyeros, Marianao, La Lisa und Playa (einschließlich Miramar).

Havanna ist eine **lebendige Metropole** mit vielen architektonischen Schmuckstücken aus der Kolonialzeit und den späteren Epochen. Die mit Abstand meisten Sehenswürdigkeiten befinden sich in Habana Vieja (Altstadt), gefolgt von den Stadtteilen Habana Centro und Vedado. **Habana Vieja** ragt einer Halbinsel ähnlich in das große Hafenbecken (Bahía de La Habana) hinein und geht mit dem Paseo de José Martí (Prado) **19** in den Stadtteil **Centro Habana** über. Noch weiter westlich liegt **Vedado**, das verwaltungstechnisch zum *municipio* Plaza de la Revolución gehört. Mit seinen verhältnismäßig modernen Hochhäusern, den vielen Hotels und der Universität ist Vedado das mondäne Zentrum des neuen Havanna.

Folgt man der legendären Uferpromenade Malecón **25** weiter nach Westen, gelangt man durch einen Tunnel unter dem Río Almendares in den ruhigen Villenvorort **Miramar**. Westlich schließt sich der mit beeindruckenden herrschaftlichen Häusern ebenso gut bestückte Bezirk **Playa** mit der Marina Hemingway an.

Die Kernstadtteile Playa, Miramar, Vedado, Centro Habana und Habana Vieja gehen jeweils südlich in von Ausländern kaum besuchte Stadtteile bzw. Vororte über: Von West nach Ost gesehen sind dies La Lisa, Marianao, Boyeros, Arroyo Naranjo und San Francisco de Paula, die von der vielspurigen *circunvalación* (Ortsumgehung) begrenzt bzw. durchschnitten werden. Noch weiter südlich liegen die Parkanlage **Parque Lenin** (s. S. 76), das Messegelände **Expo-Cuba**, der Botanische Garten **Jardín Botánico Nacional** **40** und der Aeropuerto Internacional José Martí.

Auf der anderen Seite des Hafenbeckens liegen **Casablanca** mit seinen zwei mächtigen Festungen **35** und der geruhsame Stadtteil **Regla**, in dem man sich in Sichtweite der Altstadt in die Provinz versetzt fühlt. Von hier gelangt man über die touristisch wenig ergiebigen Stadtteile **San Miguel** und **Diez de Octubre** um das Hafenbecken herum wieder nach Ha-

---

KURZ & KNAPP

Stadt der vielen Beinamen

Im Laufe von Havannas wechselvoller Geschichte wurden zahlreiche sprechende Beinamen für die Stadt gefunden. Hier eine Auswahl:

❭ Stadt der Säulen, Säulenurwald
❭ Schmutzige/Morbide Schöne
❭ Königin der Antillen
❭ Perle der Karibik
❭ Paris der Tropen
❭ Alte Dame
❭ Herrin der Zeit

◁ *Vorseite: Revolutionsromantik*

Havanna architektonisch: Renovierte Weltkulturerbe-Architektur neben verfallenden Wohnblocks

Zentrum eines im frühen Kolonialstil erbauten **Herrenhauses** ist der **„patio"**, ein Innenhof mit Säulengängen, der für die Luftzirkulation sorgt und in dessen Mitte sich idealerweise ein Brunnen befindet. Manchmal gibt es einen zusätzlichen kleinen Innenhof, den „traspatio", in dem Hausarbeiten verrichtet wurden. Zwischen diesen Höfen befand sich der Speisesaal. Frühe Kolonialbauten hatten oft einen kleinen **Ausguck („mirador")**.

Wer sich Holzdecken leisten konnte, ließ diese gerne mit farbigen geometrischen Mustern („alfarjes") verzieren. Der Convento de Santa Clara **⓯** in der Altstadt ist ein besonders schönes Beispiel für diese **Mudéjar-Stil** genannte Pracht.

Der spanische, mit maurischen Elementen durchsetzte **Barock** des 18. Jahrhunderts lässt sich besonders schön an der Kathedrale (siehe **❺**) und am Palacio de los Capitanes Generales (s. S. 17) studieren. Bürgerliche Häuser wurden zu dieser Zeit gerne mit Marmortreppen, Fliesenschmuck und Buntglasfenstern („vitrales") versehen.

Als „typisch cubanische" Architektur kann man erst den **Klassizismus** des 19. Jahrhunderts bezeichnen. Fast 100 Jahre lang wurde kein besseres Haus ohne **Säulenvorhof** errichtet. Sehr beliebt waren auch schmiedeeiserne Balkon- und Fenstergitter („rejas") sowie „medio-puntos" genannte Buntglasbögen. Ab etwa 1900 baute sich die Bourgeoisie prächtige **Jugendstilvillen**, am liebsten in Havannas noblen Stadtteilen Vedado und Miramar.

Der **Historismus** des 20. Jahrhunderts lehnte sich wieder mehr an die koloniale Architektur an. Beispiele sind das Capitolio Nacional **⓴**, die Estación Central (Hauptbahnhof **⓰**) und das Hotel Sevilla (s. S. 134).

Nach der Revolution wurden zahlreiche Paläste und Herrenhäuser in Wohngebäude umfunktioniert. Um möglichst viele Menschen unterzubringen, war und ist es üblich, in hohe Räume Zwischendecken und -wände einzuziehen, sodass aus einem großen Zimmer eine komplette Wohnung wird. Die Habaneros nennen die so entstehenden Halb- und Zwischengeschosskonstruktionen „barbacoas". Bautechnisch manchmal sehr gewagt, ermöglichen sie es, wesentlich mehr Bewohner in den Gebäuden aufzunehmen, als vom Erbauer einst veranschlagt wurden. Aus demselben Grund sind abenteuerliche An- und Aufbauten weit verbreitet, vor allem in Centro Habana.

Viele historische Gebäude außerhalb des vorbildlich restaurierten „Touristen-Geheges" von Habana Vieja befinden sich in einem **katastrophalen Zustand**. Man munkelt, in Havanna stürze seit den 1990er-Jahren jeden Tag mindestens ein Balkon ab. Manchmal erwischt es aber auch gleich das ganze Gebäude.

› **Buchtipp:** Antonio José Ponte, „Der Ruinenwächter von Havanna", Antje Kunstmann Verlag 2008. Mit Rückblenden und klugen Betrachtungen zum Cuba der 1990er- und 2000er-Jahre behandelt der Autor den äußeren und inneren Verfall des Landes während dieser Epoche.

⌃ Strandleben in Varadero (s. S. 91)

bana Vieja. Wer sich in die entgegengesetzte Richtung wendet, erreicht rasch **Guanabacoa** und **Habana del Este** mit den Plattenbau-Trabantenstädten Alamar und Celimar. Das ehemalige Dorf **Cojímar** zehrt nach wie vor von seinem Ruf als Hemingways Fischfang-Basislager. Die **Playas del Este** (Ostsstrände) **42** bilden Havannas Riviera und locken jenseits des Río Bacuranao mit kilometerlangen Sandstränden von Tarará über Boca Ciega und Santa María del Mar bis Guanabo und darüber hinaus. Langjährige Cuba-Reisende erinnern sich an die Entwicklung Guanabos vom verträumten Dorf in den 1980er-Jahren über einen ausgesprochenen Party- und Sündenpfuhl in den 1990er-Jahren bis hin zum stolzen Ort heute, der fast ausschließlich von (immer weniger werdenden) Touristen lebt und in dem gefühlt jedes zweite Gebäude eine herausgeputzte Casa Particular (s. S. 132) für Touristen geworden ist.

Von den Anfängen bis zur Gegenwart

Cubas Geschichte im Überblick

ca. 2000 v. Chr. (nach anderer Ansicht wesentlich früher): erste Besiedlung
27. Oktober 1492: Christoph Kolumbus besetzt Cuba für die spanische Krone.
1512: Der Indianerführer Hatuey wird hingerichtet.
25. Juli 1519: offizielles Gründungsdatum Havannas
1564: Die erste mit Silber und Gold beladene Flotte verlässt La Habana.
1607: Havanna wird Hauptstadt Cubas.
1728: Gründung der Universität von La Habana
1762: Die Engländer erobern La Habana, das sie 1763 im Tausch gegen Florida wieder verlassen.
1865: Ende der Verschleppung von Afrikanern nach Cuba
1868–1878: erfolgloser Unabhängigkeitskrieg gegen Spanien
1870–1886: Nach dem Ende der Sklaverei kommen asiatische Kontraktarbeiter ins Land.

017hv Abb.: js

1895–1898: zweiter, diesmal mit Unterstützung der USA erfolgreicher Unabhängigkeitskrieg

1898–1902: Eine US-Militärregierung kontrolliert Cuba.

1902: Cuba wird Republik und sieht einer jahrzehntelangen politischen und wirtschaftlichen Dominanz der USA entgegen.

1952–1958: Diktatur unter Fulgencio Batista

26. Juli 1953: Gescheiterter Angriff Fidel Castros auf die Moncada-Kaserne in Santiago de Cuba

2. Dezember 1956: Landung der Rebellen in Ostcuba und Beginn des Guerilla-kampfes

1958: Im Dezember nimmt Che Guevara Santa Clara ein.

1. Januar 1959: Nach Batistas Flucht in die Dominikanische Republik übernimmt Fidel Castro die Macht auf Cuba.

1959: Alphabetisierungs- und Gesundheitskampagnen sowie erste Agrarreform mit zahlreichen Enteignungen

1960: Enteignung von US-Vermögen und Beginn des Konfliktes zwischen Cuba und den USA mit einem partiellen Handelsembargo gegen Cuba

1961: im April gescheiterte Invasion in der Schweinebucht

1962: Zu Beginn des Jahres verhängen die USA ein vollständiges politisches und wirtschaftliches Embargo gegen Cuba.

1962: Im Oktober bringt die Entdeckung der Stationierung sowjetischer Mittelstreckenraketen auf Cuba (die sog. Cubakrise) die Welt an den Rand des Dritten Weltkriegs.

1972: Cuba tritt der Sozialistischen Wirtschaftsgemeinschaft COMECON bei.

1977: Einrichtung von Interessenvertretungen der USA in La Habana und Cubas in Washington

1990: Fidel Castro ruft nach dem Zusammenbruch der UdSSR den nationalen Notstand *(período especial)* aus, der einen 5-Jahres-Sparplan mit Härtefallmaßnahmen vorsieht.

1993: Legalisierung des US-Dollars

1995: Der Tourismus wird zur wichtigsten Devisenquelle.

1996: Verschärftes US-Embargo durch das Helms-Burton-Gesetz

1998: Im September werden in den USA die sog. „Miami Five" inhaftiert. Fünf regimetreue Cubaner sollen bei exilcubanischen Organisationen in Miami spioniert haben. Einige kommen erst Ende 2014 wieder frei.

seit 2002: Im US-Marinestützpunkt Guantánamo werden mutmaßliche Terroristen und Taliban interniert.

2003: Im März trifft eine Verhaftungswelle rund 80 Oppositionelle („Schwarzer Frühling"). Viele bleiben bis 2011 in Haft.

2008: Raúl Castro übernimmt die politischen Ämter seines Bruders Fidel.

2013: Raúl Castro wird für weitere fünf Jahre bestätigt und setzt seine „Politik der Öffnung" (z. B. Ausweitung selbständiger Arbeit und Reisefreiheit) fort.

2015: im Sommer Wiederaufnahme diplomatischer Beziehungen zwischen Cuba und den USA

März 2016: Besuch Barack Obamas mit Familie in Havanna. Nur wenige Tage später spektakuläres Gratis-Konzert der Rolling Stones.

November 2016: Fidel Castro stirbt. Die „Karawane der Freiheit" überführt seine Asche von Havanna nach Santiago de Cuba.

9. September 2017: Hurrikan Irma bringt vor allem Cubas Nordküste Überschwemmung und Verwüstung.

Januar 2018: Während eines Havanna-Besuchs kritisiert die EU-Außenbeauftragte Federica Mogherini die fortwährende Blockadepolitik der USA.

Frühe Stadtgeschichte

Die erste Besiedlung der Region durch die Spanier fand im Jahre 1514 statt. Die Siedlung **Real Ciudad de San Cristóbal de la Habana** wurde der Überlieferung zufolge fünf Jahre später, am 25. Juli 1519, mit einer feierlichen Messe unter einem großen Ceiba-Baum gegründet.

Die Ansiedlung, die sich zuerst entlang der Bucht erstreckte, entwickelte sich sehr rasch, da sie zum **Ausgangspunkt der spanischen Eroberungszüge** nach Mexiko, zur Südküste Nordamerikas sowie nach Honduras und zu den Bahamas wurde. Jahrhundertelang war Havanna das wichtigste Zwischenlager für all die Schätze, die aus den spanischen Kolonien nach Europa verschifft wurden. 1592 verlieh König Philipp II. Havanna das Stadtrecht.

Kolonialzeit

Zwischen 1589 und 1597 entstanden die **Festungen** Castillo de los Tres Reyes del Morro ㉟ auf der Felsenküste oberhalb der Hafeneinfahrt und ihr gegenüber La Punta ❶. Durch die britische Eroberung Jamaikas im Jahre 1654 gewarnt, entschied die spanische Krone, ihren bedeutendsten Hafen und seine Bevölkerung zusätzlich durch eine **Stadtmauer** zu schützen, deren Errichtung sich bis 1767 hinzog. Ihre Reste sind unter anderem in der Nähe des Bahnhofs und vor dem Revolutionsmuseum ❷ zu besichtigen.

Anfang des 18. Jahrhunderts war Havanna eine wirtschaftlich prosperierende Stadt und **größter Handelsplatz der Neuen Welt**. 1723 wurden die ersten Werften eingerichtet. 1728 wurde Havanna Universitätsstadt und 1734 der regelmäßige Postdienst aufgenommen.

Am 6. Juni 1762 griff die britische Flotte Havanna an. Nach zweimonatigem erbitterten Widerstand fiel die Stadt in die Hände der Engländer. Fast ein Jahr blieben Havanna und der Westen Cubas unter ihrer Herrschaft. Mit dem Frieden von Fontainebleau wurde Cuba 1763 gegen Florida eingetauscht und somit wieder Besitz der spanischen Krone.

In der Tradition spanischer Städteplanung entstanden die noch heute zu besichtigenden **Highlights barocker Kolonialarchitektur**: der Waffenplatz (Plaza de Armas **7**), der Platz der Kathedrale (Plaza de la Catedral **5**), der Gouverneurspalast (Palacio de los Capitanes Generales, s. S. 17) sowie der Palacio del Segundo Cabo.

Bleibende architektonische Schöpfungen der ersten Hälfte des 19. Jahrhunderts sind jene Straßenzüge, die auch heute noch zu den beeindruckendsten außerhalb Habana Viejas zählen: der Paseo Carlos Tercero (Avenida Salvador Allende) [f/gm], die Calzada de la Reina (Avenida Simón Bolívar) [hm], die Belascoain (Padre Varela) [g/hl], die Galiano (Avenida de Italia) [hl], die Infanta (Menocal) [gm/n], der Prado (Paseo de Martí **19**) und die Calzada del Cerro. 1863 schleifte man die Stadtmauer. Paläste, Prachtstraßen, Alleen und Paseos, Theater und Restaurants, Eleganz und Luxus machten Havanna zu einer der prachtvollsten und schönsten Städte der Welt.

Gleichzeitig regten sich auch in Cubas spanientreuer Hauptstadt Kräfte, die den **Befreiungskampf gegen die Kolonialmacht** unterstützten, so etwa die acht Medizinstudenten, die 1871 nahe dem Cárcel de Tacón füsiliert wurden. Ein Denkmal an dieser Stelle erinnert noch heute an die Exekution. Der Freiheitskämpfer und Dichter José Martí (s. S. 36), bis heute berühmtester Sohn der Stadt, lernte bereits im Alter von 17 Jahren die Kerker Havannas kennen.

American way of life

1895 begann der dritte und letzte Unabhängigkeitskrieg Cubas gegen das spanische Königreich. Als 1898 der **US-amerikanische Kreuzer „Maine"** im Hafen von Havan-

na unter bis heute ungeklärten Umständen explodierte, sahen die USA den Anlass gegeben, in das Kriegsgeschehen zugunsten der cubanischen Befreiungsarmee einzugreifen (Spanisch-Amerikanischer Krieg). Dem Hotel Nacional **26** gegenüber erinnert heute das Monumento al Maine am Malecón an diese Wendung der Geschichte.

Am 20. Mai 1902 wurde Cuba **Republik „unter Aufsicht" der USA.** Die Jahre von 1902 bis 1959 waren ganz von der Macht des US-Dollars und vom „American way of life" gekennzeichnet, der seine Spuren vor allem in der Hauptstadt hinterlassen hat. Die Aufschüttung der Ufermole Malecón, mit der man im Jahre 1901

△ *Mahnmal für von den Spaniern exekutierte Freiheitshelden* begonnen hatte, wurde Anfang der 1950er-Jahre abgeschlossen. Er bildet die Brücke zu den Stadtteilen Vedado und Miramar. Miramar gestaltete man als luxuriöses Villenviertel mit einer 5th Avenue (Avenida Quinta = Av. 5ta) nach New Yorker Vorbild. Die „goldenen" 1920er-Jahre brachten Havanna neue Hotels, elegante Klubs, Spielcasinos, Tanzbars und diese sorgten für eben jenes Flair, für das Havanna bis 1959 berühmt war. Die „Schmutzige Schöne" wurde Zentrum von Prostitution, Glücksspiel, Schmuggel und wichtiger Stützpunkt der Mafia.

Von der cubanischen Revolution bis zur Gegenwart

Als in den ersten Januartagen des Jahres 1959 die hauptstädtischen Bastionen des Diktators Batista von den Revolutionären angegriffen wurden, blieb die Unterstützung durch die Bevölkerung Havannas nicht aus. Am 8. Januar zog **Fidel Castro** unter dem Jubel der Habaneros in die Hauptstadt ein. Die Revolution hatte gesiegt.

Heute sind die Bordelle verschwunden, nicht aber die Bars und Nachtclubs. Das Leben pulsiert wie eh und je. Im Nobelstadtteil Miramar finden sich grandios renovierte Villen, oft belegt von Botschaften und Handelsvertretungen. Elendsviertel à la Mumbai oder Lagos, die sich früher wie ein Gürtel um die Hauptstadt legten, sind verschwunden.

Die in den 1990er-Jahren einsetzenden Bemühungen bei der **Restaurierung Habana Viejas** zeigen architektonisches Können und Liebe zum Detail. Und trotzdem: Wer etwas abseits der üblichen Touristenpfade durch die Stadt schlendert, ist schockiert von den verrottenden Bauten, den abenteuerlichen elektrischen Installationen und anderen Anzeichen der Verwahrlosung. Man spürt die drückende Enge der Wohnungen, stößt auf verfallende Palacios und barocke Innenhöfe, die mit behelfsmäßigen Umbauten, Anbauten und Verschlägen aller Art versehen sind. Morsche Dächer und Wände vermitteln den Eindruck staubiger bzw. modriger Abrissgebiete. Unmittelbar daneben plötzlich eine kleine Galerie, ein Café oder eine schicke neue Bar.

Seit Raúl Castro seinen Bruder abgelöst hat, begegnet die Regierung der wachsenden Armut und der anhaltenden Versorgungskrise mit der noch nachdrücklicheren Ausweitung der Erlaubnis privatwirtschaftlicher Aktivitäten. Kritiker meinen, dass damit bisher „schwarz" betriebene Dienstleistungen lediglich formal legalisiert – und damit steuerpflichtig

019hv Abb.: js

◁ *„Eine bessere Welt ist möglich!",* *sagt Fidel und erhält einen* *neuen Anstrich*

wurden. Aktuelle Entwicklungen sind die liberalere Handhabung von Auslandsreisen und innercubanischen Immobiliengeschäften sowie der Ausbau internationaler Joint Ventures und des Zugangs der Bevölkerung zu moderner Kommunikation.

Leben in der Stadt

„Cuba ist weder das Paradies noch die Hölle. Es ist ein wunderbar irdisches Abenteuer." (Eduardo Galeano, 1940–2015, Schriftsteller aus Uruguay)

Cubanische Mentalität

Ganz grundsätzlich wird man sagen dürfen, dass Cubaner den schönen Dingen des Lebens sehr positiv gegenüberstehen. Die meisten Cubaner sind **aufgeschlossen, direkt, diskutieren gerne**, sind außerordentlich **gesellig** und **kontaktfreudig** und insgesamt eher **extrovertiert**. Sie sind auch und gerade Fremden gegenüber sehr offen und wenig voreingenommen, man kommt leicht mit ihnen ins Gespräch und wird erstaunt sein, wie gut sie über internationale Themen informiert sind. Cubaner sind **hilfsbereit** und grundsätzlich **großzügig**. Gerade dieser Charakterzug wird den materiell meist viel besser gestellten ausländischen Besucher verblüffen. Die Herzlichkeit, mit der das Beste geboten wird, das man im Hause hat, das Bemühen, dem Fremden zu helfen und Sprachbarrieren zu überwinden, ist ein Erlebnis, das den oft eher misstrauischen Mitteleuropäer beschämen kann.

Cubaner lieben **Kinder** abgöttisch, und nicht nur die eigenen. Der Nachwuchs genießt viele Privilegien. Cu-

baner legen außerdem großen Wert auf ein **gepflegtes Äußeres**. Mit oft bescheidenen Mitteln versucht man, sich elegant und modisch einzukleiden. Für den Gammel-Look mancher Strand- und Rucksacktouristen haben viele Cubaner wenig Verständnis und machen hinter vorgehaltener Hand entsprechende Witze. Ungewöhnlich ist der **Umgangston** der Cubaner untereinander. Die übliche Anrede ist *compañero* (Genosse) bzw. *compañera* (Genossin) oder gar *hermano* (Bruder) bzw. *hermana* (Schwester). Diese auch gegenüber Wildfremden gebrauchte Art der Anrede ist nicht ironisch gemeint. Zwar gibt es nach wie vor krude Vorurteile und Standesdünkel zwischen den Ethnien und Geschlechtern, im Alltag kommen sie aber nicht sichtbar zum Tragen.

Die **Einwohner Havannas** („Habaneros") stehen auf ganz Cuba in dem Ruf, **ein wenig arrogant** zu sein. Und in der Tat gehen die Uhren in der Hauptstadt anders. Habaneros sind geschäftstüchtiger, agiler und „hektischer" als ihre Landsleute. Die Habaneros selbst haben von den Bewohnern der Ostprovinzen *(palestinos)* und insbesondere ihren Mitbürgern aus Santiago de Cuba *(santiagueros)* eine denkbar schlechte und von Ressentiments geprägte Meinung.

Cubanischer Alltag

Auch während der großen Wirtschaftskrise in den 1990er-Jahren und der kleineren zwischen etwa 2008 und 2011 bedeuteten den meisten Cubanern die **Errungenschaften ihrer Revolution** viel: Geringe Kindersterblichkeit, hohe Lebenserwartung, eine überdurchschnittlich gebildete Bevölkerung und sehr po-

020hv Abb.: js

hat sich eine **Schatten-Infrastruktur** gebildet. Man schlägt sich durch, erfindet neue Jobs und Dienstleistungen und schröpft unermüdlich Staat und Touristen. Halb Cuba hängt am finanziellen Tropf der **Miami-Cubaner:** Viele Familien könnten ohne die regelmäßigen Geldüberweisungen ihrer Verwandten aus den USA nicht überleben. Wer in den cubanischen Alltag eintaucht, lernt erstaunlich fantasievolle Methoden kennen, mit denen die Cubaner den täglichen Kampf meistern. Die historische **Wiederannäherung zwischen Cuba und den USA** (s. S. 84) hatte für die meisten Cubaner keine unmittelbar spürbaren Auswirkungen. Seit dem Amtsantritt Donald Trumps 2017 ist das Verhältnis wieder abgekühlt.

Cubanische Widersprüche

Der cubanische Liedermacher Pedro Luis Ferrer (geboren 1952) hat absolut recht, wenn er in einem berühmt gewordenen Bonmot feststellt: Cuba ist kein kommunistisches, sondern ein **kompliziertes Land!**

Kapitalismus vs. Sozialismus

Bescheidener Lifestyle ist lediglich Cubanern ohne Zugang zu Devisen zugedacht. Ausländische Touristen dürfen und sollen dem Konsum möglichst intensiv frönen. Der Staat braucht schließlich Devisen!

Mit der zögerlichen Ausdehnung der Erlaubnis privatwirtschaftlicher Betriebe verschieben sich derzeit manche Trennlinien der seit Jahrzehnten unübersehbaren ökonomischen Apartheid. Sozialismus-Puristen alten Schlags beklagen lautstark den wirtschaftlichen Aufstieg der sogenannten *nuevos ricos* (neureiche Selbstständige).

sitive Gesundheitsstatistiken (trotz großer Versorgungsprobleme in den Krankenhäusern und Apotheken). Die Rassentrennung wurde von den Revolutionären aufgehoben und die Gleichberechtigung von Frauen garantiert. Setzt man die Bevölkerungszahl in Relation zu den bei internationalen Sportwettkämpfen erzielten Erfolgen, ist Cuba außerdem eine der sportlich erfolgreichsten Nationen der Welt.

Dennoch zeigte die Insel seit dem Wegfall der wirtschaftlichen Unterstützung durch die ehemalige Sowjetunion ein deutlich anderes Gesicht: Ohne Erdöl, Ersatzteile und Lebensmittellieferungen brachen die industrielle und landwirtschaftliche Produktion, der Export und die Versorgung der Bevölkerung zusammen. Seit Beginn der 1990er-Jahre

🔼 *Fischer genießen die Ruhe vor dem nächsten Fang*

Cuba – Landeskunde im Schnelldurchgang

> **Lage und Größe:** Cuba liegt an den Randtropen, unmittelbar südlich des nördlichen Wendekreises (Havanna: 23° N, 82° W). Die größte der Antilleninseln umfasst ein Territorium von knapp 111.000 km², ist 1250 km lang, an der schmalsten Stelle nur 31 km breit, an der breitesten 193 km.

> **Klima:** Die Jahres-Durchschnittstemperatur liegt je nach Region bei 25 °C bzw. 30 °C. Das Meer hat das ganze Jahr über Badewannentemperatur. Die Hurrikansaison dauert von Juni bis Ende November (mit Schwerpunkt im Herbst). Dort, wo Hurrikane auf Land treffen, richten sie in der Regel schwere Schäden an.

> **Bevölkerung:** Die Einwohnerzahl Cubas beträgt mittlerweile über 11 Millionen. Davon leben etwa 20 % in Havanna (2,1 Millionen Einwohner). Die Bevölkerung wächst derzeit noch leicht und die durchschnittliche Lebenserwartung liegt bei 79 Jahren. Bei einer jüngeren Volkszählung konnten die Cubaner selbst ihre Hautfarbe einschätzen: 9 % der Bevölkerung bezeichneten sich als Schwarze, 26 % als Mulatten und 64 % als Weiße.

> **Soziale Daten:** Nach der Revolution von 1959 hat sich die soziale Lage der Bevölkerung insgesamt deutlich verbessert und ist in einigen Bereichen mit dem Standard von Industrienationen vergleichbar. Die Säuglingssterblichkeit liegt bei 5 pro 1000 Geburten. Die Analphabetenquote ist mit 3 % (nach noch optimistischeren Angaben weit unter 1 %) niedriger als etwa in den USA.

> **Wirtschaft:** Die wichtigsten Exportprodukte sind Zucker, Tabak, Zitrusfrüchte, Kaffee, Langusten und Nickel. Gleich nach den Geldtransfers von Verwandten und Freunden im Ausland folgt der internationale Tourismus als zweitwichtigste Devisenquelle. Derzeit begrüßt man jährlich knapp 5 Mio. Auslandsgäste, wobei die Kanadier die Statistik mit Abstand anführen.

> **Staatsform:** Cuba ist seit 1959 eine Sozialistische Republik. Mit Ausnahme der Kommunistischen Partei Cubas (PCC) sind politische Parteien nicht erlaubt.

> **Religion:** Über die Religionszugehörigkeit der Cubaner gibt es keine aktuellen Daten. Laut katholischer Kirche sind gut 5 % der Bevölkerung praktizierende Katholiken. Mindestens weitere 5 % (Tendenz steigend) der Cubaner sollen Protestanten sein. Wesentlich verbreiteter sind afrocubanische Religionen wie Santería und Palo Monte. Ihre Anhängerschaft hat in den wirtschaftlich schwierigen Jahren seit 1990 erheblich zugenommen. Wichtige Zentren der afrocubanischen Religionen sind Havanna, Matanzas und die Ostprovinzen.

> **Bildung:** Seit der Alphabetisierungskampagne 1961 kann fast jeder Cubaner lesen und schreiben. Heute werden an den Schulen auch Fremdsprachen unterrichtet, vorzugsweise Englisch. Alle Kinder haben Anspruch auf einen Kindergartenplatz. Ganztagsschulen garantieren die Betreuung bis zum Nachmittag. Bildung und Ausbildung sind bis zum Uni-Abschluss und darüber hinaus kostenfrei.

Überleben a lo cubano

Vielen stellt sich die Frage, wie Cubaner nicht verhungern in einem Wirtschaftssystem, in dem für den durchschnittlichen offiziellen Monatslohn nicht mal drei Pfund Kaffee zu bekommen sind. Daher hier ein kurzer Blick auf die wichtigsten Überlebensstrategien im Tropensozialismus unserer Tage: Das **Bezugsscheinheft** *libreta* soll mit einem aus den Grundnahrungsmitteln bestehenden Lebensmittelkorb von Reis über Zucker bis Bohnen zu stark subventionierten Preisen die Basisversorgung der Bevölkerung sichern. Leider ist die praktische Umsetzung dieser Idee gerade in Havanna mit viel Frust (Schlangestehen, leere Regale) für den Endverbraucher verbunden und selbst ohne Lieferengpässe reichen die Libreta-Artikel nicht einmal für zehn Tage.

Also müssen **Devisen** her: Glücklich, wer spendable Verwandte oder Gönner im Ausland hat! Nicht minder privilegiert sind die Entscheidungsträger an den Schaltstellen der cubanischen Wirtschaft. Eine dritte Gruppe verkauft irgendetwas: Vom selbst gebrühten Kaffee über gefangene Fische und Langusten, lebende Hühner und Schweine, Milch, Eier, Zigarren, Seife, Klopapier etc. – bis hin zu Dienstleistungen aller Art wird alles Mögliche und Unmögliche angeboten.

Für die restliche Bevölkerung bleiben Genügsamkeit, Kontakte zu Touristen und das Dickicht der alltäglichen Schattenwirtschaft. So manipulieren Verkäufer die staatlich festgesetzten Preise zu ihren Gunsten oder zwacken Benzin und sonstige irgendwie handelbaren Güter an ihrem Arbeitsplatz ab. Das allgemeine Manipulieren und Unterschlagen wird nicht als Diebstahl, sondern eher als legitimer „zweiter Arbeitslohn" aufgefasst und von den meisten Vorgesetzten toleriert – schließlich machen sie es nicht anders bzw. erwarten eine Beteiligung an der Beute.

Lebensfreude und Lethargie

Auf den ersten Blick erscheint es vielleicht seltsam, dass sich die cubanische Vitalität häufig mit einer gewissen Lethargie abwechselt. Diese ist zum einen wohl eine Folge des Tropenklimas, zum anderen aber auch Ausdruck des Verdrusses, den die in wirtschaftlicher Hinsicht oft bedrückenden Lebensbedingungen bereiten. Cubaner haben gelernt, die von exaltierten Exzessen unterbrochene Tristesse auszuhalten. Gegenüber der Wiederannäherung Cuba/USA (s. S. 84) sind die meisten Cubaner tendenziell positiv und erwartungsvoll eingestellt.

Wer sich näher für Mentalität und Alltag der Cubaner interessiert, besorgt sich den im REISE KNOW-HOW Verlag erschienenen, 300 Seiten starken Band „KulturSchock Cuba".

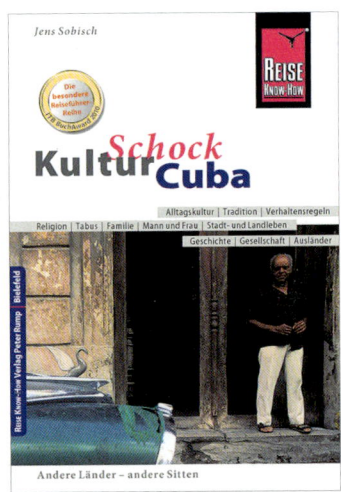

VARADERO

112hv Abb.: fo©simonovstas

Mit seinem feinsandigen, fast weißen **Strand**, der sich 17 km an der Halbinsel entlangzieht, ist Varadero der Inbegriff des Karibik-Badeurlaubs und lockt Urlauberscharen aus aller Welt an. Wer also Sonne, Sand und Meer erleben möchte, ist hier goldrichtig.

120 km östlich von Havanna befindet sich hier der den USA nächstgelegene Punkt Cubas. Am westlichen Ende der Halbinsel Hicacos, die, der Form eines Bleistifts nicht unähnlich, nordostwärts in den Atlantischen Ozean hineinragt, liegt das **ehemalige Fischerdorf Varadero**. Auf seiner Verkehrshauptschlagader, der **Avenida 1ra (Avenida Primera)**, kann man den Ort durchqueren. Südlich der Siedlung führt die **Autopista del Sur** weiter bis zur Bleistiftspitze.

Derzeit gibt es auf der Halbinsel weit über 50 Hotelanlagen aller Preisklassen, weitere sollen folgen. Tendenziell werden die Ressorts Richtung Osten luxuriöser, geräumiger und dementsprechend kostspieliger.

Autos wird kurz vor der Einfahrt nach Varadero eine **Mautgebühr** von derzeit 2 CUC berechnet.

KURZ & KNAPP

Bedeutung des Ortsnamens

Varadero ist die spanische Bezeichnung für „Trockendock", also ein Ort, an dem Schiffe gebaut bzw. mit Rampen an Land gezogen und repariert werden. In der Kolonialzeit wurden an den Ufern **Ausbesserungsarbeiten an der spanischen Flotte** vorgenommen. Bei dieser Gelegenheit versorgte man sich auch mit dem für die Haltbarmachung von Fleisch nötigen Salz.

Der Ort Varadero liegt am Südwestende der „**Península (Halbinsel) de Hicacos**". Bei Hicacos handelt es sich um eine Baumart.

Kompakte Geschichte Varaderos

1511: Als die Spanier auf Cuba eintreffen, ist die Halbinsel von Ureinwohnern besiedelt.

16.–19. Jh.: Die spanischen Kolonialherren roden die ursprünglich bewaldete „Península de Hicacos" und nutzen die örtlichen Gegebenheiten für Schiffsreparaturen und Meersalzgewinnung.

Ende 19. Jh.: Die ersten Sommerhäuser und Hotels werden errichtet.

Ab 1920: US-amerikanische Millionäre entdecken Varadero als Winterreiseziel.

1930er: Der Großindustrielle DuPont handelt mit Grundstücken und lässt für sich selbst ein herrschaftliches Anwesen bauen – heute die Xanadú Mansion **50**.

1950er-Jahre: erster Boom des Massentourismus

1960er–1980er-Jahre: Nach dem Sieg der cubanischen Revolution werden Strandvillen und -hotels enteignet. Jahrzehntelang können „normale" Cubanerinnen und Cubaner auf der Halbinsel urlauben.

Ende der 1980er-Jahre: Der Ausbau Varaderos zu einem internationalen Seebad von Weltrang beginnt. All-inclusive-Anlagen dominieren bis heute die Szenerie.

1989: Eröffnung des neuen Flughafens von Varadero (s. S. 106) durch Fidel Castro

2000er-Jahre: Boomender Massentourismus

2011: Privatunterkünfte *(casas particulares)* dürfen nun auch in Varadero offiziell vermietet werden.

2017: Cuba begrüßt fast 5 Millionen Touristen, allein in Varadero sind es rund 500.000.

14. Januar 2018: Cubas Tourismusminister kündigt öffentlich weitere umfangreiche Investitionen an.

◁ *Vorseite: Kilometerlang erstreckt sich Varadero auf Hicacos*

Varadero entdecken

Varadero hat nicht viele „klassische"
Sehenswürdigkeiten vorzuweisen.
Hier die wichtigsten Spots, die sich
auf der Halbinsel für Ausflüge und
Besichtigungen anbieten, sortiert von
West nach Ost:

47 Iglesia Santa Elvira ⭐ [S. 96]

Varaderos einzige Kirche wurde in
den 1930er-Jahren im Kolonialstil errichtet. Die recht schmucklose Fassade des steinernen Gotteshauses wird
von einem kleinen hufeisenförmigen
Glockenturm mit Kreuz gekrönt. Das
Innere besticht durch einen gefälligen Mix aus Stein und Holz. Außerhalb der Gottesdienste nur unregelmäßig geöffnet.

❯ Avenida 1ra, Ecke Calle 47,
   So 10.30 Uhr katholische Messe

△ *Varaderos Kirche lohnt einen*
Besuch

48 Parque Josone ⭐⭐ [S. 96]

Eingerahmt von den beiden geschäftigen Verkehrsadern Avenida 1ra und Autopista del Sur sowie
den Calles (Straßen) 58, 59 und
60 erstreckt sich seit den 1940er-
Jahren eine **Oase der Ruhe mit ge-**
pflegten Gartenanlagen und einem
künstlichen See voller Tret- und
Ruderboote.

Initiatoren und erste Nutzer des damals noch privaten Parks waren José
und Onelia Fermín, Eigentümer der
Rumfabrik im nahegelegenen Städt-
chen Cárdenas. Auf der Suche nach
einem originellen Namen für ihr Anwesen verschmolzen sie die Anfangs-
buchstaben ihrer Vornamen zum
Kunstwort „Josone".

Sowohl im auf dem Parkgelände
errichteten Wohnhaus als auch im
daneben liegenden Gästehaus sind
heute **schicke Restaurants** untergebracht: In ersterem das feine El Retiro, in letzterem der Edel-Italiener
Dante (s. S. 97).

Rundfahrt mit dem Hop-on-Hop-off-Bus

Wer sich preisgünstig einen schnellen Überblick über die gesamte Halbinsel verschaffen möchte, fährt eine Runde mit den Bussen der **VaraderoBeachTour**. Die rotblauen, oben offenen Doppeldeckerbusse verkehren auf einem Rundkurs von ca. 9 bis mindestens 19 Uhr im 30-Minuten-Takt. Auf Haltestellen *(paradas)* trifft man alle paar Hundert Meter. Das **Tagesticket** gibt es für 5 CUC im Bus. Es berechtigt zu beliebig vielen Ein- und Ausstiegen.

Parada (Haltestelle) 1 ist an der Ecke Avenida 1ra/Ecke Calle 21 zu finden. Auf seiner Fahrt ostwärts passiert der Cabrio-Doppeldecker zunächst *Paradas,* die jeweils so heißen wie die Querstraßen, an denen sie liegen, z. B. Calle 55 vor und Calle 62 nach dem zentralen **Parque Josone** 48. Ab Parada Nr. 8 sind viele Haltestellen nach den bekanntesten Hotels in ihrer unmittelbaren Nähe benannt, z. B. Parada 12 „Sol Palmeras" oder Parada 13 „Alegro Varadero". Markante Punkte auf dem Weg zur Spitze der Halbinsel sind die Marina Chapelín (14), das Delfinarium (15) und der steinalte Riesen-Kaktus „El Patriarca" (s. S. 95).

Der östlichste Punkt der Rundtour wird beim „Blau Marina Varadero Resort" (18) erreicht. Auf der Rückfahrt westwärts tragen die Haltestellen oft dieselben Namen wie ihre schon von der Hinfahrt bekannten auf der gegenüberliegenden Straßenseite. Beispiele dafür sind (wieder) die Hotels „Alegro Varadero" (Paradas 13 und 28) und „Sol Palmeras" (Paradas 12 und 29). Wer zum **Varadero Golf Club** möchte, steigt bei Parada 31 aus.

Dem Ausgangspunkt der Rundfahrt (Parada 1) schräg gegenüber befindet sich die Parada 40 an der Ecke Avenida 1ra/ Ecke Calle 21. Allerdings ist diese noch nicht der Endpunkt der Tour. Stattdessen geht es westwärts weiter an den Hotelanlagen Villa Tortuga (s. S. 103) und Club Kawama (Parada 42) vorbei zur **Playa Caleta Puntarena** (Parada 44) – dem westlichsten Punkt des VaraderoBeachTour-Trips. Auf der Rückfahrt zum Ausgangspunkt wird das Restaurant **La Sangría** (Parada 45) passiert. Wer die komplette Runde abfahren möchte, darf mit deutlich über 1 Stunde Fahrzeit rechnen. Ein weiterer Anbieter ist die **PanoramicBusTour** mit ihren grün-blauen Bussen.

MatanzasBusTour

Die Busse der MatanzasBusTour verbinden Varadero mit der 40 km entfernten Provinzhauptstadt Matanzas 43 und funktionieren ebenfalls nach dem Hop-on-Hop-off-Prinzip. Eine Tageskarte kostet 10 CUC. Auf der ca. 90-minütigen Fahrt nach Matanzas wird auch an den **Cuevas de Bellamar** angehalten (s. S. 47). Die täglich vier Mal verkehrende Linie sammelt Passagiere bei den großen Hotels in Varadero ein.

103hv Abb.: js

Im Park finden regelmäßig **Veranstaltungen** statt und in der Hauptsaison freuen sich nicht nur Kinder über unterhaltsame Gags wie z.B. sprechende Papageien, mit denen man sich fotografieren lassen kann.

> **Tretbootverleih** 5 CUC/Stunde, **Ruderboote** ab 1 CUC/Stunde

49 Museo Municipal Varadero ★ [S. 96]

Dokumentation der (Stadt-)Geschichte von den Ureinwohnern bis zur Gegenwart. Highlights sind Möbel und Büsten aus der Kolonialzeit und vor allem das Museumsgebäude selbst – ein zweigeschossiges Holzhaus aus den 1920er-Jahren mit eleganter umlaufender Veranda. **Bei Redaktionsschluss (Anfang 2018) war das Museum wegen Restaurierung geschlossen.**

> Calle 57, Ecke Avenida Playa, Tel. (0)45613189, geöffnet: tgl. 10–17 Uhr, Eintritt: 2 CUC (inkl. Führung)

50 Xanadú Mansion ★★ [S. 98]

Die vom Industriellen DuPont in den 1930er-Jahren im Art-déco-Stil direkt am Strand erbaute **Privatvilla** dient heute nicht nur als Golf-Klubhaus, sondern auch als nobles Hotel (s. S. 103). Außerdem ist in der ehemaligen Bibliothek das relativ kostspielige **Restaurante Las Américas** (Tel. (0)45667750) untergebracht. DuPonts Ballsaal wurde zu einer stimmungsvollen **Bar** umfunktioniert und sein privater Golfplatz hat sich zwischenzeitlich zum renommierten **Varadero Golf Club** (18 Loch, Greenfee ab 70 CUC) gemausert. Hotelgäste der Xanadú Mansion genießen u.a. Balkone mit Meerblick und die Nutzung des Golfplatzes ohne Zusatzkosten.

Wer nicht das nötige Kleingeld für eine Übernachtung oder ein Abendessen in dem herrschaftlichen Anwesen hat, könnte sich zumindest einen Kaffee oder Drink an der Bar im ehemaligen Ballsaal gönnen.

> Tel. (0)45667388, www.varaderogolf club.com/en/xanadu.asp

51 Reserva Ecológica Varahicacos ★ [S. 98]

Kurz vor der Spitze der Halbinsel wurde in den 1970er-Jahren ein ca. 2–3 km² großes Schutzgebiet namens **Reserva Ecológica Varahicacos** eingerichtet, das Naturfreunde zu kleinen Wanderungen einlädt. Es stehen drei als Lehrpfade gestaltete Routen zur Auswahl.

Industriearchäologisch Interessierte werden bei den Überresten der 1961 geschlossenen **Meerwasser-Saline** (ruinas de la salina) vorbeischauen.

Meistfotografierte Sehenswürdigkeit im Osten Varaderos ist der baumförmige **Kaktus „El Patriarca"** („**Der Patriarch**"). Um zu dem haushohen Giganten vorgelassen zu werden, sind pro Person 3 CUC fällig. Eine Infotafel verrät, dass er bereits zu Zeiten der spanischen Conquista existierte. Eine Umzäunung soll ihn vor weiteren Schnitzarbeiten an seinem 1 Meter hohen holzartigen Stamm schützen. Der Dendrocereus nudiflorus – so der botanische Name des riesigen Gewächses – gedeiht vor allem an Cubas Nordküste. Wegen seiner erstaunlich großen Früchte wird die Kakteenart von Cubanern auch aguacate cimarrón („wilde Avocado") genannt.

> Autopista del Sur km 16, geöffnet: tgl. 9–17 Uhr, Eintritt: 3 CUC, auf Wunsch mit fachkundiger Führung

52 Cueva de Ambrosio ★★ [S. 98]

Größte touristische Attraktion in der Umgebung des Bioreservats 51 sind Höhlen und Grotten, die in der Kolonialzeit Piraten als Unterschlupf dienten. Die „Ambrosius-Höhle" ist die größte und touristisch am besten erschlossene. Besonderheiten sind die beachtliche Fledermaus-Population und Wandzeichnungen, von denen nicht ganz klar ist, wer sie wann angefertigt hat. Die Führung durch den rund 300 Meter langen, für Besichtigungen freigegebenen Bereich dauert ca. 30 Minuten.

Der Eingang zur Höhle **Cueva Musulmanes** („Muselmänner-Höhle") befindet sich einige Gehminuten weiter nordöstlich (Eintritt: 5 CUC inkl. Nutzung des Wanderwegs „Sendero a Cueva Musulmanes").

Hobby-Höhlenforscher, denen das noch nicht genügt, könnten sich für den auf S. 47 empfohlenen **Ausflug zu den Höhlen von Bellamar** interessieren.

❭ Autopista del Sur km 16, geöffnet: tgl. 9–17 Uhr, Eintritt: 5 CUC inkl. Führung

Praktische Reisetipps

Einkaufen

Für cubanische Verhältnisse lässt es sich in Varadero gut shoppen. In der touristisch relevantesten Zone am westlichen Ende der Halbinsel werden **Kunsthandwerk und sonstige Souvenirs** gefühlt alle 10 Meter feilgeboten, auch an Kiosken und kleinen Supermärkten herrscht dort kein Mangel. Größere Hotels verfügen oft über Läden im Erdgeschoss, die auch Nicht-Hotelgästen offenstehen.

Haupteinkaufsstraße ist die **Avenida 1ra.** Vor allem in den Blocks vor und hinter dem Parque Josone 48 gibt es reichlich Shops aller Art.

🛍148 [S. 96] Gran Parque de la Artesanía, Avenida 1ra, e/Calles 15 y 16. Großer Markt für Souvenirs und alle möglichen und unmöglichen Handarbeiten. Ein wenig Feilschen gehört stets dazu!

🛍149 [S. 96] Centro Comercial Hicacos, Avenida 1ra, e/Calles 44 y 46. Eine Art Mini-Mall mit Kiosken, Imbiss-Bars, Boutiquen und Läden aller Art auf mehreren Stockwerken – sowie einem der beiden Infoturs Varaderos (s. S. 99). Beliebtes Eiscafé in der oberen Etage.

Avenida de la Playa
Avenida 1ra
Viazul-Busbahnhof
Autopista del Sur

Iglesia
Santa Elvira

Avenida de la Playa

Museo
Municipal

Parque
Josone

Avenida 3

Autopista del Sur

Anschluss Seite 98

Bahía de Cárdenas

---

150 [S. 96] **Taller de Cerámica**, Avenida 1ra, e/Calles 59 y 60. Hochwertige Keramikarbeiten. Interessierte Kunden können den Herstellungsprozess vor Ort mitverfolgen.

151 [S. 96] **Casa del Habano (Varadero)**, Avenida 1ra, Ecke Calle 63. Große Auswahl an Zigarren aller gängigen Marken und Formate.

152 [S. 98] **Plaza América**, am gleichnamigen Platz in der Mitte der Halbinsel. Großes Einkaufszentrum mit Läden aller Art, einem Optiker und einer Apotheke.

Gastronomie

Insgesamt verfügt Varadero über eine große Bandbreite an kulinarischen Möglichkeiten, hier einige Empfehlungen:

153 [S. 96] **Dante** €-€€, Avenida 1ra, Ecke Calle 56 (im Parque Josone **48**), Tel. (0)45667738. Exzellente italienische Kost von Pizza über Pasta bis Lasagne. Kleiner, sehr beliebter Außenbereich beim See. Die benachbarten Restaurants „La Gruta del Vino" (Weingrotte) und „El Retiro" gelten als noch gehobener (auch was die Preisgestaltung angeht) – dort kommen z. B. Langusten auf den Tisch.

104hv Abb.: js

▱ *Läden und Basare mit Kunsthandwerk gibt es in Varadero reichlich*

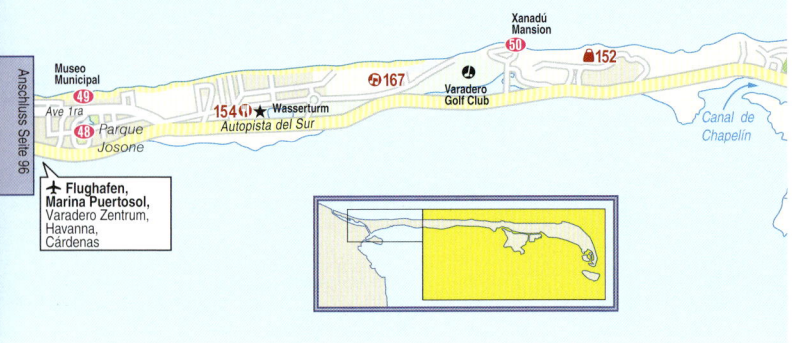

Xanadú
Mansion

🔵 50

🚹 152

Museo
Municipal

🅰️ 49

🅿️ 167

🅿️ Varadero
Golf Club

154 🚹 ★ Wasserturm
Autopista del Sur

Ave 1ra

🅰️ 48 🔴 *Parque
Josone*

*Canal de
Chapelin*

✈ Flughafen,
Marina Puertosol,
Varadero Zentrum,
Havanna,
Cárdenas

105hv Abb.: js

🚹**154** [S. 98] **El Mesón de Quijote** €€, Avenida Las Américas, Tel. (0)45667796. Große Auswahl und riesige Portionen. Das auf einem Hügel gelegene Restaurant ist leicht zu finden: Unmittelbar daneben reitet ein metallener Don Quijote auf einen steinernen Wasserturm zu.

🚹**155** [S. 96] **El Rancho** €€, Avenida 1ra, Ecke Calle 58, Tel. (0)45612632. Nomen est omen: Das Restaurant ist einer luftigen Ranch nachempfunden. Es gibt auch Langusten-Gerichte. Regelmäßig Livemusik.

🚹**156** [S. 96] **La Casa de Al** €€€, Avenida Kawama, Tel. (0)45668018. Mafiaboss Al Capone soll das kleine Anwesen während der US-amerikanischen Prohibition auch als Alkohollager genutzt haben. Heute werden hier leckere Fischgerichte und Paella serviert. Terrasse mit Meerblick.

🔲 *Auch außerhalb der Hotelanlagen
bleibt in Varadero niemand hungrig*

Geldwechsel

Geld kann in allen größeren Hotels gewechselt werden, außerdem bei Banken und in den Wechselstuben von CADECA. Auch in Varadero sollte man unbedingt die **Hinweise und Tipps ab S. 114** beachten! In den Ressorts werden auch gerne Euros

(gesprochen: E-uro) als Zahlungsmittel akzeptiert – allerdings zu einem stets eher ungünstigen Kurs.
Geldwechsel in CUC lohnt sich also
meistens!

Günstig gelegene CADECA-Filialen
außerhalb der Hotels:
- **157** [S. 96] **CADECA Varadero (1)**,
  Avenida Playa, e/Calles 41 y 42
- **158** [S. 96] **CADECA Varadero (2)**,
  Avenida 1ra, Ecke Calle 59

Informationsstellen

Wie in cubanischen Städten von touristischer Relevanz üblich bieten
die beiden örtlichen Infotur-Filialen
(www.infotur.cu) Basisinformationen
zur näheren Umgebung. Insbesondere einfache Karten, Prospektmateri-
al und Flyer sind reichlich vorhanden.
159 [S. 96] **Infotur Varadero (1)**, Avenida
1ra, Ecke Calle 13 (im Hotel Acuazul),

EXTRATIPP

Varadero Low Budget

Wer das Strandparadies Varadero möglichst günstig erleben möchte, hat zwei
Möglichkeiten: Entweder kann man ein
Pauschalurlauber-Arrangement **last
minute** mit Flug, Transfer und All-Inclusive-
Hotel in der **Nebensaison** (v. a. November
und Februar, aber auch die Wochen vor
Weihnachten und Ostern) buchen, z. B.
auf der holländischen (!) TUI-Website.
Oder aber die Eigenanreise erfolgt beispielsweise mit Condor oder Eurowings
und man wählt eine Unterkunft in einer
vorher ausgewählten **Casa Particular** und
versorgt sich selbst in der Casa bzw. isst
in etwas günstigeren Restaurant oder an
Kiosken und Imbissen. **Musterbeispiel** für

die zweite Methode: Der zeitlich flexible
Sparfuchs hat tatsächlich Direktflüge von
Deutschland nach Varadero und zurück für
insgesamt schon unter 500 € ausgespäht und
sich außerdem schon von zu Hause aus
in das kleinste Zimmer der Casa Roberto
& Martha (s. S. 102) eingemietet. Seine
Ferientage verbringt er an Strandabschnitten, die nicht den Gästen der angrenzenden Hotels vorbehalten sind. Günstige
Snacks, Drinks und Kaffeespezialitäten
genießt er im Imbiss El Rápido gegenüber
der Iglesia Santa Elvira **47** und beim großen Hamburguesas.com-Kiosk, an dem
kleinen Platz, wo die Avenida Playa und die
Avenida 1ra zusammenlaufen.

106hv Abb.: js

Tel. (0)45662966, (0)45662961,
geöffnet: tgl. 9–19 Uhr
❯ **Infotur Varadero (2)**, Avenida 1ra,
e/Calles 44 y 46 (im Centro Comercial
Hicacos, s. S. 96), Tel. (0)45667044,
geöffnet: tgl. 9–19 Uhr

Internet

Wer das **Hotel-WLAN** nicht nutzen
kann oder möchte, findet hier ein
zentral gelegenes Internetcafé:
@**160** [S. 96] **ETECSA-Internetservice
(Telepunto)**, Avenida 1ra, Ecke Calle 30,
geöffnet: tgl. 8.30–19 Uhr

Medizinische Versorgung

✚**161** [S. 96] **Clínica Internacional**,
Avenida 1ra, Ecke Calle 61, Tel.
(0)45667710. Der kleinen „Internationalen Klinik" ist auch eine Apotheke
angeschlossen.

◩ *Die Beatles warten vor der
gleichnamigen Bar auf Rock-Fans*

Mit Kindern unterwegs

●**162** [S. 96] **Vergnügungspark Varadero**,
Autopista del Sur/Ecke Calle 54. Knall-
bunter Vergnügungspark mit Karussell,
Autoscooter etc. Jedes Fahrgeschäft
kostet einheitlich 1 CUC pro Runde.
●**163** [S. 96] **Kinderspielplatz**, Avenida
3ra/ Ecke Calle 30, Eintritt: 1 CUC
●**164** [S. 96] **Minigolfplatz („El Golfito")**,
Avenida 1ra, Ecke Calle 42, Eintritt:
3 CUC. Günstige Bar.

Nachtleben

Wie es sich für einen Badeort von
Weltrang gehört, herrscht in Varadero
an Bars, Discos und Liveshows kein
Mangel. Hier vier Spots, die sich besonders lohnen:
✪**165** [S. 98] **Cueva del Pirata**, Autopista
del Sur km 11, Eintritt ab 10 CUC. In der
„Höhle des Piraten" steigen regelmäßig
abendliche Shows mit anschließendem
Discobetrieb.
✪**166** [S. 96] **Casa de la Música (Varadero)**,
Avenida Playa e/Calles 42 y 43, Eintritt
10 CUC. Wie in vielen anderen cubani-

107hv Abb.: js

schen Orten wird auch in Varaderos „Haus der Musik" großer Wert auf Ambiente und künstlerische Qualität gelegt. Shows und Tanzbetrieb bis frühmorgens.

⊖**167** [S. 98] **La Bamba,** Avenida Las Américas km 2. Die größte und wohl auch modernste und populärste Diskothek Varaderos gehört zum Hotel Tuxpan.

⊖**168** [S. 96] **The Beatles,** Avenida 1ra, Ecke Calle 59, Eintritt frei. Die Pilzköpfe aus Liverpool gastieren permanent in Varadero, wenn auch nur als lebensgroße Bronzestatuen vor der sehr empfehlenswerten, nach ihnen benannten Bar. Allabendlich ab 21.30 Uhr Live-Rock.

Post

✉**169** [S. 96] **Correos de Cuba,** Avenida 1ra, Ecke Calle 64

Touren

Ausflüge aller Art bieten die in den Eingangshallen der großen Hotelanlagen residierenden Reiseveranstalter. Oft lassen sich die Touren zu Ausflugspaketen kombinieren. Beispiel

für einen Anbieter mit einem Standort außerhalb der Ressorts:

●**170** [S. 96] **Paradiso,** Avenida 1ra, Ecke Calle 36, www.paradiso.cu (Website nicht immer aufrufbar)

Folgende mehrstündige **Exkursionen** sind von Varadero aus gut machbar:

❭ **Cárdenas:** Küstenstadt 12 km südlich von Varadero, bekannt für seine vielen Kutschen im Straßenbild

❭ **Cuevas de Bellamar** (s. S. 47)

❭ **Cueva Saturno:** Höhle, in der Besucher auch schnorcheln können, befindet sich zwischen dem Zentrum und Varaderos Flughafen

❭ **Río Canímar:** mit Miet- und Ausflugsbootens schiffbarer Fluss nahe der Stadt Matanzas, beliebt wegen seiner dschungelartig bewachsenen Ufer

❭ **Tropicana (Matanzas):** wesentlich günstiger als Havannas Tropicana (s. S. 69), aber nicht wesentlich weniger sehenswerte Tanzshow

◁ *Touristen lieben Fortbewegung „à lo cubano" (auf kubanische Art)*

Für einen **Ausflug nach Santa Clara** ⑭ sollte man nicht weniger als einen kompletten Tag einplanen. Dasselbe gilt für oberflächliche Stippvisiten nach Havanna. Wer sich mehr als nur einen groben Überblick über Cubas Kapitale verschaffen möchte, wird mindestens drei Tage benötigen.

Unterkunft

Seit Privatpensionen in Varadero 2011 legalisiert wurden, sind auch in Cubas Urlaubsort Nr. 1 die *Casas Particulares* wie Pilze aus dem Boden geschossen. Dennoch kommt das Gros der Hunderttausenden Varadero-Reisenden nach wie vor in den zahlreichen Hotels unter.

⌂ *Gäste in Varaderos Privatpensionen haben es nicht weit zum Strand*

Casas Particulares

Auch weil viele der lokalen Betreiber in der Tourismusbranche tätig sind bzw. waren, sind Ausstattung und Service in den Privatunterkünften Varaderos vergleichsweise gehoben.

Die Hinweise im **Infokasten auf S. 132** gelten natürlich auch für Varadero. Drei empfehlenswerte „Casas" in Strandnähe:

☎**171** [S. 96] **Casa de Fernando y Milagros** €€, Calle 14 No. 9 e/Avenida 1ra y Playa, Tel. (0)45613220, Mobil (0)53762966, fernando40@nauta.cu. **Nah am Strand:** Zweigeschossiges Haus mit ummauertem Innenhof in ruhiger Lage.

☎**172** [S. 96] **Casa Roberto & Martha** €-€€, Calle 17 No. 102A e/Avenidas 1ra y 2da, Tel. (0)45612958, Mobil (0)52389256, varr@nauta.cu. **Mit Familienanschluss:** Drei Unterkünfte, eine davon in der Größe eines kleinen Appartements. Günstige Lage und nur 100 Meter zum Strand.

☎**173** [S. 96] **Yosvany & Yuleisy (Casa No 08)** €€, Calle 25 No. 8, Ecke Playa, Tel. (0)45612682, Mobil (0)52775660, yuleisy.santana@nauta.cu. **Für Ruhesuchende:** Drei Zimmer in einem architektonisch spektakulären Haus in Küstennähe. Haben Gäste keine Lust, die wenigen Schritte zum Strand zu gehen, sonnen sie sich im Innenhof des zweistöckigen Gebäudes.

Hotels

Vor allem die größeren Hotels sind bewusst so eingerichtet und ausgestattet, dass es nicht unbedingt nötig ist, die Anlage während des Cuba-Aufenthalts zu verlassen.

Reisende, die ihre Hotel-Unterkunft auf eigene Faust organisieren möchten, können bereits zu Hause buchen, etwa mithilfe eines der gängigen Hotelsuchportale (z. B. www.logitravel.de). Das ist in der Regel wesentlich günstiger, als sich erst vor Ort umzusehen. Drei Beispiele für typische Varadero-Hotels:

☎**174** [S. 96] **Pullmann** €€, Avenida 1ra e/ Calles 49 y 50, Tel. (0)612702. **Preisgünstig:** Der zu dem schlichten Hotel gehörende steinerne Turm ist schon von Weitem zu sehen. Kein direkter Strandzugang.

☎**175** [S. 96] **Villa Tortuga** €€–€€€, Calle 9 e/Avenida Kawama y Playa, Tel. (0)45614747, www.villatortugavaradero.com. **Klassisches Ressort:** Beispiel für eine große 4-Sterne-All-inclusive-Anlage. Viele Gäste loben das reichhaltige Buffet.

50 [S. 98] **Xanadú Mansion** €€€€. **Geschmackvoll eingerichtet:** Die in den 1930er-Jahren vom US-amerikanischen Milliardär DuPont errichtete Villa mit Golfplatz ist heutzutage nicht nur ein luxuriöses Hotel mit sechs geräumigen Zimmern, sondern auch eine Touristenattraktion.

EXTRATIPP

Bequem und preiswert: hin und weg mit Víazul

Für kostenbewusste Individualreisende ist der Víazul-Überlandbus das Verkehrsmittel der Wahl, um längere Ausflüge von bzw. nach Varadero zu unternehmen. Direktverbindungen bestehen unter anderem mit den Zielen (jeweils Endstation) Havanna (10 CUC), Trinidad (20 CUC), Santiago de Cuba (49 CUC) und Varaderos Flughafen (6 CUC). **Tipp:** Nach Möglichkeit mit mehreren Tagen/Wochen Vorlauf online reservieren (siehe auch Infos auf S. 108). Kurzentschlossene ohne Eile, die keinen Sitzplatz mehr ergattern, können sich oft mit anderen Reisenden zu einer Taxi-Fahrgemeinschaft zusammentun.

●**177** [S. 96] **Víazul-Busbahnhof Varadero,** Autopista del Sur, Ecke Calle 36, Tel. (0)45614846

Verkehrsmittel

Mietwagen

Ein Auto zu mieten ist für Strecken innerhalb der touristischen Zone nicht sinnvoll, da alles günstig und rasch mit den im Folgenden genannten Verkehrsmitteln erreicht werden kann. Für Ausflüge nach Matanzas **43**, Havanna usw. lohnen sich Aufwand und Kosten vor allem, wenn man zu mehreren unterwegs ist. Mietwagenschalter gibt es am Flughafen und in den größeren Hotels (siehe auch S. 108). Ein Anbieter ist beispielsweise **Transtur** (www.transtur varadero.com).

Fahrzeuge mitsamt Fahrer vermietet **Cubacar** (Reservierungen unter Tel. 667359 sowie 668885).

111hv Abb.: fo©kmiragaya

Mopeds

Elektro-Mopeds (Scooter) können in vielen Hotels für ca. 25 CUC/Tag angemietet werden, auch kürzere und längere Mietzeiten sind möglich. Eine zentrale Hotline für nähere Infos bietet **Cubacar** (Tel. 667326 und 667029).

VaraderoBeachTour

Rot-blaue Doppeldecker-Touristenbusse befahren eine feste Route. Für Details siehe „Rundfahrt mit dem Hop-on-Hop-off-Bus" auf S. 94.

Taxis

Man unterscheidet **staatliche Taxis mit Taxameter** und – charmanter und daher weitaus beliebter – **Oldtimer-Taxis**, in denen der Fahrpreis individuell auszuhandeln ist. Preisbeispiel: Der Transfer vom Flughafen Varadero zu einem Hotel am westlichen Beginn der Halbinsel kostet ca. 25 CUC pro Fahrt – nicht pro Person (vor dem Einsteigen ausdrücklich klären).

Cocotaxis

Cocotaxis gibt es auch in Varadero. Siehe zu diesem Thema die Infos ab S. 137.

Pferdekutschen

Eine Kutschfahrt ist romantisch, aber kostspielig. Die Preise liegen bei ca. 10 CUC pro Person und Trip. Viele Kutscher der „Coches Hicacos" lassen ein wenig mit sich handeln.

Wassersport

Warum sich in Varadero nicht im **Tauchen** oder **Hochseefischen** versuchen? Jacques Cousteau und Ernest Hemingway lassen grüßen! Beide Aktivitäten aus einer Hand bietet **MARLIN – Nauticas y Marinas** (Nähere Infos: www.nauticamarlin.com).

Relativ preisgünstig zu haben sind z. B. **Katamaran-Segel-** und **Schnorchel-Trips** (jeweils ab 20 CUC/Person).

- ●**176** [S. 96] **Centro Internacional de Buceo Barracuda**, Avenida 1ra, e/Calles 58 y 59, Tel. (0)45613481. Beliebtes reines Tauchzentrum vor Ort.
- ❭ **Deutscher Anbieter von Tauchkursen:** www.cuba-diving.de → Varadero

⌂ *Kilometerlange Sandstrände machen Varadero zu einem idealen Urlaubsziel*

PRAKTISCHE REISETIPPS

An- und Rückreise

Internationale Flughäfen Havanna und Varadero

Die meisten Besucher werden über den gut 20 km südlich von Havannas Altstadt liegenden Flughafen **Aeropuerto Internacional José Martí** bzw. über Varaderos Airport **Juan Gualberto Gómez** (20 km südwestlich des Badeparadieses) einreisen.

Condor bietet **Nonstop-Verbindungen** ab Frankfurt/Main und München nach Havanna. Die Flugdauer be-

◁ *Vorseite: Oldtimer vor pastellfarbenen Fassaden und Kolonnaden*

trägt ca. zwölf Stunden hin und zehn zurück. Daneben gibt es eine ganze Reihe von **Umsteigeverbindungen**, die billiger sein können als Nonstop-Flüge. Diese sind auch von anderen Flughäfen im deutschsprachigen Raum möglich, beispielsweise über Paris, Madrid oder Amsterdam.

Direktflüge nach Varadero bietet neben Condor (ab Frankfurt/Main, München, Berlin) auch Eurowings (ab Köln/Bonn).

Flugpreise

Ein Economy-Ticket von Deutschland, Österreich und der Schweiz hin und zurück nach Cuba bekommt man je nach Jahreszeit und Aufenthaltsdauer ab ca. 700 € (inkl. aller Steu-

¡Bienvenido a Cuba! – Willkommen auf Cuba!

Die **Einreisekontrollposten** erinnern an die der ehemaligen DDR: Man betritt eine winzige Kabine und reicht dem Beamten in Militäruniform Reisepass und Touristenkarte. Nachdem dieser unverhohlen überprüft hat, ob Antlitz und Passbild des Reisenden übereinstimmen, verschwindet alles zunächst aus dem Blickfeld des Einreisewilligen, von dem mithilfe einer Webcam nun eine Porträtaufnahme angefertigt wird. Die abgestempelte **Touristenkarte** (s. S. 110) bekommt er dann doch noch mitsamt Reisepass zurückgeschoben.

Seit 2015 wird wieder direkt in die Pässe **gestempelt** - darauf hatte Cuba jahrzehntelang verzichtet, um Cuba-Urlaubern mögliche Probleme bei Reisen in die USA zu ersparen.

Ein **Summer** signalisiert schließlich, dass die rückwärtige Tür Richtung cu-

banischer Realität geöffnet werden darf.

Bevor man zum Gepäckband vorgelassen wird, ist ein **Metalldetektor** zu passieren und das Handgepäck wird durchleuchtet. Falls sich am aufgegebenen Gepäck plötzlich ein merkwürdiges kleines Siegel befindet, darf mit dem Auslösen eines Alarms beim Durchschreiten der **Zollkontrolle** gerechnet werden: Dem Beamten ist dann nämlich beim Durchleuchten der Koffer ein problematischer Gegenstand (vgl. Abschnitt „Zollbestimmungen", S. 111) im Gepäck aufgefallen, und der Kofferinhalt muss vor dem Zollbeamten ausgebreitet werden. Doch keine Panik, das passiert Reisenden aus deutschsprachigen Ländern nicht sehr oft. Wer auch diese letzte Hürde genommen hat, muss sich jetzt vor dem Ankunftsterminal den **Taxifahrern** stellen ...

Nützliche Sicherheitsvorkehrungen vor der Abreise

Bei der Hausbank sollte man sich über die Möglichkeit und die Modalitäten von **Geldüberweisungen** (z. B. eventuelle Korrespondenzbank auf Cuba, Prozedere einer „Blitzüberweisung") informieren. Unter Umständen ist es ratsam, einer vertrauenswürdigen Person Vollmacht für Kontoverfügungen zu erteilen. Auch sollte man schon vor der Abreise klären, wer im **Notfall** telefonisch erreichbar ist, R-Gespräche übernimmt und Geld überweisen kann.

Es hat sich ferner bewährt, **Fotokopien und Digitalfotos von Pass, Touristenkarte, Flugticket, Kreditkarten, Reiseschecks** und anderen wichtigen Dokumenten anzufertigen, die man dann während der Reise getrennt von den Originalen verwahrt oder hinterlegt. Ebenfalls sehr sinnvoll ist es, Scans wichtiger Dokumente in einem Online-Speicher abzulegen. Das kann auch einfach ein Ordner des E-Mail-Accounts sein.

ern, Gebühren und Entgelte). Hauptsaison sind die Sommerferienzeit und das Winterhalbjahr, in dem die Flüge rund um Weihnachten und Neujahr besonders hoch sind – in der Regel deutlich über 1000 €.

Last Minute und Sonderangebote

Wer sich erst im letzten Augenblick für eine Reise entscheidet oder gern pokert, kann Ausschau nach Last-Minute-Flügen halten. Sparfüchse achten außerdem auf Sonderangebote von Condor (z. B. „Fliegenpreise") oder anderen Fluggesellschaften und werfen einen Blick auf die von LTUR als „Superlastminute" vertriebenen Restplätze. **Tipp:** Eurowings bietet manchmal Schnäppchenpreise für die Verbindung Köln–Varadero.

Vom Flughafen in die Stadt

Havanna gehört zu den wenigen bedeutenden Hauptstädten ohne vernünftigen öffentlichen Flughafentransfer für Individualreisende. Mit den zahlreich bereitstehenden Taxifahrern unbedingt vorab den Preis klären und nachfragen, ob dieser pro Person oder pro Fahrt gelten soll! In der Regel verlangen die *taxistas* für

die etwa 30-minütige Fahrt in die Innenstadt unabhängig von der Anzahl der Fahrgäste mindestens 25 CUC. Tipp, um den Transfer **günstiger online vorzubestellen**: www.bookto cuba.com.

Theoretisch könnte man auch auf einen Platz in den **Metrobussen** (s. S. 138) P12, P13 oder P16 hoffen. Das ist allerdings ein strapaziöses Unterfangen und nur nervenstarken Reisenden mit kleinem Gepäck zu empfehlen.

Auch der Airport Varaderos lässt einen günstigen Transfer vermissen. Die ca. 20-minütige Taxifahrt in die Stadt kostet ebenfalls ab ca. 25 CUC.

Innercubanische Anreise

Solventen Touristen wird auf Cuba kein Transportwunsch unerfüllt bleiben. Es gilt ganz unsozialistisch: Je mehr Geld im Spiel ist, desto flotter geht es. Wer aus der cubanischen Provinz nach Havanna bzw. Varadero reist, hat mehrere Möglichkeiten:

Inlandsflüge

Um Tickets für Inlandsflüge mit den nationalen Fluggesellschaften Cubana de Aviación, AeroCaribbean (beide www.cubana.cu) und Aerogaviota (www.aerogaviota.com) nach und von Havanna sollte man sich so frühzeitig wie möglich kümmern. Preisbeispiel: Santiago de Cuba – Havanna kostet einfach ab 140 CUC, bei kurzfristiger Buchung unter Umständen wesentlich mehr. **Wichtig:** Unbedingt einen Pulli o. Ä. mit an Bord nehmen, denn beim Flug wird es ziemlich frisch!

Mietwagen

An allen internationalen Flughäfen besteht grundsätzlich die Möglichkeit, bei einer der großen cubanischen Mietwagengesellschaften ein Auto zu mieten. Je nach Saison kann sich das allerdings schwierig gestalten. Einfacher und meistens auch wesentlich billiger ist es, bereits von zu Hause aus zu reservieren, z. B. über www.islands-and-more.de.

Taxis

Gegen recht hohe Bezahlung können sich Reisende von darauf spezialisierten Taxis direkt von ihrem Ankunftsflughafen nach Havanna bzw. Varadero chauffieren lassen. Dieser Service schlägt beispielsweise ab Holguín mit 120 CUC aufwärts zu Buche. Der Preis ist immer auch Verhandlungssache. Vor dem Einsteigen unbedingt abklären, ob der vereinbarte Preis pro Fahrzeug oder pro Person gilt!

Busse

Die Busse der Gesellschaften Víazul und Astro verbinden alle größeren Städte Cubas miteinander. **Víazul** ist das ursprünglich nur für Touristen konzipierte und teurere Unternehmen mit weniger Zwischenstopps. Die Víazul-Linie, die mehrmals täglich zwischen Havanna und Vardero verkehrt (einfache Strecke 10 CUC), sieht auch einen **Stop an Varaderos Flughafen** vor. In anderen Städten muss man sich zunächst zur Busstation *(estación de guagua)* durchschlagen. Hier bekommt der Reisende auch sein Ticket und lässt sich in die Passa-

004hv Abb.: js

EXTRAINFO

Kältefalle Überlandbus
Die **Klimaanlage** ist in den meisten Bussen sehr kalt eingestellt. Es empfiehlt sich daher, einen Pulli, ein Halstuch und andere nicht wirklich karibische Kleidungsstücke mitzunehmen.

gierliste eintragen, sofern die Fahrkarte nicht online unter **www.viazul. com** (Kreditkarte erforderlich) bezogen wurde. Sofern das Portal funktioniert, sollte es genutzt werden, denn nicht nur in der Hochsaison kann es schwierig werden, kurzfristig ein Ticket für die Wunschstrecke zu bekommen. Ein Tipp von Víazul-Mitarbeitern für Optimisten: Zwei Stunden vor der Abfahrt direkt beim Busterminal nach möglichen Restplätzen fragen. Die Gepäckbestimmungen ähneln denen von Flugreisen (Handund aufzugebendes Gepäck).

Víazul-Stellen in Havanna:

- ●**178** Casa Matríz (Zentrale und Busterminal), Avenida 26, Ecke Zoológico, Nuevo Vedado, Tel. 78811413, www.viazul. com (auch englisch), Fahrkartenschalter tägl. 7–20 Uhr
- ●**179** [fm] Terminal de Ómnibuses Nacionales/Interprovinciales, Avenida de la Independencia, Ecke Calle 19 de Mayo, Tel. 78709401, nahe der Plaza de la Revolución (auch Víazul-Tickets und Haltestelle)

Havannas **Fernbus-Terminals** sind von den touristisch relevanten Stadtteilen recht weit entfernt. Tipp: Bei der Anreise kann man den Víazul-Busfahrer bitten, bei der Fahrt durch die Stadt an einer günstigeren Stel-

le aussteigen zu dürfen. Eine relativ neue Option sind die Busse von **Conectando Cuba**. Sie steuern nicht nur Busbahnhöfe an, sondern vor allem die Stadtzentren und große Touristenhotels. Die Tickets sind etwas teurer als bei Víazul. Man erhält sie in den entsprechenden Hotels.

Die Busgesellschaft **Astro** fährt auch kleinere Orte an. Da es nicht leicht ist, an die günstigen Tickets zu kommen, wird Astro von ausländischen Touristen kaum genutzt.

Bahn

Soeben aus dem Flieger gestiegenen und mit Koffern bepackten Reisenden kann das Abenteuer einer längeren Fahrt mit der als unzuverlässig geltenden cubanischen Bahn nicht empfohlen werden.

Barrierefreies Reisen

Nur wenige (Luxus-)Hotels haben sich auf die Bedürfnisse von Menschen mit körperlichem Handicap eingestellt. In neueren bzw. renovierten Touristenhotels gibt es manchmal einige für Rollstuhlfahrer geeignete Zimmer. In jedem Fall trifft man stets auf sehr viel Hilfsbereitschaft seitens der Bevölkerung.

Diplomatische Vertretungen

In Deutschland

❯ **Botschaft der Republik Cuba,** Stavangerstraße 20, 10439 Berlin, Tel. 030 44717319, http://misiones. minrex.gob.cu/de/deutschland/ kubanisches-konsulat-berlin

◁ *Che ist allgegenwärtig*

> Konsular- und Visaabteilung: Gotlandstraße 15, 10439 Berlin, Konsularische Dienste: geöffnet: Mo/Di/Do 8.30–11.30, Mi 14–16 Uhr, Tel. 030 44737023 (automatischer Ansagedienst). Telefonservice Mo/Di/Do/Fr 14–16, Mi 8.30–11.30 Uhr: (030) 44793109/105, Fax 030 44793091

> Konsulat der Republik Cuba (Botschaftsaußenstelle) in Bonn, Kennedyallee 22–24, 53175 Bonn, Mo–Do 9-12 Uhr, Tel. 0228 3090

In Österreich und der Schweiz

> Botschaft der Republik Cuba, Kaiserstraße 84, 1070 Wien, Tel. 01 8778198, Parteienverkehr: Mo–Fr 9–12 Uhr, Tel. Konsularabteilung: Tel. 01 877819828, http://misiones.minrex.gob.cu/de/oesterreich/botschaft-der-republik-kuba

> Botschaft der Republik Cuba, Gesellschaftsstrasse 8, 3012 Bern, Tel. 031 3022111, geöffnet: Mo, Di, Do, Fr 9–12 Uhr, Konsularabteilung für die Schweiz und Liechtenstein: Tel. 031 3022116, http://misiones.minrex.gob.cu/es/suiza

In Havanna

An den offiziellen cubanischen Feiertagen (s. S. 78) bleiben die Botschaften und Konsulate geschlossen.

● 180 [el] **Deutsche Botschaft (Embajada de la República Federal de Alemania),** Calle 13 No. 652, Ecke Calle B, Vedado, La Habana, Tel. 78332569, 78332539 (nach Dienstschluss Bereitschaftsdienst Mobil: (0)52805942), geöffnet: Mo–Fr 9–12 Uhr, (tel. ab 8 Uhr erreichbar), www.havanna.diplo.de

● 181 **Botschaft der Republik Österreich (Embajada de la República de Austria),** Avenida 5ta No. 6617, Ecke Calle 70, Miramar, Tel. 72042825, geöff-

net: Mo–Fr 8–12 Uhr, Notfall-Tel. (24 Std.) (0)52854889, www.bmeia.gv.at/oeb-havanna

● 182 [bm] **Botschaft der Schweiz (Embajada de la Confederación Suiza),** Avenida 5ta No. 2005, e/Calles 20 y 22, Miramar, La Habana, Tel. 72042611, Öffnungszeiten: Mo–Fr 9–12 Uhr, Telefonsprechstunde: Mo–Do 8–16, Fr 8–14.30 Uhr, Handy-Bereitschaftsdienst nach Dienstschluss (0)52853575, www.eda.admin.ch/havana

Ein- und Ausreisebestimmungen

Einreise und Reisedokumente

Touristen aus dem deutschsprachigen Raum brauchen für die Einreise einen noch mindestens sechs Monate über die Dauer des Aufenthaltes hinaus gültigen **Reisepass**, ein **Weiter- oder Rückflugticket** sowie die sogenannte **Touristenkarte** *(tarjeta turística/visa de turismo)*. (Die Begriffe Touristenkarte und Touristenvisum werden in Cuba synonym verwendet.) Für **Kinder** sind ein Kinderreisepass und eine eigene Touristenkarte erforderlich. Die Touristenkarte bekommt man entweder über den jeweiligen Reiseveranstalter, unter Umständen von der Fluggesellschaft oder aber von der cubanischen Botschaft (s. S. 109), die für den entsprechenden Antrag ein besonderes Formblatt vorsieht.

Deutsche Staatsangehörige werden für dieses Dokument von der Botschaft derzeit (2018) mit 22 € zur Kasse gebeten. Dabei muss eine gültige Auslandsreisekrankenversicherung nachgewiesen werden. Bei der Erledigung auf dem Postweg ist ein frankierter und adressierter Rückumschlag beizulegen und es fallen 25 € zusätzlich an (unbedingt die Details auf der Homepage der cubanischen Botschaft lesen!). Sicherheitshalber sollte man sich spätestens einen Monat vor der Abreise um seine *tarjeta turística* kümmern. Auf der in der Mitte perforierten Touristenkarte sind Name, Vorname, Geburtsdatum, Nummer des Reisepasses und Staatsangehörigkeit zweifach einzutragen.

Im Rahmen der Passkontrolle am cubanischen Flughafen werden die beiden Teile getrennt. Eine Hälfte behält die Einreisebehörde, die andere wird gestempelt und für die Dauer des Aufenthaltes an den Reisenden zurückgegeben. Vorsicht: Wer seinen Teil der Touristenkarte verliert, muss spätestens am Tag des Rückfluges mit erheblichen bürokratischen Schwierigkeiten rechnen! **Tipp:** Befestigen Sie den Abschnitt mit einem Stück Klebestreifen auf einer der Seiten Ihres Reisepasses! Es empfiehlt sich, für den Fall des Verlustes Kopien des etwa DIN-A7-großen Dokuments anzufertigen oder es zumindest abzufotografieren. Die Touristenkarte berechtigt zu einem Aufenthalt von 30 Tagen, weitere 30 Tage können am Cuba im örtlichen Immigrationsbüro *(oficina/buró de inmigración)* beantragt werden, wofür derzeit Kosten in Höhe von 25 CUC anfallen.

Achtung: Visa bzw. Touristenkarten werden grundsätzlich nicht nach der Ankunft auf Cuba ausgegeben. Darüber hinaus kontrollieren die Fluggesellschaften schon vor dem Abflug aus Europa, ob Visum oder Touristenkarte bereitgehalten werden.

Ausländische Reisende sind verpflichtet, bei der Einreise einen für Cuba gültigen **Krankenversicherungsschutz** (private Reisekrankenversicherung) nachzuweisen, z. B. durch Vorlage der Versicherungspolice, vorzugsweise in spanischer Sprache. Sofern ein solcher Nachweis nicht vorgelegt werden kann, muss damit gerechnet werden, dass man genötigt wird, am Ankunftsflughafen eine Krankenversicherung für die Dauer des Aufenthalts abzuschließen.

❯ Infos zu dann anfallenden Kosten auf der cubanische Website www.asistur.cu

Einverständniserklärung für Minderjährige

Reisen Kinder nur mit einem Elternteil, kann sowohl bei der Ausreise als auch bei der Einreise eine Einverständniserklärung des anderen Elternteils erforderlich sein. Detailinfos erhält man beim Auswärtigen Amt und beim zuständigen Konsulat.

Ausreise

Die lästige, jahrelang am Flughafen in bar zu entrichtende **Ausreisesteuer** von 25 CUC wird seit 2015 auf die Fluggesellschaften abgewälzt – welche diese seitdem in ihre Ticketpreise einbeziehen.

Zollbestimmungen

Sowohl bei der Ein- als auch bei der Ausreise wird das Gepäck einschließlich des Handgepäcks durchleuchtet und anschließend ggf. näher untersucht.

Einreise

❯ Nur **Dinge des täglichen Bedarfs** dürfen steuerfrei eingeführt werden. Um Schmuggel mit technischen Geräten und anderen „wertvollen" Gegenständen vorzubeugen, dürfen diese unter anderem eine „angemessene Stückzahl" nicht überschreiten. Was darunter zu verstehen ist, hängt auch vom Ermessen des Beamten der Einreisebehörde ab. Für mitgeführte Geschenke ab einem Gegenwert von 1001 CUP wird Zoll in erheblicher Höhe erhoben. Der Wert der „Geschenke", auf den sich der Zoll bezieht, wird vor Ort festgesetzt.

❯ **Verboten** ist die Einfuhr frischer Lebensmittel sowie pornografischer und staatsfeindlicher („konterrevolutionärer") Medien. Funksprechgeräte, Satellitentelefone u. Ä. dürfen nur nach vorheriger Genehmigung durch die zuständigen cubanischen Behörden mitgebracht werden. Strengstens verboten ist die Einfuhr von Drogen und Waffen.

❯ Um von der cubanischen Botschaft die Genehmigung zur Einfuhr von lebenden **Hunden, Katzen und Vögeln** zu erhalten, sind diverse Gesundheitszeugnisse und andere Dokumente beizubringen. Es spricht also viel dafür, Bello und Mieze für die Dauer des Cuba-Trips lieber zu Hause in gute Hände zu geben. Weitergehende Auskünfte erteilen die cubanischen Botschaften.

Ausreise

❯ **Verboten** ist die Ausfuhr von Polymita-Schneckenhäusern. Auf Krokodilfarmen erworbene Produkte aus Krokodilhaut

und Kunstwerke dürfen nur nach Vorlage der entsprechenden Papiere ausgeführt werden. Achten Sie bereits beim Kauf darauf, dass der jeweilige Beleg ausgestellt wird.

❯ Nehmen Sie keine Gegenstände aus Cuba mit, bei denen es sich um **cubanisches Kulturgut** handeln könnte. Auskünfte und Ausfuhrgenehmigungen dazu erteilt:

ℹ **183** [dl] **Registro Nacional de Bienes Culturales,** Calle 17 No. 1009 e/ Calles 10 y 12, Vedado, Tel. 78313362, Mo–Fr 9–12 Uhr. Infos auch auf der Website des cubanischen Zolls: www.aduana. gob.cu.

❯ Die Vorschriften zur Ausfuhrmenge von **Zigarren** und die Strenge, mit der diese Vorschriften durchgesetzt werden, ändern sich häufig. Derzeit (Anfang 2018) wird zwischen Zigarren, die in einer autorisierten Verkaufsstelle (unbedingt Quittung aufheben!) erworben wurden, und Zigarren ohne Beleg unterschieden. Es gilt: Die Ausfuhr von maximal 20 Zigarren ist ohne jeden Kaufnachweis erlaubt. Ab 21 Stück ist die Ausfuhr nur dann legal, wenn die Zigarren sich in der verschlossenen, originalen Zigarrenkiste befinden. Eine originale Zigarrenkiste erkennt man an einer Reihe von Sicherheitsmerkmalen, darunter ein briefmarkengroßer Hologrammaufkleber auf dem Deckel. Wer über 50 Zigarren ausführen möchte, muss nach den Zollbestimmungen außerdem die Rechnung (*factura*) einer autorisierten Verkaufsstelle vorweisen können. Andernfalls besteht die Gefahr, dass die Ware eingezogen wird. Eine Kiste Zigarren enthält in aller Regel 25 Stück!

❯ Ferner dürfen **drei Flaschen Rum** zollfrei aus Cuba ausgeführt werden. Aber Achtung: Die erlaubte Einfuhrmenge ins jeweilige Heimatland kann natürlich geringer sein!

EXTRAINFO

Aktuell informiert

Da sich die **Einreisebedingungen kurzfristig ändern** können, ist es sehr ratsam, sich kurz vor Abreise beim zuständigen Auswärtigen Amt oder der jeweiligen Botschaft (s. S. 109) zu informieren.

❯ www.auswaertiges-amt.de
❯ www.bmaa.gv.at
❯ www.dfae.admin.ch

> Den **neuesten Stand der Ein- und Ausreisebestimmungen** kann man auf der Website des cubanischen Zolls – www.aduana.gob.cu – in spanischer und englischer Sprache abrufen.

Bei der **Rückreise** gibt es auch auf europäischer Seite Freigrenzen, Verbote und Einschränkungen, die man beachten sollte, um eine böse Überraschung bei der heimischen Zollkontrolle zu vermeiden:

> **Deutschland:** www.zoll.de (Menü „Privatpersonen", dann „Reisen") oder beim Zoll-Infocenter, Tel. 069 46997600
> **Österreich:** www.bmf.gv.at (Menü „Zoll") oder beim Zollamt Villach, Tel. 04242 33233
> **Schweiz:** www.ezv.admin.ch oder bei der Zollkreisdirektion in Basel, Tel. 061 2871111

Drogen

Auf Cuba erlaubte Drogen sind Musik, Tanz, Rum und revolutionäre Inbrunst. Bereits der Besitz geringer Mengen illegaler Betäubungsmittel wird **drakonisch bestraft.**

Elektrizität

Die übliche Netzspannung auf Cuba beträgt 110 Volt/60 Hertz. Die uns vertrauten 220-Volt-Anschlüsse findet man in vielen Touristenhotels und in immer mehr Casas Particulares (Privatunterkünfte). Vor allem Haushalte mit Elektroherden und Klimaanlagen verfügen zusätzlich über *corriente dos veinte* (wörtlich: „Strom zwei zwanzig", also 220-Volt-Steckdosen). Für den Betrieb von auf 110 Volt umstellbaren Föns, Rasierapparaten, Ladegeräten usw. nimmt man einen

Steckeradapter für die auf Cuba gebräuchliche amerikanische Standard-Steckdose (Flachstecker) mit. Vor Ort sind Adapter teurer als zu Hause.

Wer empfindliche Geräte ans Stromnetz anschließen will, sollte einen **Spannungskonstanthalter** im Gepäck haben, denn der 110-Volt-Strom schwankt oft zwischen 90 und 130 Volt. Als Ausländer ist es eher unwahrscheinlich, einen *apagón* (Stromausfall) mitzuerleben, da fast alle touristisch interessanten Orte, einschließlich der in diesem Band aufgeführten Casas Particulares, in insoweit privilegierten *zonas priorizadas* (Zonen mit Strom-Priorität) liegen.

Film und Foto

Ausrüstung

Die Filialen von „FOTO" (manchmal „PHOTO", früher meist „Photo Servi") haben einige gängige Akkus und eine kleine Auswahl an Zubehör auf Lager. Kostengünstiger ist es, Speicherkarten, Ersatzbatterien etc. von zu Hause mitzubringen.

184 [B3] **FOTO OBISPO**, Calle Obispo No. 307 e/Calles Habana y Compostela, Mo–Sa 9–18 Uhr. Eine Adresse mit verhältnismäßig gutem Sortiment.

Fotoverbote

Militärische Objekte, Militärangehörige, Flugplätze, Fabriken und andere für Cubas öffentliche Sicherheit besonders relevante Bauwerke und Personen dürfen nicht fotografiert, als *zona militar* ausgeschilderte Gebiete auf keinen Fall betreten werden! In Museen wird manchmal eine zusätzliche Gebühr für das Fotografieren und Filmen erhoben.

Menschen fotografieren

Die meisten Cubaner lassen sich gerne ablichten, wenn man sie vorher um Erlaubnis bittet. Vor allem an touristischen Brennpunkten muss man eventuell mit der Aufforderung zu einer Gegenleistung rechnen. Beispielsweise sitzen die Zigarre schmauchenden, bunt gewandeten Herrschaften zwischen der Kathedrale und der Bodeguita del Medio dort oft nicht zufällig den ganzen Tag herum, sondern ernähren sich und ihre Familien von den Spenden fotografierwütiger Touristen.

Geldfragen

Das Wichtigste zuerst: Wie die einheimische Bevölkerung auch sollte man sein **Bargeld** in der Öffentlichkeit erstens **direkt am Körper** (verdeckter Brustbeutel, Safety-Gürtel, zur Not in den Socken, jedenfalls: Tuchfühlung!) und zweitens **auf verschiedene Stellen verteilt mit sich führen**. Ein ausreichend hoher Geldbetrag für alle Fälle wird woanders, z.B. im Hotelsafe *(caja fuerte)*, aufbewahrt bzw. den Casa-Particular-Gastgebern zu treuen Händen anvertraut.

Währungen

Finanzfragen sind in Cuba komplex. Offizielle Zahlungsmittel sind derzeit der **Peso Cubano** (**CUP**, *moneda nacional*, MN, also „nationales Geld") und der 1:1 an den US-Dollar gekoppelte, von den Einheimischen als *divisa, fula* und *chavito* bezeichnete **Peso Convertible (CUC)**. Für 1 CUC bekommt man 24 Pesos Cubanos. Ein Peso beider Währungen entspricht jeweils 100

Umrechnungskurs

1 € = ca. 1,15 CUC (1 CUC entspricht wiederum 24 Pesos Cubanos (CUP), beim Rücktausch gilt: 25 CUP = 1 CUC)
1 CUC = ca. 0,90 € (Anfang 2018)

Beide Landeswährungen sind an den US-Dollar gekoppelt. Cuba plant, das System der zwei Währungen zu beenden.

Centavos. Der CUC macht die Wechselkursbewegungen des US-Dollar mit, wobei dieser von Cubanern nicht gern genommen wird. Grund: Beim Umtausch der *dolares* in CUC wird ein saftiger Abschlag berechnet.

In Touristenzentren wie Varadero kann mancherorts in Euro gezahlt werden. Da der Wechselkurs aber eher ungünstig ist, lohnt es sich nicht nur für Individualtouristen, sich bei einer Bank oder einer **Wechselstube** (CADECA = Casa de Cambio) einen Vorrat an bunten CUC-Scheinen und silberfarbenen CUC-Münzen zuzulegen. Auch viele größere Hotels wechseln ausländische Währungen, z.B. das Hotel Inglaterra (s. S. 134). **Wichtig:** Beim Wechsel von Euro in CUC und umgekehrt ist der Reisepass vorzulegen (beim Wechsel von CUC in CUP hingegen nicht). Vom Geldwechsel auf der Straße ist abzuraten, da unbedarften Neuankömmlingen schlechtestenfalls Pesos Cubanos angedreht werden können, denn die Scheine der beiden Peso-Arten sind auf den ersten Blick nicht voneinander zu unterscheiden. Nicht vergessen, gewechseltes Geld nachzuzählen und stets eine **Quittung** zu verlangen! Drei günstig gelegene Möglichkeiten zum Geldwechsel:

Preisbeispiele

Unterkunft
> im Hotel ab 40 CUC (pro DZ)
> in einer Casa Particular ab 25 CUC (pro DZ), bei günstiger Lage häufig teurer

Verpflegung
> Softdrinks ab 0,50 CUC
> Bier ab 1 CUC
> Cocktails ab 2,50 CUC
> Menü im Restaurant ab 8 CUC

Transport
Touristen-Taxis und Cocotaxis kosten ca. 1,50 CUC pro Kilometer, Bicitaxis sind etwas günstiger. Eine einfache Fahrt mit der Busgesellschaft Víazul (Infos s. S. 108) kostet von Havanna nach
> Pinar del Río: 11 CUC
> Viñales: 12 CUC
> Matanzas: 7 CUC
> Varadero: 10 CUC
> Santa Clara: 18 CUC
> Trinidad: 25 CUC
> Santiago: 51 CUC

●185 [C3] **Banco Metropolitano**, Obispo No. 257, e/Aguiar y Cuba, Habana Vieja. Mit Schalterhalle und Geldautomaten. Mo–Sa 8.30–18, So 9–18 Uhr.
●186 [B3] **CADECA (1)**, Obispo, Ecke Compostela. Kleine Filiale nicht weit von der derzeit geschlossenen größten CADECA, Mo–Sa 8.30–20, So 9–18 Uhr.
●187 [D4] **CADECA (2)**, Lamparilla No. 2, Ecke Plaza de San Francisco (im Gebäude Lonja del Comercio). Kleine Filiale. Mo–Sa 8.30–20 (Mittagspause 12.30–13 Uhr), So 9–18 Uhr.

Peso Cubano (CUP)
> **Münzen**: 1, 5 und 20 Centavos sowie 1 Peso und 3 Pesos. Die 3-Peso-Münze zeigt auf der Vorderseite das Konterfei

EXTRAINFO

Was bezahlt man mit Pesos Cubanos (Moneda Nacional)?
Ausländer sind gehalten, alle Ausgaben in CUC oder Euro zu tätigen. Man hat aber keine Probleme, einige Dinge des täglichen Bedarfs mit **Pesos Cubanos** (Abkürzungen: CUP und MN) zu bezahlen. Das gilt vor allem an Pizza-, Kaffee- und Eisbuden, für Süßigkeiten, Rum vom Fass etc., aber auch auf den Bauernmärkten und für Telefonate, manche Verkehrsmittel und Briefmarken für Sendungen innerhalb Cubas.

CUP bekommt man am einfachsten in den CADECA-Wechselstuben. Deren Filialen sind in allen Stadtteilen zu finden. Hat man beim Bezahlen nur CUC zur Hand, ist Kopfrechnen angesagt (1 CUC entspricht 25 CUP), denn der Verkäufer wird in der Regel gerne wechseln bzw. das Restgeld in Pesos Cubanos herausgeben.

von Che Guevara und auf der Rückseite das Wappen Cubas. Sie wird arglosen Touristen als Souvenir auf der Straße für 1 CUC oder mehr angeboten.
> **Banknoten**: 1, 3 („Che-Schein"), 5, 10, 20, 50 und 100 Pesos

Peso Convertible (CUC)
> **Münzen**: 1, 5, 10, 25, 50 Centavos, 1 Peso, **Banknoten**: 1, 3, 5, 10, 20, 50 und 100 Pesos
> **Achtung**: Viele Reisende tun sich zunächst bei der Unterscheidung von CUP- und CUC-Münzen etwas schwer. Um CUP zu erkennen, merkt man sich, dass die meist recht abgegriffenen Münzen mit den revolutionären Motiven (Che, Stern etc.) Pesos Cubanos sind, während die stets silbernen CUC-Münzen „touristische" Abbildungen, beispielsweise die Kathedrale von Havanna, zeigen.

Havanna preiswert

Nach längerer Suche und harten Verhandlungen hat es der Low-Budget-Traveller endlich geschafft, eine staatlich registrierte „Casa Particular" für 25 CUC die Nacht inklusive reichhaltigem Frühstück aufzutun. Am Vormittag schlendert er durch seine Lieblingsstadtteile und stellt fest, dass man als Tourist in relativ viele Gebäude und Fahrstühle gelangen kann. Auf diese Weise hat er bereits die Aussicht von den hoch über der Stadt gelegenen Restaurants der Hotels Ambos Mundos (s. S. 133) und Sevilla (s. S. 134) in der Altstadt und des Habana Libre (s. S. 135) in Vedado genossen.

Für Erfrischungen und Snacks unterwegs hat er an den zahlreichen Verkaufsständen mit Pesos Cubanos gezahlt: Säfte und Kaffee ab 1, gepresste Erdnussmasse und Eis ab jeweils 3 Pesos. Die cubanischen Pizzen für 10 Pesos aufwärts meidet er wegen der Gerüchte über bedenkliche hygienische Bedingungen bei deren Zubereitung. Da sein Plan, sich als Student der Medizin an der Hochschule von Matanzas auszugeben, trotz passablen Spanischkenntnissen in der Praxis oft nicht aufgeht, kommt der sparsame Traveller leider selten in den Genuss, die niedrigeren Peso-Cubano-Eintrittspreise zahlen zu dürfen.

Mittags beschließt er spontan, mit dem Bus der Linie 400 an den Strand von Guanabo im Osten Havannas zu fahren. Dort genießt er nicht bloß den Strand, sondern auch eine „pollo-cajita", also ein Pappschächtelchen mit einem frittierten Hähnchenschenkel, Reis und Salat für insgesamt 25 Pesos Cubanos (1 CUC). Dazu genehmigt er sich ein Dosenbier zum selben Preis.

Da die Warteschlange für den Bus Nr. 400 zurück nach Havanna sehr lang ist, nimmt er den 462er. Der endet zwar schon an der (absolut touristenfreien) Haltestelle Virgen del Camino. Doch der Low-Budget-Traveller weiß, dass er von hier für nur 10 Pesos Cubanos in einem Sammeltaxi („maquína", s. S. 140) zum Verkehrsknotenpunkt Parque de la Fraternidad ㉑ am Rand der Altstadt kommt.

Dann wird für den Abend eingekauft: Weil eine Flasche Rum nicht mal 4 CUC kostet, trinkt er seine selbst gemixten Cocktails schließlich mit der Gastfamilie auf der Terrasse.

Da er die Küche seiner Gastgeber mitbenutzen darf, kommt ihm beim Cocktail die Idee, sich am nächsten Tag mit Produkten vom nahen Bauernmarkt ein typisch cubanisches Gericht (reichlich Reis, Bohnen, Yucca, Salat und Gemüse, alles zusammen 3 CUC) zuzubereiten. Hätte er dann wider Erwarten doch keine Lust, den Kochlöffel zu schwingen, würde er sich zu seinem Lieblingsrestaurant für „Habaneros" begeben: Nicht weit vom Prado ⑲, in Donde Adrian (La Niquarena, s. S. 58), gibt es einfache Gerichte mit Fleisch oder Fisch für kleines Geld.

Kreditkarten und Travellerschecks

› Große Geschäfte, Tankstellen und Hotels akzeptieren für gewöhnlich die gängigen Kreditkarten, insbesondere VISA und Mastercard, sofern diese nicht von einer US-amerikanischen Bank bzw. deren europäischer Tochter ausgegeben wurden.

> Die meisten Banken, CADECAS und manche große Hotels lösen gegen Vorlage des Reisepasses **Travellerschecks** ein. Das kann sich zu einer langatmigen Prozedur auswachsen! Der Einsatz von Kreditkarten ist daher meist die bessere Wahl. Unbedingt bei der scheckausgebenden Bank klären, wie es mit der Akzeptanz auf Cuba und Einlösegebühren aussieht!

> Für **Barabhebungen per Kreditkarte** werden u. U. erhebliche Gebühren fällig, weshalb man sich vor der Abreise bei dem kartenausgebenden Geldinstitut entsprechend informieren sollte.

> Mit einer **Girocard** (egal ob **Maestro-oder VPAY**) kann in Cuba weder bezahlt noch an Geldautomaten Bargeld gezogen werden.

> Kreditkartenverlust s. Seite 124

Gesundheitsvorsorge

Besondere Schutzimpfungen sind auf Cuba laut WHO nicht erforderlich. Neben den **üblichen Impfungen** (Polio, Diphterie, Tetanus) ist eine Immunisierung gegen **Hepatitis A und Typhus** ratsam. Wer auf spezielle Medikamente angewiesen ist, bringt einen entsprechenden Vorrat von zu Hause mit. Während sich die Moskito-Plage in Havanna in Grenzen hält, sollte man bei Ausflügen in die Provinzen, vor allem abends und nachts, auf entsprechende Kleidung achten und sich mit einem **Moskitonetz bzw. Insektenmitteln** schützen. Die Mitnahme von **Impf- und Gesundheitspass** (mit Angabe von Blutgruppe, Allergien, benötigten Medikamenten etc.) bzw. Kopien davon ist eine sinnvolle Vorsichtsmaßnahme.

Hygiene

Meiden Sie das cubanische Leitungswasser! Andernfalls machen Sie mit hoher Wahrscheinlichkeit nähere Bekanntschaft mit einem gewissen Montezuma. Das spanische Wort für **Durchfall** heißt *diarrea*. Mineralwasser gibt es mit Kohlensäure *(con gas)* und ohne *(sin gas)* in Behältnissen von 0,5 bis 5 Litern.

Informationsquellen

Infostellen zu Hause

> **Cubanisches Fremdenverkehrsamt,** Stavangerstraße 20, 10439 Berlin, Tel. 030 44719658, 030 44718949, Fax 030 44719659, www.cubainfo.de

Aktuelle Reisehinweise und Hinweise zur Sicherheitslage erteilen:

> **Deutschland:** www.auswaertiges-amt.de und www.diplo.de/sicherreisen (Menü: Reise- und Sicherheit), Tel. 030 50000

> **Österreich:** www.bmaa.gv.at (Menü: Reise und Aufenthalt), Bürgerservice Tel. 050 1150 3775

> **Schweiz:** www.dfae.admin.ch (Reisehinweise), 24-Std.-Helpline des EDA 0800 247365

Infostellen in Havanna

Die meisten großen Hotels haben in der Lobby ein „Tourismusbüro" (manchmal nur ein unregelmäßig besetzter Tisch neben der Rezeption), wo man Infoblätter, z. B. die Broschüren *Cartelera* und *Guía Cultural de La Habana*, erhält und Besichtigungstouren oder Exkursionen buchen kann.

Besser auf die Bedürfnisse von Individualreisenden eingestellt sind die **Filialen von Infotur** (Hotline-Tel. 78663333). Hier bekommt man eine kleine Auswahl von touristisch relevanter Literatur, Stadt- und Landkarten sowie Listen zu Hotels, Restaurants, Bars, Einkaufszentren und anderen Themen. Ferner werden Reservierungen für Ausflüge, Unterkünfte, Mietwagen und Touristenbusse entgegengenommen. Manche Filialen bieten außerdem Kopier- und Faxservice.

> **Infotur-Zentrale (Oficina Nacional de Información Turística, nur Verwaltung!),** Calle 28 No. 303 e/Avenidas 3ra y 5ta Playa, Tel. 72040624, 72046635, www.infotur.cu (mit deutscher Version, die aber offensichtlich teilweise per Übersetzungsprogramm erstellt wurde)

Infotur-Filialen gibt es in den einzelnen Stadtteilen, wobei sich die Öffnungszeiten gelegentlich ändern:

> ❶**188** [B3] **Infotur Habana Vieja (1),** Obispo No. 524 e/Bernaza y Villegas, Habana Vieja, Tel. 78663333, 78664153, tägl. 9.30–13 und 14–17.30 Uhr

> ❶**189 Infotur Miramar,** Avenida 5ta, Ecke Calle 112, Miramar, Tel. 72047036, 72040624, tägl. 8.30–17.30 Uhr

> **Infotur Playas del Este – Guanabo** (s. S. 46)

> **Infotur Playas del Este – Santa María del Mar** (s. S. 46)

> ❶**190 Infotur Flughafen José Martí,** Terminal 3, Habana Boyeros, Tel. 76426101, tägl. rund um die Uhr geöffnet

Bei staatlichen Reiseveranstaltern wie etwa Agencia de Viaje Horizontes, Cubatur, Cubanacán und Havanatur können Unterkünfte, Transportmittel, Sightseeingtouren usw. gebucht werden. Zu Informationen allgemeiner Art sind die Angestellten der meist in großen Touristenhotels untergebrachten Filialen oftmals nicht in der Lage.

> ❶**191 Cubanacán,** Calle 68 No. 503 e/Avenidas 5ta y 5ta A, Miramar, Tel. 78334090, www.cubanacan.cu

> ❶**192** [fl] **Cubatur,** Calle 23 Ecke Calle L, Vedado, Tel. 78333569, 78333171

> ❶**193 Vacacionar Travel,** Hotel Neptuno-Tritón (Gebäude Tritón), App. 623, Avenida 3ra e/Calles 72 y 76, Miramar, Tel. 72046457, www.dtcuba.com

Cuba im Internet

Deutschsprachige Websites

> **www.amerika-auf-einen-blick.de/kuba:** Statistik und allgemeine Informationen

> **www.camaquito.org:** Sehr aktive schweizerische Hilfsorganisation, die cubanische Kinder und Jugendliche im Bildungsbereich unterstützt.

> **www.cuba-individual.com:** auf die Interessen und Infobedürfnisse von Individualreisenden zugeschnittene private Website mit vielen nützlichen Links.

> **www.cubainfo.de:** Website des cubanischen Fremdenverkehrsamtes

> **www.kuba-info.org:** private deutschsprachige Site

> **www.kubaforen.de:** bewährtes Cuba-Forum zu allem Möglichen und Unmöglichen rund um Land und Leute

Telefonbuch

Sofern man in einer *Casa Particular* wohnt, wird die jeweilige Gastfamilie gerne mit Rat und Tat zur Seite stehen. Das dunkelblaue, jährlich neu aufgelegte **Telefonbuch „directorio telefónico oficial"** und Havannas Gelbe Seiten *paginas amarillas* sollten in jeder Casa Particular und in jedem guten Hotel vorhanden sein.

> http://paginasamarillas.cuba.cu

Weitere Sites

> **www.aduana.co.cu:** Website des cubanischen Zolls

> **www.afrocubaweb.com:** unter anderem mit Liste afrocubanischer Kulturtermine

> **www.cartelera.com:** Havannas Veranstaltungsmagazin

> **www.cnpc.cult.cu:** Homepage des *Consejo Nacional de Patrimonio Cultural,* umfassende Infos zum kulturellen Erbe Cubas

> **www.cuba.cu:** offizielles Cuba-Portal, ausführliche Linklisten zu vielen Themen

> **www.cubanet.org:** Die Website wird von Exilcubanern betrieben. Links führen zu weiteren regimekritischen Sites.

> **www.cubarte.cult.cu:** Portal für cubanische Kunst und Kultur

> **www.cubasi.cu:** Online-Magazin aus Cuba

> **www.cubatravel.tur.cu:** Website des cubanischen Tourismusministeriums (auch auf Deutsch)

> **www.dtcuba.com:** viele nützliche Adressen und Reservierungsmöglichkeiten

> **www.granma.cu:** Die Tageszeitung „Granma" ist das offizielle Sprachrohr der Kommunistischen Partei Cubas (inkl. deutscher Version).

> **www.havanajournal.com:** Online-Zeitschrift mit nützlichen Linklisten

> **www.hicuba.com:** aktuelle Reiseinfos, außerdem „Cuba in Numbers" und vieles mehr (auf Englisch)

⊡ Open-Air-Bücherstand auf der Plaza de Armas ❶

039hv Abb.: js

Meine Literaturtipps

> Reinaldo Arenas, **Bevor es Nacht wird,** dtv, 2002. Die mit Javier Bardem in der Hauptrolle verfilmte Autobiografie ist eine lesenswerte Abrechnung mit dem Regime Fidel Castros.

> Miguel Barnet, **Der Cimarrón,** Suhrkamp, 1999. Der greise Afrocubaner und ehemalige Sklave Esteban Montejo erzählt von seinem Leben. Leser erhalten aus erster Hand Einblick in die cubanische Geschichte von der Mitte des 19. bis zur Mitte des 20. Jahrhunderts.

> Guillermo Cabrera Infante, **Drei traurige Tiger,** Suhrkamp, 1998. Eine exzentrische Hommage an das vorrevolutionäre Havanna der 1950er-Jahre.

> Alejo Carpentier, **Die verlorenen Spuren,** Suhrkamp, 1982. In seinem 1953 erschienenen Roman schildert Alejo Carpentier eindringlich den Zwiespalt eines lateinamerikanischen Intellektuellen zwischen westlicher Kultur und indianischer Herkunft.

> Jesús Díaz, **Erzähl mir von Kuba,** Piper, 2003. Wehmütig berichtet der Cuba-Flüchtling Stalin Martínez von der Banalität der Verhältnisse auf der Insel.

> Cristina García, **Träumen auf kubanisch,** Fischer, 2000. Drei Generationen einer cubanischen Familie kommunizieren ihre unterschiedlichen Ansichten zum Sozialismus auf der Insel.

> Fernando Diego Garcia (Hrsg.), **Che. Der Traum des Rebellen,** Rütten & Loening, 2003. Ausgewählte Texte und Fotos zum Leben Che Guevaras.

> Graham Greene, **Unser Mann in Havanna,** dtv, 1998. Ein Staubsaugervertreter liefert dem britischen Geheimdienst erfundene Spionageberichte aus Cubas Kapitale. Erschien 1958 und wurde bereits 1959 mit Alec Guinness in der Hauptrolle verfilmt.

> Ernest Hemingway, **Der alte Mann und das Meer,** Rowohlt, 1999. Für die bewegende Geschichte vom Kampf eines alten Cubaners mit einem Riesenfisch erhielt Hemingway 1953 den Pulitzerpreis.

> Pedro Juan Gutiérrez, **Schmutzige Havanna Trilogie,** Goldmann, 2007. Zynische Abrechnung mit der cubanischen Gesellschaft der 1990er-Jahre und deftiges Porträt von Havannas finsteren Ecken.

> Johnnie Mieth, **Havanna auf allen vieren oder der Traum vom Leben auf Kuba,** Pro Business Verlag, 2005. Ein vom „Cuba-Virus" befallener gebürtiger Leipziger berichtet über seinen Versuch, dauerhaft in Cuba zu leben.

> Leonardo Padura, **Der Nebel von gestern,** Unionsverlag, 2008. Kommissar Conde taucht gleichzeitig in das Havanna der wilden 1950er-Jahre und in die Stadt um 2005 ein. Spannend ist auch Paduras „Havanna-Quartett" und sein Roman „Ketzer" (2013), alle mit demselben Protagonisten.

> Matthias Politycki, **Herr der Hörner,** Hoffmann & Campe, 2005. Ein deutscher Banker wandelt sich auf der schwierigen Suche nach einer betörenden Cubanerin allmählich vom Skeptiker zum Teufelsanbeter. Ob das wohl gut geht?

Publikationen und Medien

Presse

> Die wichtigste cubanische Tageszeitung ist die nach Fidels berühmter Revolutionsjacht benannte „**Granma**" (www.granma.cu), das Zentralorgan und offizielle Sprachrohr der Kommunistischen Partei. *Granma Internacional* erscheint wöchentlich in englischer Sprache. „Granma online" gibt es auch auf Deutsch.

> Große Hotels haben manchmal eine kleine Auswahl **internationaler Presse** vom Vortag (oder noch älter).

Rundfunk

> Neben **Radio Rebelde** (96,7 FM), dem Rebellenradio mit Schwerpunkt Nachrichten, versorgen weitere nationale und regionale Sender die cubanischen Haushalte mit Musik, Kultur, Ratespielen und Sportnachrichten. Die Sprecher von **Radio Reloj** (1270 AM) sagen alle zwei Minuten die Zeit an und verlesen dazwischen aktuelle Meldungen. Aus dem nahen Miami senden exilcubanische, regimekritische Stationen, allen voran „Radio Martí".

> Da die **Deutsche Welle** ihre Frequenzen gelegentlich ändert, empfiehlt es sich, kurzfristig aktuelle Informationen beim Kundenservice der DW unter Tel. 0228 4294000 oder www.dw-world.de anzufordern.

Fernsehen

> **Internationales Satelliten-TV** kann „offiziell" nur in Touristenhotels gesehen werden. Jedoch heißt es, dass Cubas talentierte Techniker sogar aus polierten Autofelgen funktionstüchtige Satellitenschüsseln basteln können. Das Pendant zum regimekritischen Radio Martí ist „Tele Martí" – von Fidel Castro jahrzehntelang als „Tele Gusano" (Wurm-Fernsehen) bezeichnet.

Internet und Internetcafés

Erst seit Sommer 2015 gibt es in Havanna **öffentliche Hotspots,** viele davon in unmittelbarer Nähe großer Hotels. Eine „Nauta"-Prepaid-Karte mit einem Zeitguthaben von 1 Stunde kostet inzwischen nur noch 1 CUC und ist u. a. bei ETECSA (siehe unten) erhältlich. Restguthaben verfällt nicht sofort. Bars oder Cafés mit kostenlosem **WLAN** gibt es bisher nicht, in teuren Restaurants hält es sich langsam Einzug. Sehr problematisch kann es werden, in Havanna außerhalb der Business-Hotels einen funktionsfähigen Drucker zu finden. Hier Tipps zum Online-Gehen und Ausdrucken:

@**194** [hl] **Ctrl+C,** Gervasio No. 202 e/ Virtudes y Concordia, Tel. 78647714, geöffnet: Mo–Sa 9–18 Uhr. Kein Internetcafé im klassischen Sinn, sondern spezialisiert auf Drucken, Scannen, Kopieren, Bildbearbeitung sowie Datenübertragung und -sicherung.

@**195** [B3] **ETECSA,** Calle Habana No. 406, Ecke Obispo, tägl. 8.30–19 Uhr. Hier bilden sich regelmäßig zwei Schlangen: Eine für die Prepaid-Guthabenkarte (1 CUC/Stunde) und eine beim Zugang zu den Computern (Internetcafé-artig).

Medizinische Versorgung

Krankenhaus-, Arzt- und Apothekendichte sind erfreulich hoch, und die **Erste-Hilfe-Versorgung** ist grundsätzlich auch für Ausländer kostenlos. Bei der Weiterbehandlung wird in CUC abgerechnet. An allen großen Hotelstandorten stehen Bereitschaftsärzte bereit. Hier und in den großen Städten erhält man auch ausländische Arzneien gegen CUC. Wer auf besondere Präparate angewiesen ist, sollte sich nicht darauf verlassen, diese ohne Weiteres zu bekommen. Eine **Auslandsreisekrankenversicherung** (s. S. 125) ist nicht nur unverzichtbar, sondern auch vom cubanischen Staat **vorgeschrieben!**

Die **Minimal-Reiseapotheke** könnte so aussehen:

> Heftpflaster verschiedener Größe
> Anti-Mückenmittel und Salbe gegen Juckreiz
> Fieberthermometer
> Mittel bei Durchfall und Präparate, um den Mineralverlust auszugleichen
> Kopfschmerztabletten
> Sonnenmilch, Après-Sonnencreme

Krankenhäuser

✚**196** [gl] **Hospital Nacional Hermanos Ameijeiras,** San Lázaro No. 701, Ecke Belascoaín, Centro Habana, Tel. 78776077. Das markante Hochhaus kann man kaum verfehlen. Ausländer zahlen pro Konsultation deutlich weniger

als eine entsprechende Behandlung in unseren Breiten kosten würde.

✚**197** [bn] **Internationale Klinik „Cira García",** Calle 20 No. 4101, Ecke Avenida 41, Playa, Tel. 72042880, 72042811, www.cirag.cu. Mit Unfallkrankenhaus.

> **Landesweiter Ambulanz-Notruf:** Tel. 104

Apotheken

✚**198** [bn] **Farmacia Internacional,** Avenida 41, Ecke Calle 20, Miramar, Tel. 72044350. Die internationale 24-Stunden-Apotheke liegt praktischerweise gleich gegenüber der Internationalen Klinik „Cira García".

> **Kleinere internationale Apotheken** findet man in großen Hotels, z. B. im Habana Libre (s. S. 135), und am Flughafen.

Optiker

✚**199** [bm] **Optica Miramar,** Avenida 7ma, Ecke 24, Miramar, Tel. 72042269, 72042990

040hv Abb.: om

Mit Kindern unterwegs

Cuba ist ein **ausgesprochen kinderfreundliches Reiseland**. Staat und Gesellschaft gewähren Kindern größtmöglichen Schutz. Manche meinen, die vorbildliche Verwirklichung der Rechte von Kindern *(derechos de los niños)* sei die letzte noch verbliebene Errungenschaft der Revolution von 1959.

Schwierigkeiten gibt es am ehesten mit äußeren Umständen, wie dem subtropischen Klima und den in der wirtschaftlichen Misere begründeten Unannehmlichkeiten, unter denen auch die Erwachsenen leiden. In Havanna sind die oft wenig rücksichtsvollen Straßenverkehrsteilnehmer Gefahrenquelle Nummer eins, gefolgt von ungenügend gesicherten elektrischen Leitungen und Steckdosen.

› **Kinderspielplätze** *(parques infantíles)* haben zum Schutz vor Diebstahl und Vandalismus **feste Öffnungszeiten.**

› **Vergnügungsparks** *(parques de diversiones)* mit Karussellen und Autoscootern *(carros locos)* sind rar und bieten oft nicht die von zu Hause gewohnte Qualität.

› Der **4. April** eines jeden Jahres ist als **Día de los Niños (Tag der Kinder)** ein besonderes Highlight für alle Kinder auf Cuba. Geboten werden launige Events aller Art, z. B. Auftritte von Clowns und Zauberern, Kutschfahrten und Ponyreiten.

◁ *Cubas Nachwuchs zur Freude, dem deutschen TÜV ein Graus …*

Theater für Kinder

An Wochenenden werden in kinderreichen Vierteln spezielle Veranstaltungen für Kinder, beispielsweise Puppentheater oder Clown-Auftritte, ausgerichtet. In Havannas Theatern (s. S. 70) wird regelmäßig auch Theater speziell für Kinder geboten.

◐**200** [fk] **Teatro Guiñol**, Calle M e/Calles 17 y 19, Vedado, Tel. 78326262. Das Theater ist für seine Puppentheaterstücke bekannt.

Kindgerechte Spots

› **Acuario Nacional** 🔵 : Hier trifft der Nachwuchs auf Haie, Seelöwen und Delfine, um nur die spektakulärsten versammelten Meeresbewohner zu nennen. Die Shows begeistern auch die Eltern.

› **Eisdiele Coppelia** (s. S. 34): leckere Eiscreme in der berühmtesten Eisdiele der Stadt

› **Museo de la Revolución** 🔵 : (nicht nur) für kleine Militärfreaks

› **Parque Histórico Militar Morro-Cabaña** 🔵 : Kinderträume werden wahr: Eine Burg, eine massive Festungsanlage mit Kanonen, reichlich Platz zum Toben, mittelalterlich gewandete Soldaten und ein donnernder Böller um 21 Uhr *(Ceremonia del Cañonazo).*

●**201** [C2] **Parque Infantil La Maestranza (Parque Anfiteatro)**, Calle Tacón. Großer Spielplatz mit weithin sichtbarem bunten Riesenrad. Von hier aus startet regelmäßig ein kleiner roter Elektrozug zu Rundfahrten durch die Stadt (Tickets 1 CUC).

●**202** [C2] **Parque Luz Caballero**, e/Avenida Carlos M. Céspedes (Avenida del Puerto) y Tacón. Hier kann man Ponys reiten, und zwar samstags, sonntags, an Feiertagen und in den cubanischen Schulferien (vor allem Juli und August).

> Außerdem mögen die meisten Kinder die bunt ausstaffierten Clowns, Zauberer und Fabelwesen, die sich regelmäßig (oft auf hohen Stelzen balancierend) in der Altstadt zwischen der Plaza de la Catedral ❺ und der Plaza Vieja ⓮ herumtreiben.

Notfälle

Kartensperrung

Bei **Verlust der Debit-(EC-), Kredit-** oder **SIM-Karte** gibt es für Kartensperrungen eine **deutsche Zentralnummer** (unbedingt vor der Reise klären, ob die eigene Bank bzw. der jeweilige Mobilfunkanbieter diesem Notrufsystem angeschlossen ist). **Aber Achtung:** Mit der telefonischen Sperrung sind die Bezahlkarten zwar für die Bezahlung/Geldabhebung mit der PIN gesperrt, nicht jedoch für das **Lastschriftverfahren mit Unterschrift.** Man sollte daher auf jeden Fall den Verlust zusätzlich **bei der Polizei zur Anzeige bringen,** um gegebenenfalls auftretende Ansprüche zurückweisen zu können.

In **Österreich** und der **Schweiz** gibt es keine zentrale Sperrnummer, daher sollten sich Besitzer von in diesen Ländern ausgestellten Debit-(EC-) oder Kreditkarten vor der Abreise bei ihrem Kreditinstitut über den zuständigen Sperrnotruf informieren.

Generell sollte man sich immer die **wichtigsten Daten** wie Kartennummer und Ausstellungsdatum **separat notieren,** da diese unter Umständen abgefragt werden.

> **Deutscher Sperrnotruf:** Tel. +49 116116 oder Tel. +49 3040504050
> **Weitere Infos:** www.kartensicherheit.de, www.sperr-notruf.de

Verlust des Reisepasses

Botschaften (s. S. 110) stellen für den Fall, dass man seinen Reisepass verloren hat, nach Klärung der Identität einen Ersatzpass aus. Das Prozedere beschleunigt sich unter Umständen, wenn eine Kopie des Originals vorgelegt werden kann.

Polizeistationen

Die *Policía Nacional Revolucionaria* (PNR) erreicht man landesweit über die einheitliche **Notrufnummer 106.** Sie unterhält in Havanna unter anderem folgende Polizeistationen:

Habana Vieja

📞**203** [B6] **Polizeistation (1),** Picota e/ Leonor Pérez (Paula), Ecke San Isidro, Tel. 78670496
📞**204** [A4] **Polizeistation (2),** Zulueta (Agramonte), Ecke Muralla (Dragones), Tel. 78620773

Centro Habana

📞**205** [hl] **Polizeistation (3),** Zanja, Ecke Escobar, Tel. 78632441
📞**206** [gn] **Polizeistation (4),** Calzada de Infanta, Ecke Manglar (Arroyo), Tel. 78775240

Vedado

📞**207** [fk] **Polizeistation (5),** Calle L, Ecke Malecón, Tel. 78301817
📞**208** [em] **Polizeistation (6),** Zapata, e/Calles B y C, Tel. 78302039

Miramar

📞**209 Polizeistation (7),** Avenida 7ma, Ecke Calle 62, Tel. 72091116

Playas del Este

📞**210 Polizeistation (8),** Avenida 5ta, e/Calles 492 y 494, **Guanabo,** Tel. 77964116

Insbesondere bei **Diebstählen** versicherter Wertgegenstände lässt man sich von der Polizei ein entsprechendes **Protokoll** ausstellen. Bleiben Sie friedvoll hartnäckig, wenn sich die Bearbeitung durch die cubanischen Hüter des Gesetzes etwas länger hinzieht. Wird man in einen **Verkehrsunfall** verwickelt, empfiehlt es sich, auch selbst Fotos von der Unfallstelle und den entstandenen Schäden zu machen. Weder am Unfallort noch später Dokumente unterschreiben, deren Inhalt man nicht versteht!

Krankheit

Sofern man vor Reiseantritt eine (von cubanischer Seite verpflichtend vorgeschriebene) Auslandsreisekrankenversicherung abgeschlossen hat, die behandelnde Stelle aber nicht mit der Versicherung abrechnen kann oder will, ist man gezwungen, die Kosten der Heilbehandlung vorzuschießen. In diesem Fall sollte man nicht vergessen, sich eine **ausführliche Bescheinigung** über die Diagnose und die Behandlungsmaßnahmen, einschließlich verordneter Medikamente, sowie eine **Quittung** über die beglichenen Unkosten ausstellen zu lassen. Bei schweren Krankheitsfällen verständigt man neben dem Notfallservice der Versicherung auch seine Botschaft.

Juristischer Beistand

Auf Cuba sind Rechtsanwälte in Kollektivbüros organisierte Staatsbedienstete. Als Ausländer ist mit sehr hohen Gebühren zu rechnen! Folgende kommerzielle Firma ist auf die Lösung von Problemen rund um Versicherungen und Notfälle aller Art (Geldüberweisungen, rechtliche Beratung,

schwere Erkrankungen, Gepäckverlust usw.) spezialisiert:

●**211** [A2] **Asistur**, Casa Matríz, Paseo de Martí (Prado) No. 208 e/Colón y Trocadero, Habana Vieja, Tel. 78664499, 78668339 (akute Notfälle), 78618290 (finanzielle Hilfe), www.asistur.cu

Öffnungszeiten

❯ **Banken und CADECA-Wechselstellen:** Meist Montag bis Freitag 8.30–12 und 13.30–15 Uhr (eventuell fällt die Mittagspause kürzer aus und/oder es ist bis 17 oder 18 Uhr geöffnet), samstags zumeist mindestens 8–10 Uhr. Viele CADECA-Filialen (s. S. 115) sind auch sonntags geöffnet. Große internationale Hotels wie das Hotel Inglaterra (s. S. 134) bieten in der Regel Geldwechselservice rund um die Uhr.

❯ **Geschäfte:** Große Läden und Touristenshops haben manchmal auch am Sonntag für einige Stunden geöffnet, an Werktagen grundsätzlich mindestens von 10 bis 18 Uhr, manche auch bis 19 Uhr.

❯ **Postämter:** Montag bis Freitag 8–16 Uhr

❯ **Museen:** Vor allem kleinere Museen sind in der Regel an einem Tag in der Woche (oft montags) geschlossen. Typische Öffnungszeiten sind Di–Sa 9.30–16 oder 10–17 und So 9.30–14 Uhr.

Cubanische Öffnungszeiten sind oft nicht „in Stein gemeißelt".

Post

Postkarten (postales) und Briefe (cartas) nach Europa brauchen selbst mit Luftpostaufkleber (Air Mail) schon mal vier bis zwölf Wochen. Ein nicht unerheblicher Teil der Sendungen kommt nie am Bestimmungsort an.

Wer die überquellenden Briefkästen (*buzónes*) an den Flughäfen sieht und bedenkt, dass die aufgeklebten Briefmarken derzeit 0,75 CUC (Postkarten mit Luftpost) kosten, wird vielleicht verstehen, dass der eine oder andere der Versuchung nicht widerstehen kann, mit einem Griff den Gegenwert von fünf oder zehn Euro in Händen zu halten. „Prepaid-Postkarten" mit schon aufgedruckter Marke hatten diese Unsitte eingedämmt, sind aber nicht überall erhältlich.

In Havanna gibt es nur wenige Briefkästen. Am ehesten findet man sie vor großen Postfilialen oder an touristischen Brennpunkten. Alle Filialen sind unter www.correos.cu/puntos-de-servicio gelistet. Übliche Öffnungszeiten: Mo–Sa 8–18 Uhr. Günstig liegen z. B.:

✉ **212** [D4] **Correos de Cuba (Postfiliale Habana Vieja),** Oficios No. 104, Ecke Lamparilla. Mit Postkartenverkauf.

✉ **213** [gI] **Correos de Cuba (Postfiliale Centro Habana),** Calzada de Infanta No. 271, Ecke Concordia, Mo–Fr 8–16, Sa 8–12 Uhr.

✉ **214** [am] **DHL Worldwide Express,** Avenida 1ra, Ecke Calle 26, Mo–Fr 8.30–18, Sa 8–14 Uhr. Wichtiges, Großes oder Eiliges versendet man mit DHL.

Sicherheit

Cuba ist nach wie vor das **sicherste Reiseland Lateinamerikas.** Der Abstand zu den Nachbarländern ist allerdings seit den 1990er-Jahren kontinuierlich geringer geworden, auch wenn eingefleischte Cuba-Romantiker das nicht wahrhaben wollen.

An touristisch wichtigen Orten sorgt erhöhte **Polizeipräsenz** für die Sicherheit der Gäste. In der Altstadt von Havanna steht praktisch an jeder zweiten Straßenecke ein Hüter der öf-

Infos für LGBT+

Obwohl Homosexuelle auf Cuba keinen offenen Repressalien ausgesetzt sind und Übergriffe nur selten vorkommen, verhalten sich die meisten Schwulen und Lesben in der Öffentlichkeit recht diskret. Man wird kaum Schwulenbars finden, die auf den ersten Blick als solche erkennbar sind. Es gibt genügend öffentliche Plätze, an denen sich die Szene trifft. Angesichts der Aufgeschlossenheit der meisten Cubaner ist es nicht schwierig, die Lokalitäten privater Partys ausfindig zu machen.

In Havanna trifft sich das In-Publikum gerne im Stadtteil Vedado vor dem Cine Yara (s. S. 71), an der Ecke Calle 23 (La Rampa) und Calle L, außerdem La Rampa ein Stück weiter hinunter in Richtung Malecón 25*. Zu den bei Homosexuellen beliebten Stränden gehören derjenige direkt vor dem Restaurant Mi Cayito bei Santa María del Mar, außerdem El Chivo, kurz nach dem Tunnel unter dem Hafen von Havanna. Ein weiterer gern frequentierter Strand liegt in der Nähe des Schnittpunktes der Calle 16 mit der Avenida 1ra („Playita 16") in Miramar.*

fentlichen Ordnung (oft in Zivil) und an den Stränden läuft die *policía especializada* (Spezialpolizei) Patrouillen.

Natürlich gelten auch auf Cuba die **allgemeinen Verhaltensregeln.** Beispielsweise ist davon abzuraten, nachts allein und betrunken in finsteren Gegenden herumzustolpern. Die größte Gefahr für das Portemonnaie geht von **Taschendieben und Betrügern** aus. Also: Bargeld direkt am Körper tragen, Fremden gegenüber nicht

Cuba Slang

Selbst wenn man bereits etwas Spanisch spricht und vielleicht sogar schon einige Zeit in Spanien verbracht hat, wird man auf Cuba immer wieder mit umgangssprachlichen Äußerungen konfrontiert, die zwar fest im alltäglichen Sprachgebrauch verankert sind, *„pero uno mismo no entiende ni papa"* („aber man selbst versteht nicht einmal Kartoffel", also gar nichts). Cubaner sind wahrlich Meister im Erfinden und Verwenden kurioser Wörter und ausgefallener Redewendungen. Auch lieben sie es, bereits vorhandenen Begriffen weitere Bedeutungen zu geben.

Grundsätzlich spricht man sehr schnell und gerne werden Wörter weggelassen oder miteinander verbunden:

„Voy pa'llá" statt *„Yo voy para allá"* (Ich gehe dorthin). Spanier erklären gern scherzhaft, dass sie sich, um den für ihre Ohren genuschelten Klang der cubanischen Umgangssprache einigermaßen hinzubekommen, vorstellen müssten, eine große heiße Kartoffel im Mund zu haben.

Eine weitere Besonderheit der gesprochenen Sprache ist die inflationäre Verwendung von Verkleinerungen, Übertreibungen und Abkürzungen. Wer sich intensiver mit der cubanischen Umgangssprache auseinandersetzen möchte, kann auf den im REISE KNOW-HOW Verlag erschienenen Kauderwelsch-Sprachführer „Cuba Slang" (begleitender AusspracheTrainer erhältlich) zurückgreifen.

allzu vertrauensselig sein, spontane Heiratsanträge nicht ernst nehmen usw. Budget- und nervenschonend ist es ferner, stets etwas Kleingeld zur Hand zu haben, da z. B. Taxifahrer gerne mal über kein Wechselgeld verfügen.

Ein weiterer konkreter Hinweis: Wer für cubanische Verhältnisse halbwegs ausländisch aussieht, wird zum Beispiel auf dem Boulevard San Rafael [hl] in Centro Habana zu jeder Tages- und Nachtzeit von **jugendlichen Schleppern und Kleinganoven** angesprochen („Hello frengg, wer ju fromm?"), die unbedingt *chicas* (Mädchen), garantiert „echte" Zigarren oder ihre Großmutter verkaufen möchten. Wer sich auf eine Konversation einlässt, verliert wahrscheinlich Geld, ganz bestimmt aber seine gute Urlaubslaune. Es gilt daher: Ignorieren, selbst wenn die Herrschaften einem

041hv Abb.: om

⌃ *Wachleute sind immer und überall präsent*

ein kleines Stückchen hinterherlaufen. Wenn bei besonders hartnäckigen Vertretern dieser Spezies auch kein mehrmaliges *No, gracias* (Nein, danke) mehr hilft, ist die Drohung mit der Polizei *(policía)* angebracht.

Sprache

Sicher kann man Havanna durchaus auch ohne Spanischkenntnisse genussreich bereisen. Hotelangestellte und Touristenführer sprechen meist recht passabel Englisch, manchmal auch Deutsch, Französisch oder Italienisch. Und trotzdem: Reisende, die auf eigene Faust in den cubanischen Alltag eintauchen möchten, sollten sich mithilfe eines Intensivkurses an der Uni oder der Volkshochschule und/oder geeigneter Literatur und Tonträgern zumindest gewisse Grundkenntnisse aneignen – jedes zusätzliche Wort erspart Besuchern Kosten und Mühen!

Im Anhang ist eine **kleine Sprachhilfe** abgedruckt (s. S. 144). Für individuelle Ausflüge in abgelegenere Orte sind Spanischkenntnisse unerlässlich.

Telefonieren

Das staatliche Unternehmen ETECSA (s. S. 121) bietet Festnetz-Telefonie, Mobilfunk und Internetzugang aus einer Hand.

Cubanisch telefonieren

Öffentliche Telefone

Wer häufiger telefonieren möchte oder muss, sollte den Kauf einer sogenannten „**tarjeta telefónica propia**"-Telefonkarte in Erwägung ziehen, mit der man von nahezu je-

Telefonieren nach und in Havanna

Seit 2015 ist die **bisherige Vorwahl Havannas (7)** auch bei Ortsgesprächen mitzuwählen. Für Auslandsanrufe ergeben sich keine Unterschiede zu früher. **In diesem Buch ist die einstige Vorwahl schon in die Rufnummern integriert.**

❯ **Beispiel Wahlvorgang** von zu Hause/außerhalb des Landes ins Festnetz Havannas: 0053 (Cuba) 78669857 (Havanna).

❯ Bei cubanischen **Handynummern** muss 0 vorgewählt werden: (0) 53322359. Sie entfällt bei einem Anruf aus dem Ausland: 0053 53322359, ebenso beim Anruf vom (cubanischen) Handy.

❯ Für Telefonate **von Provinz zu Provinz**, z. B. von Havanna nach Varadero oder umgekehrt, ist stets eine 0 vorzuwählen. Nach und nach werden im ganzen Land die Vorwahlen in die dann stets achtstellige Festnetznummer integriert.

Wichtige Telefonnummern

❯ **ETECSA-Telefonauskunft:** 113 (landesweit)

❯ **Ambulanz** *(ambulancia):* 104 (landesweit) sowie 78381185 und 78382185

❯ **Giftnotruf** *(toxicología):* 72601230, 72608751, 72743008

❯ **Feuerwehr** *(bomberos):* 105 (landesweit)

❯ **Polizei** *(policía):* 106 (landesweit)

❯ **Asistur** (juristischer Beistand und Notfälle aller Art): 78668339

❯ **Aeropuerto Internacional José Martí:** 72664133

dem cubanischen Apparat aus zunächst die kostenlose 166 anruft, um dann den Kartencode (zwölf Ziffern) und schließlich die Nummer des gewünschten Gesprächspartners (jeweils abgeschlossen mit dem #-Symbol) einzugeben. Die Gebühren werden vom individuellen und jederzeit per „Scratchcard" (Codezahl freirubbeln) aufladbaren Kartenguthaben abgezogen. In den Geschäften der Telefongesellschaft ETECSA (*centros telefónicos/telepuntos*) bekommt man sowohl Propia-Karten für CUP (Inlandsgespräche) als auch für CUC (Auslandsgespräche).

Und **so wählt man ins Ausland:** Zunächst die 119, dann die Landeskennzahl. Für Anrufe nach Deutschland ist es die 49, nach Österreich die 43 und in die Schweiz die 41. Eine Minute beläuft sich auf 4 CUC oder mehr.

Private Anschlüsse

Ein Ortsgespräch von Festnetz zu Festnetz ist so preiswert, dass man sich nicht scheuen muss, cubanische Bekannte, etwa die Betreiber von Casas Particulares, um diesen kleinen Gefallen zu bitten.

Vom Hotel aus

Ein Gespräch nach Europa vom Hotel(zimmer) aus kostet ab 6 CUC pro Minute. Wer sich sein Telefonat von einem Operator vermitteln lässt, muss mit noch höheren Gebühren rechnen.

Mobil telefonieren

Innerhalb Cubas mit einer **in Europa erworbenen SIM-Karte** zu telefonieren, kostet sehr viel mehr, ebenso natürlich das Entgegennehmen von Anrufen, das Abhören der Mailbox und dergleichen. Kostenbewusste Cuba-

Freunde beschränken sich von vornherein auf das Versenden von SMS (nach Deutschland derzeit ab ca. 0,50 € pro SMS). Unbedingt vor der Abreise beim Anbieter zu allen Vertragsdetails erkundigen – manche Anbieter haben keine Roaming-Abkommen mit Cuba! Mit einer **cubanischen Prepaid-SIM-Karte** nach Europa zu telefonieren, ist ebenfalls teuer, eine SMS schlägt mit 1 CUC zu Buche. Tipp: Erste europäische Anbieter locken neuerdings mit Paketpreisen, z. B. für **mobiles Surfen** mit geringeren Datenmengen.

Handynummern sind achtstellig und beginnen stets mit einer 5. Für Anrufe aus dem Festnetz ins Handynetz muss stets die 0 vorgewählt werden.

Kostenfalle Datenroaming

Viele Reisende nutzen auch im Ausland eine **mobile Datenverbindung.** Dies ist jedoch häufig mit hohen Kosten verbunden. Man sollte daher vor der Reise bei seinem Netzbetreiber Informationen über evtl. günstigere Auslandsdatenpakete einholen oder zur Sicherheit die Mobile-Daten-Option deaktivieren und nur über WLAN-Netze (s. S. 121) ins Internet gehen.

Touren

Wer nicht pauschal reist, aber dennoch Wert legt auf eine geführte Tour durch die Stadt, ins Landesinnere (Viñales, Trinidad, Santiago usw.), an die Strände von Cayo Largo, Cayo Coco oder zu stadtnahen Zielen wie dem Nachtclub Tropicana oder dem Hemingway-Museum, kann sich an die meist von Cubatur (Tel. 78354155/60), Havanatur (Tel. 72019776/81) oder Gaviota Tours (Tel. 72094528) betriebenen **Touris-**

042hw Abb.: js

Uhrzeit

Der Unterschied zur Mitteleuropäischen Zeit (MEZ) bzw. zur Mitteleuropäischen Sommerzeit (MESZ) beträgt minus sechs Stunden (UTC–5).

Unterkunft

Es gibt in und um Havanna grundsätzlich zwei Möglichkeiten unterzukommen: **Touristenhotels** und **Privatzimmer (Casas Particulares)**. Letztere sind billiger und meistens auch charmanter.

musbüros in den großen Hotels, an die Infotur-Filialen (s. S. 118) oder an folgende **Veranstalter** wenden:

- •**215** [B3] **avenTOURa,** Edificio Bacardí, Oficina 208–209, Monserrate (Avenida de Bélgica) No. 261, Habana Vieja, Tel. 78632800, 78615629, www.aventoura. de, Mo–Fr 9–13 und 14–18, Sa 10–13 Uhr. Stadttouren und Exkursionen mit deutschsprachiger Reiseleitung, Vermittlung von Hotels und Mietwagen, Tauch-, Tanz- und Sprachschulen. Adresse in Deutschland: Rehlingstraße 17, 79100 Freiburg, Tel. 0761 2116990.
- •**216** [C3] **San Cristóbal Travel,** O'Reilly No. 102, Ecke Tacón, Habana Vieja, Tel. 78697490, www.viajessancris tobal.cu (Website nicht immer aufrufbar), Mo–Fr 9–17, Sa 9–14, So 9–12 Uhr. Eine Spezialität sind Stadttouren mit Schwerpunkten ab 15 CUC pro Person. Das Unternehmen unterhält einen kleinen Schalter (eigentlich nur einen Tisch) im nahen Hotel Ambos Mundos (s. S. 133).

Eine gute Möglichkeit, sich einen Überblick über die Stadt zu verschaffen, bieten die **Buses Turísticos** von HabanaBusTour (s. S. 139).

Touristenhotels

Havanna bietet eine große Zahl von Hotels aller Komfort- und Preisklassen und regelmäßig kommen neue hinzu, zuletzt u. a. das straßenblockgroße **Manzana Kempinski** zwischen Parque Central ⑱ und Calle Obispo ⑨. Vor allem in Strandressorts kann es sich lohnen, Halbpension (Frühstück und Abendessen) oder all inclusive *(todo incluído)* zu buchen.

Wichtige **Warnung:** Lassen Sie niemals Wertgegenstände auf dem Hotelzimmer zurück, sondern nutzen Sie den **Zimmersafe** (gegen einen Aufpreis von meist 2 CUC pro Tag) und/ oder den Hotelsafe an der Rezeption!

Wie es sich für ein sozialistisches Land gehört, sind alle cubanischen Hotels in staatlicher Hand. Die wichtigsten Betreibergesellschaften sind Grupo Cubanacán (große, verhältnismäßig moderne Hotels), Gran Caribe (Hotels in historischen Gebäuden und Ressorts), Horizontes (meist große

⌂ *Freiluftdoppeldecker der Route T1 von HabanaBusTour (s. S. 139)*

Hotels), Islazul (preisgünstige Hotels) und Hoteles Habaguanex (Hotels in restaurierten Kolonialpalästen der Altstadt). Cubas Touristenhotels werden oft von (ehemaligen) Armeeangehörigen geleitet, denen Cubas Staatsführung in besonderem Maße vertraut.

Casas Particulares

Wem Hotels zu teuer oder anonym sind, kann sich **bei cubanischen Privatleuten einmieten** und Havanna sozusagen „von innen" kennenlernen (s. S. 132). Die allermeisten Vermieter sind sehr hilfsbereit, geben Tipps für Ausflüge, gute (Privat-)Restaurants, preiswerte Transportmöglichkeiten usw.

Ein Vermieter *(arrendador)* muss eine Lizenz zum Vermieten besitzen. Wenn er an Ausländer vermieten darf, bekommt er einen auffälligen weiß-blauen Aufkleber für die Haus- bzw. Wohnungstür. Für Betriebswirte aus unseren Breiten kurios: Steuern und Abgaben berechnen sich nach dem Umsatz – und der darf von den gefürchteten *inspectores* ggf. auch geschätzt werden.

Eine offizielle Casa-Particular erkennt man erstens an dem beschriebenen **Aufkleber an der Wohnungstür,** zweitens an der unverzüglichen Eintragung der Gästedaten in das DIN-A4-große „Vermieter-Heft" *(libro del arrendador)* und drittens an der Aushändigung einer Quittung.

Unterkunftsempfehlungen

Die Auflistung empfehlenswerter Unterkünfte erfolgt geordnet nach Stadtteilen und beginnt grundsätzlich mit einem besonders charmanten *Casa Particular,* einer „Privatpension" (s. S. 132):

(s. S. 132)

Preiskategorien und telefonische Buchung

Die Preiskategorien sollen lediglich als Anhaltspunkte dienen, da die Unterkunftskosten saisonal bedingt schwanken (DZ pro Nacht).

€	bis 30 CUC
€€	bis 60 CUC
€€€	bis 100 CUC
€€€€	über 100 CUC

Wer telefonisch buchen will, denkt an die Landesvorwahl 0053 (siehe auch S. 128). Vom deutschen Festnetz aus ist der Anruf über eine Billig-Vorwahlnummer (Call-by-Call) wesentlich günstiger.

siehe auch S. 128

☑ *Die charmante Casa Particular Villa Alicia (s. S. 135) in Miramar*

043hv Abb.: js

Habana Vieja

In der historischen Altstadt befinden sich die meisten Sehenswürdigkeiten. Alles ist zu Fuß zu erreichen und die Atmosphäre kommt den gängigen Havanna-Klischees am nächsten. Viele Hotels sind in herrlich restaurierten Gebäuden untergebracht.

❯ In Habana Vieja betreibt die Familie von Kenia Santos Fernández **drei schöne Casas** mit jeweils vier Zimmern. Jedes Haus hat seine besonderen Vorzüge, doch allen gemein ist die günstige Lage im Norden der Altstadt. Kontakt zu allen drei Casas (frühzeitiges Reservieren ist angeraten und auch auf Deutsch möglich): Tel. 78600771, Mobil (0)52647686, www.pradocolonial.com.

Die drei Häuser im Einzelnen:

☎ **217** [B2] **Hostal del Ángel** €€, Cuarteles No. 118 e/Monserrate y Habana. **Erlesenes koloniales Ambiente:** Aus dem zweiten Stock des prächtigen Kolonialhauses genießen Gäste den Blick auf die Kirche Santo Ángel Custodio ❸ und die hübsche Plaza davor.

☎ **218** [B2] **Hostal Habana 101** €€, Calle Habana 101 (zweite Etage), Ecke Cuarteles. **Ein Haus für die ganze Familie:** Das Hostal öffnete seine Pforten im Sommer 2015. Seine Highlights sind der umlaufende Balkon und die Sonnenterrasse.

Was man über Havannas Casas Particulares wissen sollte

Der **Preis für eine Übernachtung** schwankt je nach Saison, Dauer des Aufenthaltes und Verhandlungsgeschick (Frühstück inklusive ist meistens machbar) **zwischen 25 und 40 CUC pro Zimmer und Nacht.** Sonstige Verpflegung kostet extra. Die Casas in Vedado und Miramar sind für gewöhnlich größer und teurer als die in der Altstadt und in Centro Habana. In Miramar gibt es Luxusunterkünfte, oft ganze Villen, manchmal sogar mit Gärtner und Pool für 100 CUC oder mehr pro Tag. Die in diesem Buch empfohlenen Privatunterkünfte sind gepflegt und sicher. Warmwasser, Klimaanlage sowie ein Bad mit WC und Dusche/Badewanne sind inzwischen Standard. Auch wird man Ihnen in aller Regel den Wunsch nach Mitbenutzung von Kühlschrank und Küche nicht abschlagen.

Dass die jeweiligen Besitzer und ihre Familienangehörigen ohne Ausnahme **freundlich und hilfsbereit** sind, ist zum einen auf die cubanische Gastfreundschaft zurückzuführen und hängt zum anderen damit zusammen, dass die jeweilige Familie im Normalfall ausschließlich oder ganz überwiegend von der Vermietung an Touristen lebt. Viele Gäste reisen mit dem Gefühl ab, in den Vermietern Freunde fürs Leben gefunden zu haben. Wer möchte, kann sich in Cuba von Casa zu Casa weitervermitteln lassen, denn jeder Betreiber einer Privatpension pflegt ein Sortiment mit **tarjeticas** (Visitenkärtchen) befreundeter Vermieter in anderen Landesteilen.

Die 5 CUC „**Kommission**", die ein Cubaner, der Sie in Havanna zu Ihrer Casa Particular bringt bzw. dorthin (weiter)vermittelt, pro Übernachtungstag erhält, wird – ohne dass Sie es bemerken werden oder verhindern könnten – auf den Übernachtungspreis aufgeschlagen. Dies gilt übrigens auch, wenn der Besitzer einer belegten Casa mit Ihnen drei Häuser weiter zu einer freien Unterkunft spaziert. Also: Ausgewählte Adresse

Die Werkstatt des Skulpteurs Carlos Planas befindet sich gleich nebenan, ebenso die kleine, aber feine Trattoria 5 Esquinas.

☎**219** [A2] **Casa Prado Colonial** €€, Paseo de Martí (Prado) No. 110 e/Refugio y Genios. **Top-Lage:** Das Haus ist ebenerdig zugänglich und liegt auf der Grenze zum Stadtteil Centro Habana an der Flaniermeile Prado **19**.

☎**220** [C4] **Casa Mercy y Vlady: La Puerta Blanca** €, Cuba No. 505 e/Teniente Rey y Muralla, Tel. 78672736. **Im Herzen der Altstadt:** Russischlehrerin Mercy residiert unweit der Plaza Vieja im zweiten Stock eines 1870 errichteten Gebäudes.

unbedingt ohne hilfsbereite Begleiter ansteuern oder sich an einem telefonisch vereinbarten Treffpunkt vom Vermieter abholen lassen!

*Noch ein Wort zum „Kommissions-Unwesen": Ohne Zweifel sind Cubaner ein besonders freundlicher Menschenschlag. Preisbewusste Reisende sollten auf Cuba dennoch an das **ungeschriebene und stets eingehaltene Gesetz der „comisión"** denken. Dieses besagt, dass jede Person, welche ein Geschäft (Casa Particular, Paladar, Privattaxi, Zigarren usw.) zwischen einem Einheimischen und einem Touristen anbahnt, von erstem einen bestimmten Betrag einfordern darf und auch erhalten wird. Seien Sie diesbezüglich nicht zu blauäugig! Die „hilfsbereiten" jungen Männer, die an den Rändern der Altstadt und anderswo fröhlich um Touristen herumwuseln, würden diese nicht mal mit dem Hintern anschauen, wenn keine Aussicht auf den **schnellen Peso** bestünde.*

072hv Abb.: js

Geräumige Zimmer mit Gemeinschaftsbad. Große Sonnenterrasse auf dem Dach. Kleiner Supermarkt (Mercadito 510, geöffnet: tägl. 9 – 21 Uhr) schräg gegenüber.

🏨**221** [C3] **Ambos Mundos** €€€, Calle Obispo No. 153, Ecke Mercaderes, Tel. 78609529/30, www.hotelambosmundos-cuba.com. **Logieren wie Hemingway:** Das vom Nobelpreisträger in den 1930er-Jahren bewohnte Zimmer 511 kann besichtigt werden (2 CUC). Nach einer Fahrt mit dem nostalgischen Scherengitter-Aufzug genießt man den Ausblick vom Außenbereich des Dachterrassen-Restaurants auf einen Teil der Altstadt.

🏨**222** [C3] **Florida** €€€, Calle Obispo No. 252, Ecke Calle Cuba, Tel. 78624127, www.hotelfloridacuba.com. **Konservierte Kolonialzeit:** In den 1830er-Jahren als Residenz eines wohlhabenden Kaufmanns in reinem Kolonialstil errichtet, erstrahlt das dreistöckige Florida heute wieder in alter Pracht. Mit elegantem Hotelcafé im Erdgeschoss.

🏨**223** [A3] **Parque Central** €€€€, Neptuno e/ Paseo de Martí (Prado) y Agramonte (Zulueta), Tel. 78606627, www.hotelparque

▵ *Gedeckter Frühstückstisch in der Casa Particular Hostal del Ángel*

central-cuba.com/de. **Zentral und gedie-gen:** Dieses Top-Hotel am gleichnamigen Park lässt hinsichtlich Ausstattung und Serviceangeboten keine Wünsche offen: Businesscenter, Konferenzräume, Fitnessstudio usw. Das hoteleigene Restaurant bekommt hervorragende Kritiken, ebenso das Frühstücksbüffet (für Nicht-Hotelgäste 15 CUC, tägl. 7 – 10 Uhr). Swimmingpool mit Bar auf dem Dach.

🏨 **224** [D3] **Santa Isabel** €€€€, Baratillo No. 9 e/Obispo y Narisco López, Tel. 78608201, www.hotelsantaisabel.com. **Prächtiger Stadtpalast:** Das Hotel beherrscht die Ostseite der Plaza de Armas ❼ und hat schon viele prominente Gäste beherbergt. Die großen Zimmer im zweiten Stock bieten Balkonblick über die Plaza.

🏨 **225** [A4] **Saratoga** €€€€, Paseo de Martí (Prado) No. 603, Ecke Dragones, Tel. 78681000, www.hotel-saratoga.com. **Luxushotel aus den 1930er-Jahren:** rund 100 Zimmer, mehrere Suiten und Annehmlichkeiten wie Fitnesscenter und Jacuzzi. Die beiden Hotelrestaurants sind so herausragend wie kostenintensiv. Dachterrasse mit Pool und freier Sicht auf das Capitolio.

🏨 **226** [A3] **Sevilla** €€€, Trocadero No. 55 e/Paseo de Martí (Prado) y Agramonte (Zulueta), Tel. 78608560, www.hotel sevilla-cuba.com. **Wie eine Stadt in der Stadt:** Das 1908 fertiggestellte Großhotel in einer Seitenstraße der Flaniermeile Prado bietet Sauna, Fitnessklub, Mietwagenschalter, ein Geschäft für Kinderbedarf und vieles mehr.

Centro Habana

In diesem an klassischen Sehenswürdigkeiten armen Stadtteil sind vor allem die in der Nähe des Prado ⓳ und des Malecón ㉕ gelegenen Unterkünfte interessant.

🏨 **227** [A1] **Casa Miriam Nacer** €-€€, Malecón No. 51, Ecke Carcel (11. Stock mit Fahr-stuhl), Tel. 78615988. **Hoch hinaus:** Das zwölfstöckige Gebäude wird über den Hof betreten (von der Calle San Lázaro, Parken ab 1 CUC). Miriam ist Künstlerin und Herrin über zwei Privatzimmer mit Doppelbetten und jeweils eigenem Bad. Atemberaubender Blick auf Stadt und Meer. Es gibt noch weitere Privatzimmer im selben Hochhaus.

🏨 **228** [hl] **Deauville** €€-€€€, Avenida de Italia (Galiano), Ecke Malecón, Tel. 786688-12/13. **Planschen mit Aussicht:** Fast 150 Zimmer mit Balkon finden sich in diesem Art-déco-Hochhaus direkt am Malecón. Nachtklub und Terrasse im 6. Stock mit Pool und Fernsicht.

🏨 **229** [A3] **Inglaterra** €€€, Paseo de Martí (Prado) No. 416 e/San Rafael y Neptuno, Tel. 78608594/97, www.hotel inglaterra-cuba.com. **Tradition und Moderne:** Das 1875 errichtete Inglaterra ist auch wegen seiner exponierten Lage neben dem Gran Teatro ㉓ das bekannteste neoklassizistische Hotel Havannas. Der Außenbereich des Café Louvre befindet sich zu beiden Seiten des Haupteingangs. Dachterrasse mit Bar.

Vedado

Im mondänen Vedado konzentriert sich Havannas Nachtleben. Wer gerne zu Fuß unterwegs ist, kann auch noch von hier aus in die Altstadt schlendern, etwa entlang der Uferpromenade Malecón ㉕.

🏠 **230** [fk] **Casa Leo** €€, Calle 19 No. 154 e/Calles L y K, Tel. 78328311, www.leo renthouse.com. **Familienfreundlich:** vier Zimmer in einer hübschen Villa, manche mit Zugang zum großen Balkon.

🏠 **231** [el] **Casa Mary y Sixto** €€, Calle F No. 609 (Apartamento 7) e/Calles 25 y 27, Tel. 7854279. **Mitten im Trubel und trotzdem ruhig:** Nicht weit von der geschäftigen Calle 23 (La Rampa) vermieten Mary und ihre Familie drei Schlafzimmer sowie eine weitere Unterkunft im selben Gebäude, weshalb die Unterkunft auch für größere Gruppen interessant ist. Eigener Eingang.

232 [fl] **Hotel Habana Libre** €€€€, Calle L e/Calles 23 (La Rampa) y 25, Tel. 78346100, www.hotelhabanalibre.com. **Havannas einstiges Hilton:** Der Clou im höchsten Hotel Havannas ist natürlich der Panoramablick. Restaurant und Bar in der obersten Etage stehen auch Gästen offen, die nicht im Habana Libre logieren.

26 [fk] **Hotel Nacional de Cuba** €€€€, Calle O, Ecke Calle 21, Tel. 783635-64/67, www.hotelnacional-cuba. com. **Weitläufige Außenanlage:** Der palastartige Bau liegt unweit von La Rampa (Calle 23) auf einem Felsen über dem Malecón und umfasst mehr als 400 relativ schlicht ausgestattete Zimmer und Suiten sowie eine Präsidentensuite. Sehenswerte Shows im angeschlossenen Cabaret Parisién (s. S. 69).

233 [fk] **Hotel Saint John's** €€, Calle O No. 206 e/Calles 23 y 25, Tel. 78333740. **It's Showtime:** Die nach Westen gelegenen Zimmer der höheren Stockwerke bieten einen herrlichen Ausblick hinüber zum Malecón. Das in der obersten Etage untergebrachte Cabaret Pico Blanco – Rincón del Feeling (s. S. 69) begeistert Einheimische wie Ausländer mit kleinen Revues, Comedy etc.

Miramar

Im eleganten Viertel Miramar finden Reisende die Ruhe und Erholung, die sie in Habana Vieja und Centro Habana oftmals vergeblich suchen. Weit entfernt von den meisten Sehenswürdigkeiten und Stätten touristischer Unterhaltung ist man hier auf Transportmittel angewiesen. Einige Hotels und Privatunterkünfte gehören in die Kategorie „Deluxe".

234 [bn] Villa Alicia (Señora Marta Lourdes) €€, Avenida 33 No. 3407 e/ Calles 34 y 36, Tel. 72038253, Mobil (0)52701020. **Grüne Villenidylle:** Mathematik-Professorin Marta (spricht fließend Deutsch) vermietet zwei kleine Wohnungen mit jeweils separatem Eingang. Das Frühstück wird im gepflegten Garten serviert. Besonderheit: Marta leiht ihren Gästen auf Wunsch cubanische SIM-Cards.

235 Comodoro €€, Avenida 3ra, Ecke Calle 84, Tel. 72045551. **Zweckmäßige Lage:** Direkt am Meer gelegen, wartet das Comodoro u. a. mit zwei großen Pools auf. Über 350 Zimmer im vierstöckigen Hauptgebäude und den angrenzenden Bungalows.

236 Meliá Habana €€€€, Avenida 3ra e/Calles 76 y 80, Tel. 72048500, 72045577, www.meliacuba.com/cuba-hotels/hotel-melia-habana. **Wohlfühlen und genießen:** Die imposante Lobby, das moderne Fitnesscenter, Cubas größter Stadthotel-Pool, viele weitere Annehmlichkeiten und fast 400 Zimmer mit Balkon zeichnen das elfstöckige Edelhotel aus.

Playas del Este

Für einen Strandurlaub mit gelegentlichen Ausflügen in die City lasst man sich an den Oststränden nieder. In der Hochsaison ist das Örtchen Santa María del Mar am touristischsten. In der Nebensaison, beispielsweise Anfang November, herrscht hier „tote Hose" Nach Guanabo zieht es, wer den Kontakt zu Einheimischen in einem Küstenort sucht.

237 Casa Walfrido €-€€, Calle 470 No. 705 e/Avenidas 7ma y 9na, Guanabo, Tel. 77963890, Mobil (0)52745510. **Strandnah:** Walfrido und seine Familie vermieten die gesamte obere Etage ihres Hauses. Moderne Einrichtung und kleine Terrasse. Nur fünf Gehminuten vom Strand entfernt. Zum Klub Guanimar (s. S. 70) ist es auch nicht weit. Weitere Casas in derselben Straße.

🏨 **238** Tropicoco €€€, Avenida de Las Terrazas, Ecke Avenida de las Banderas, Santa María del Mar, Tel. 779713-71/73. **Aktiv und sportlich:** Überwiegend von Pauschalurlaubern gebuchtes, sechstöckiges Hotel in Dunkelblau. Mit zwei Pools, diversen Shops, Tennisplätzen und einem Mietwagenschalter. Zum gepflegten Sandstrand läuft man nur zwei Minuten.

Verhaltenstipps

Die Gepflogenheiten auf Cuba unterscheiden sich in Vielem stark von dem, was man als Mitteleuropäer gewohnt ist. Wie in allen wirtschaftlich vergleichsweise wenig entwickelten Ländern besteht ein krasser Gegensatz zwischen dem **Lebensstandard** der Bevölkerung und dem von ausländischen Besuchern. Vielleicht denken Sie daran, wenn Sie sich über allzu hartnäckige oder trickreiche Versuche ärgern, an ihr Geld zu kommen. Man sollte sich auch bewusst machen, dass man als ausländischer Tourist wesentlich mehr Rechte hat als das Gros der von Seiten ihres Staates nach wie vor gut überwachten cubanischen Bevölkerung.

Die meisten Cubaner sind ausgesprochen **aufgeschlossene und höfliche Menschen.** Man ist tolerant gegenüber anderen Lebensgewohnheiten, Sitten und Ansichten. Die Toleranz findet allerdings dort ihre Grenze, wo sich der Ausländer abfällig über den cubanischen Entwicklungsweg äußert. **Kritik von außen** verletzt den Stolz vieler Cubaner, auch wenn nicht gerade wenige ihrer derzeitigen Staatsführung skeptisch-distanziert gegenüberstehen. Als ebenso unangenehm wird empfunden, wenn der naseweise Europäer alles mit der ei-

KURZ & KNAPP

Prostitution

Prostitution *(jineterismo)* ist in Havanna trotz strikten Verbots ein unübersehbares Phänomen: *Las necesidades obligan* – die Bedürfnisse zwingen, wie es auf gut Cubanisch heißt. Die Grenze zwischen berufsmäßigem Anschaffen und einer lockeren Affäre mit einem Ausländer ist dabei oft schwer zu ziehen, vor allem wenn nicht Bargeld, sondern Sachgüter den Besitzer wechseln. Ein im großen Stil organisiertes Bordellwesen mit mafiösen Strukturen ist auf Cuba seit der Revolution unbekannt.

Gegen Straßenprostitution geht die Polizei mit verschiedenen Maßnahmen vor: Verdächtige Damen müssen häufige Personenkontrollen und Befragungen über sich ergehen lassen. Glauben die Beamten, eine professionelle *jinetera* (wörtlich: Reiterin) überführt zu haben, drohen ihr kostenpflichtige Verwarnungen, Umerziehungslager und Gefängnis.

genen Elle misst. Gute Ratschläge können zwar Gold wert sein, doch auch Cubaner holen sich diese lieber selbst ein. Für Vergleiche à la „wir machen das aber folgendermaßen" hat man kein Verständnis. Cubaner wissen selbst am besten, dass sie in einem **Entwicklungsland** leben, wo es an Vielem fehlt, und empfinden es als ausgesprochen unangenehm, von Ausländern darauf hingewiesen zu werden. Natürlich macht der Ton die Musik, und es kommt im Falle eines Falles entscheidend auf die Formulierung und die Vertrautheit der Gesprächspartner an.

Als äußerst zäh und unangenehm können sich Auseinandersetzungen mit dem **bürokratischen Apparat** er-

Verkehrsmittel

045hv Abb.: js

Viele der Vehikel auf Havannas Straßen sind Marke Eigenbau. Trotz Er-
satzteilmangel und Benzinknappheit
ist der Verkehr tagsüber sehr dicht.
Die **Verkehrsregeln** sind denen im
deutschsprachigen Raum im Großen
und Ganzen vergleichbar. Fußgänger-
unterführungen fehlen und man sollte sich nie darauf verlassen, dass der
motorisierte Verkehr Fußgängern an
Zebrastreifen den Vortritt lässt. Da
es weder U- noch S-Bahn noch Tram
gibt, ist man auf folgende Transportmittel angewiesen:

Bicitaxis

Diese dreirädrigen, oft fantasievoll
dekorierten **Fahrrad-Rikschas** sind
stets mit einem Dach und manchmal
auch mit einer von einer Autobatte-
rie gespeisten Soundanlage ausgestattet. Sie eignen sich vor allem für
kurze Strecken. Der Fahrpreis ist Verhandlungssache, wird für Ausländer
aber nicht unter 1,50 CUC pro Kilometer liegen.

Cocotaxis

Die **knallgelben motorisierten Drei-
räder** sind im Straßenbild nicht zu
übersehen. Sie bieten mindestens
zwei Passagieren luftige, aber über-
dachte Sitzplätze. Wie auch die Bicitaxis werden sie von *cuentapropistas*
genannten selbstständigen Kleinun-
ternehmern gelenkt. Den Preis ver-
einbart man, wie auch bei Taxis ohne
Taxameter und bei Bicitaxis, stets *vor*
Fahrtantritt. Es gibt feste Stellplätze,
z. B. vor den großen Hotels, aber natürlich können vorbeifahrende Cocotaxis auch von der Bordsteinkante
aus herangewunken werden. **Tipp:**

weisen. Die erfolgversprechendste
Vorgehensweise sind ein nettes Wort
und ein Lächeln. Auf Cuba herrscht
oft die gleiche „Mañana-Mentalität"
(morgen, morgen, nur nicht heute!)
wie in anderen lateinamerikanischen
Ländern. Aber letztendlich gilt: Keine
Panik! Alles Wichtige, was passieren
muss, klappt am Ende dann meistens
doch wie von selbst.

Bei Vielem, was dem ausländischen Reisenden auf Cuba wider-
fährt, spielen **materielle Überlegun-
gen** (z. B. die Aussicht auf Trinkgel-
der) oder der **Wunsch, das Land zu
verlassen,** eine erhebliche Rolle.

⌃ *Mit Muskelkraft durch Havanna:
ein Bicitaxi*

Lassen Sie sich den Malecón ❷❺ entlangchauffieren, z. B. von der Calle 23 (La Rampa) beim Hotel Nacional ❷❻ in Richtung Habana Vieja. Ab 5 CUC aufwärts.

Kutschen

Für eine halbstündige Fahrt mit einer der unter anderem an der Plaza de Armas ❼ in Habana Vieja und am oberen Ende des Paseo de Martí (Prado) bereitstehenden Pferdekutschen (coche) zahlt man ab ca. 10 CUC.

Ómnibuses Metropolitanos (OM)

Guaguas nennen Habaneros die regulären **weiß-blauen Stadt-Omnibusse** (ómnibuses metropolitanos). Eine Fahrt kostet 40 Centavos Cubanos, umgerechnet also etwa einen halben Euro-Cent. Den Fahrpreis sammelt meist eine den Busfahrer begleitende Person beim Einsteigen oder während der Fahrt ein.

Zu den Hauptverkehrszeiten bilden sich an den Haltestellen lange Warteschlangen. Eingestiegen wird immer

047hv Abb.: js

vorne. Da trotz des recht weitläufigen Nahverkehrsnetzes keine regulären Busfahrpläne ausgehängt werden, ist für Havanna-Neulinge „Durchfragen" angesagt. Da der Linienbus – so er denn kommt – oft nicht alle wartenden Passagiere aufnehmen kann, ist gelegentlich mit erheblichen Wartezeiten zu rechnen.

Die für Touristen **interessanteste Stadtbuslinie** mit Endhaltestellen in Habana Vieja ist die **No. 400:** Guanabo (Playas del Este) – Avenida de Bélgica (Monserrate), Ecke Dragones. Sie verkehrt im 30-Minuten-Takt und stellt die mit weitem Abstand kostengünstigste Möglichkeit dar, um an die Playas del Este ❹❷ zu kommen.

Metrobusse

Die Metrobuslinien sind für den Pendelverkehr unentbehrlich und schlagen pro Fahrt mit 40 Centavos Cubanos zu Buche. Metrobusse sind größer als Ómnibuses Metropolitanos und verbinden Havannas Zentren auch mit entfernteren Vororten. An den Haltestellen (paradas) können oft nur so viele Personen zusteigen wie aussteigen.

Mehrere Linien haben ihre Endhaltestelle am Parque de la Fraternidad ❷❶. Die ersten, umgangssprachlich übrigens „Kamele" (camellos) genannten, Metrobusse starten um 4 Uhr morgens, letzte Abfahrt ist um 22 bzw. 23 Uhr. Im Metrobus achtet man besonders gut auf seine Wertsachen. Wie etwa auch beim Besuch

▷ *Havannas Stadt-Omnibusse sind äußerst preisgünstig*

◁ *Knallgelbe Cocotaxis (s. S. 137) knattern durch die Altstadt*

von Großveranstaltungen deponieren viele Cubaner ihr Bargeld vor Fahrtantritt in den Schuhen! Weniger voll und manchmal sogar klimatisiert sind auf wichtigeren Metrobus-Routen die „guaguas por 5 pesos" genannten **Transmetro-Busse** unterwegs. Wie die Bezeichnung verrät, kostet die Fahrt 5 Pesos Cubanos. **Tipp:** Bei Infotur liegt manchmal ein Streckennetz-Faltplan zur Mitnahme aus: „Por La Habana en P" bildet die Routen der 17 Buslinien von PC bis P16 ab.

054Ihv Abb.: js

Buses Turísticos (HabanaBusTour)

Von europäischen Metropolen abgeschaut haben sich die Cubaner die Etablierung von in rot (und etwas blau) gehaltenen **Touristenbussen**, die seit 2008 nach dem **Hop-on-Hop-off-Prinzip** auf festen, für Havannabesucher besonders interessanten Routen unterwegs sind. Man erwirbt ein Tagesticket für 10 CUC (Linie T1) bzw. 5 CUC (Linie T3) – Kinder bis 6 Jahre, die von derselben Anzahl Erwachsener begleitet werden, gratis – und steigt so oft ein und aus, wie man möchte. **T1** verbindet die Altstadt über den Parque Central ⓲ und die Plaza de la Revolución ㉙ mit Vedado und **T3** verkehrt zwischen dem Parque Central und den Strandgebieten der Playas del Este ㊷. **T2** verband Miramar, die Plaza de la Revolución ㉙ und Vedado, pausiert derzeit (2018) aber. Die Busse starten von 9 bis mindestens 18 Uhr im 25- bis 40-Minuten-Takt. **Achtung:** Routenführung und Preisgestaltung ändern sich gelegentlich! Bei der wichtigen Haltestelle an der Westseite des Parque Central ⓲ gegenüber dem Eingang des Hotel Inglaterra berühren sich die Linien T1 und T3.

Taxis

Bei längeren Strecken kann es sich lohnen, den Preis vorher auszuhandeln. Bei Kurzstrecken (unter 10 km) unbedingt darauf achten, dass das **Taxameter** (taxímetro) bei Antritt der Fahrt eingeschaltet wird, da es andernfalls am Zielort zu unangenehmen Preisverhandlungen kommen kann. Innerhalb der Stadt sollen derzeit (2018) die Fahrzeuge von **Cubataxi** (zentrale Rufnummer 78555555) die günstigsten sein. Preisbeispiel: Vedado – Altstadt ab 6 CUC.

Particulares (Privat-Taxis)

Taxis particulares oder einfach nur particulares nennt man die von Selbstständigen gesteuerten Privat-Taxis – wobei es sich häufig um Ladas, Moskwitschs oder amerikanische Oldtimer aus den 1950er-Jahren (s. S. 33) in abenteuerlichem Zustand handelt. Lizenzierte particulares schrauben sich während der Dienstzeit in aller Regel einen „TAXI"-Aufsatz aufs Dach. **Tipp:** Lieblings-Oldtimer-Taxi bei der Plaza de San Francisco ⓫, vor dem Capitolio ⓴, am Parque de la Fraternidad ㉑ oder vor dem Hotel Parque Central (s. S. 133) mitsamt Chauffeur für mehrere Stunden zu einem vor Fahrt-antritt vereinbarten Preis anmieten und sich entspannt zu Sehenswürdigkeiten in den Vororten schaukeln lassen.

Sammeltaxis

Sammeltaxis werden *colectivos* oder auch *máquinas (particulares)* bzw. *almendrones* genannt. Oft handelt es sich um **riesige Amischlitten** aus vorrevolutionärer Zeit mit einem Austauschmotor sowjetischer Produkti-on. Sie befahren grundsätzlich feste Routen, passieren gerne Bushalte-stellen und halten auf Zuruf. Der reguläre Preis für eine Fahrt von einem Stadtteil in den nächsten liegt bei ca. 10 Pesos Cubanos. Als Ausländer muss man darauf gefasst sein, einen erhöhten Fahrpreis in Rechnung gestellt zu bekommen – das gilt v. a. für den Zustieg beim Parque de la Fraternidad **㉑**, wo viele Sammeltaxis starten. Häufig kassiert ein Gehilfe des Fahrers.

Mietwagen

Sich vor Ort um einen Mietwagen zu kümmern, etwa bei den bekanntesten Anbietern REX (www.rex-rentacar.com, Tel. 72739166) und Transtur/Cubacar/Havanautos (www.transtur.com, Tel. 78350000), ist in aller Regel (deutlich) teurer als eine Buchung von zu Hause aus, beispielsweise über www.islands-and-more.de.

Die meisten Anbieter verlangen als **Kaution** einen Blanko-Abzug der Kreditkarte oder einen dreistelligen CUC-Betrag in bar. Es gibt eine ganze Reihe von Mietwagengesellschaften. Die meisten haben auch Geschäftsstellen in großen Hotels und in der Nähe der internationalen Flughäfen. Vom Kleinstwagen (Daewoo Tico, Hyundai Atos usw.) über chinesische Mittelklassemodelle (Geely) und französische Cabrios bis zu Luxuskarossen und Kleinbussen wird alles geboten. Mit einigem Zeitaufwand für umfassenden Preisvergleich und abhängig von der Mietdauer kann man in der Nebensaison mit Angeboten **ab 50 CUC pro Tag** rechnen. Die (obli-

---

Cubanische Nummernschilder

Auto-Nummernschilder beginnen mit einem Buchstaben, dem fünf oder sechs Ziffern folgen. Linksseitig steht senkrecht CUBA auf weißem Untergrund. Der Buchstabe gibt Aufschluss über die Nutzung:

> **P** Particular (privat)
> **B** Staatsdienst
> **T** Mietwagen
> **M** MinInt (Innenministerium)
> **F** FAR (Militär)

046nv Abb.: oem

◁ *Oldtimer in der Altstadt*

gatorische) Vollkaskoversicherung kostet unter Umständen extra. Der Zustand des Fahrzeugs, der Bordwerkzeuge, das Vorhandensein des Tankdeckels, des Zigarettenanzünders usw. sollten vor der Übernahme akkurat geprüft und eventuelle Schäden/Mängel reklamiert und in das Übergabeprotokoll aufgenommen werden.

Fahrrad-Verleih

● **239** [A2] **Havana Bikes,** Consulado No. 61, e/Genios y Refugio, Tel. 78676782, Mobil (0)53062175, www.havanabikes.com, geöffnet tgl. 8–19 Uhr. Mountainbikes für Havannas Großstadtdschungel. Preis nach Zeit gestaffelt, z. B. eine Stunde 4 CUC, ein Tag 15 CUC, eine Woche 75 CUC.

Landesweite Buslinien (Víazul und Astro)

Víazul- und Astro-Überlandbusse, die alle größeren Städte Cubas miteinander verbinden, verkehren vom in der Nähe der Plaza de la Revolución ㉙ gelegenen **Terminal de Ómnibuses Nacionales/Interprovinciales** (s. S. 109).

Achtung: Für Víazul ist dieser nicht der Hauptterminal, allerdings passieren ihn die bei der Zentrale (Avenida 26, Ecke Zoológico, Nuevo Vedado) abgehenden bzw. ankommenden Busse meistens. Im Bedarfsfall sicherheitshalber bei der Reservierung/Buchung abklären! Kontaktdaten und weitere wichtige Hinweise s. S. 108.

Züge

Wer auf Cuba mit dem Zug fährt, sollte viel Optimismus mitbringen und sein Gepäck nie aus den Augen lassen! Die Preise sind moderat, obwohl Ausländer wesentlich mehr für ein Ticket zahlen als Cubaner. Mit Verzögerungen und Zugausfällen ist stets zu rechnen. In Havanna gibt es vier Bahnhöfe, die meisten Züge starten vom **Hauptbahnhof** (Estación Central de Ferrocarriles ⑯). Der elektrifizierte Hershey Train nach Matanzas ㊸ startet mehrmals täglich von der **Estación Casablanca** auf der anderen Seite des Hafenbeckens.

Versicherungen

Unverzichtbar ist eine **private Auslandskrankenversicherung**, die im Falle eines Falles auch die Kosten eines Rücktransportes abdeckt, da die Kosten für eine Behandlung in Cuba von den gesetzlichen Krankenversicherungen in Deutschland und Österreich nicht übernommen werden. Diese Versicherungen sind z. B. in Deutschland ab ca. 10 € (Jahresversicherung) durchaus bezahlbar. **Schweizer** sollten bei ihrer Krankenversicherungsgesellschaft nachfragen, ob eine Auslandsdeckung für Cuba inbegriffen ist. Falls nicht, kann man sich kostenlos bei Soliswiss (www.soliswiss.ch) informieren.

Zur Erstattung der Kosten benötigt man **ausführliche Quittungen** (unbedingt mit Datum, Diagnose, Namen der Ärzte und des oder der Behandelten, Bericht über Art, Umfang sowie Kosten der Behandlung und der verordneten Medikamente).

Bei weiteren Versicherungen, etwa einer Reiserücktritts-, Reisegepäck-, Reisehaftpflicht- oder Reiseunfallversicherung, sind besonders die Ausschlussklauseln zu beachten und individuell abzuklären.

Wetter und Reisezeit

In Cuba herrscht **randtropisch-feuchtheißes Seeklima** mit einer Durchschnittstemperatur zwischen 21 °Celsius (Februar) und 33 °Celsius (August) tagsüber und einer durchschnittlichen jährlichen Niederschlagsmenge von 1600 mm.

Die Monate **Mai bis Oktober** sind stets sommerlich warm, wobei es im Südosten der Insel meistens noch ein paar Grad heißer ist als im Westteil. In diese Zeit fallen auch die heftigsten, meist eher kurzen Niederschläge. Die durchschnittliche Luftfeuchte von 80–90 Prozent ist am besten an den vom Seewind gekühlten Stränden der Nordküste zu ertragen.

Von **Ende August bis einschließlich November** ist in der Karibik **Hurrikan-Saison:** Von starkem Niederschlag begleitete Tiefdruckwirbel *(ciclón/huracán)* erreichen dann auch Cuba. Aktuelle Berichte und Vorhersagen unter www.nhc.noaa.gov. Die Sachschäden, die ein über Cuba hereinbrechender Hurrikan anrichtet, sind stets enorm. Menschen kommen dank des vorbildlichen Frühwarnsystems verhältnismäßig selten zu Schaden.

Von **November bis April** herrscht kühleres und trockeneres Klima als in den Sommermonaten. Vor allem an der Nordwestküste, einschließlich Havanna und Varadero, kann die Temperatur dann aufgrund der gefürchteten winterlichen Nordwinde *(nortes)* nachts auch unter unter 15 °Celsius fallen.

Für einen Cuba-Trip besonders empfehlenswert sind die Monate Oktober, November und Februar bis April (mit Ausnahme der Wochen um Ostern), da diese in die Nebensaison fallen (günstigere Preise, kürzere Wartezeiten usw.), verhältnismäßig niederschlagsarm sind und man sich elegant den europäischen Sommer bzw. Frühling „verlängert".

Das subtropische Klima erlaubt es, Cuba das ganze Jahr über in **Sommerkleidung** zu genießen, zumindest tagsüber. Für die Abendstunden, den Aufenthalt in Gebäuden und Transportmitteln mit Klimaanlage und an manchen Tagen im Dezember, Januar und Februar sollte man einen Pulli und lange Hosen dabeihaben.

Durchschnitt	**Wetter in Havanna und Varadero**											
Maximale Temperatur	26°	26°	28°	29°	30°	31°	31°	32°	31°	29°	28°	27°
Minimale Temperatur	19°	19°	20°	21°	22°	23°	24°	24°	24°	23°	21°	20°
Regentage	5	5	3	3	6	10	7	9	10	11	6	5
Wassertemperatur	25°	24°	24°	26°	27°	27°	28°	28°	28°	28°	27°	27°
	Jan	Febr	März	Apr	Mai	Juni	Juli	Aug	Sept	Okt	Nov	Dez

ANHANG

005hv Abb.: js

Kleine Sprachhilfe Spanisch

Allgemeine Redewendungen

Begrüßen und Verabschieden

Hallo.	*Hola.*
Guten Morgen.	*Buenos días.*
Guten Tag.	*Buenas tardes. (ab 12 Uhr)*
Guten Abend./Gute Nacht.	*Buenas noches.*
Wie geht es Ihnen?	*¿Cómo está usted?*
Wie gehts?	*¿Qué tal?*
Danke, sehr gut.	*Muy bien, gracias.*
Auf Wiedersehen.	*Hasta la vista.*
Bis bald/morgen.	*Hasta luego/mañana.*
Gute Reise.	*Buen viaje.*

Weitere wichtige Wendungen

Geben Sie mir bitte ...	*Déme por favor ...*
Ich möchte/wünsche ...	*Quiero/Deseo ...*
Danke. – Bitte.	*Gracias. – De nada.*
Entschuldigung.	*Perdón.*
Es tut mir sehr leid.	*Lo siento mucho.*
Das macht nichts.	*No pasa nada.*

Verständigung

Sprechen Sie Deutsch/Englisch?	*¿Habla usted alemán/inglés?*
Ich spreche kein Spanisch.	*No hablo español/castellano.*
Ich verstehe Sie nicht.	*No le entiendo.*
Sprechen Sie bitte etwas langsamer.	*Por favor, hable un poco más despacio.*
Wie heißt das?	*¿Cómo se llama esto?*

Smalltalk

Wie ist Ihr Name?	*¿Cómo se llama usted?*
Wie heißt du?	*¿Cómo te llamas?*
Ich heiße ...	*Me llamo ...*
Sehr angenehm.	*Encantado./Encantada./Mucho gusto.*
Ich freue mich, Sie kennenzulernen.	*Encantado/a de conocerle.*
Möchten Sie etwas trinken?	*¿Quiere tomar algo?*
Woher kommst du?	*¿De dónde eres?*
Ich komme aus ...	*Soy de ...*
... Deutschland.	*... Alemania.*
... Österreich.	*... Austria.*
... der Schweiz.	*... Suiza.*

Unterwegs

Wie kommt man nach ...?	*¿Cómo se va a ...?*
Ist es weit?	*¿Está lejos?*
Wo ist/befindet sich ...?	*¿Dónde está/queda ...?*

+++ Die wichtigsten Wörter mit dem Bonus-Audiotrack des Kauderwelsch-

Abfahrt	*salida*	
Ankunft	*llegada*	
Fahrkarte	*tarjeta/boleto*	
hin und zurück	*ida y vuelta*	
Reservierung	*reservación*	

Auto	*carro*
Motorrad	*moto*
Bus	*guagua*
Zug	*tren*
Flugzeug	*avión*

Zahlen

1	*uno*
2	*dos*
3	*tres*
4	*cuatro*
5	*cinco*
6	*seis*
7	*siete*
8	*ocho*
9	*nueve*
10	*diez*

Zeitangaben und Wochentage

Wie viel Uhr ist es?	*¿Qué hora es?*
Es ist ein Uhr.	*Es la una.*
Es ist 9 Uhr.	*Son las nueve de la mañana.*
Es ist 18 Uhr.	*Son las seis de la tarde.*
Mittag	*mediodía*
Mitternacht	*medianoche*
heute	*hoy*
morgen	*mañana*
gestern	*ayer*
Wochenende	*fin de semana*
Montag	*lunes*
Dienstag	*martes*
Mittwoch	*miércoles*
Donnerstag	*jueves*
Freitag	*viernes*
Samstag	*sábado*
Sonntag	*domingo*

Notfälle

Hilfe!	*¡Ayuda!*
Ich hatte einen Unfall.	*Tuve un accidente.*
Ich brauche einen Arzt/Zahnarzt/ Krankenwagen.	*Necesito un médico/un dentista/ una ambulancia.*
Rufen Sie bitte die Polizei.	*Por favor, llame (a) la policía.*
Ich bin beklaut worden.	*Me han robado.*

Kulinarischer Sprachführer

Im Restaurant

Die Speisekarte bitte.
La carta por favor.
Die Rechnung bitte.
La cuenta por favor.
Kann ich mit Kreditkarte zahlen?
¿Puedo pagar con tarjeta de crédito?

Basics

almuerzo, comida	Mittagessen
desayuno	Frühstück
cena	Abendessen
comida vegetariana	vegetarisches Essen
entrantes	Vorspeise
guarnición	Beilage

AusspracheTrainers auf PC oder Smartphone lernen (siehe Umschlag hinten) +++

para llevar	zum Mitnehmen
postre	Nachtisch
a la plancha	vom Grill
asado	gebraten
frito	frittiert
azúcar	Zucker
pimienta	Pfeffer
sal	Salz

Snacks

bocadito	kleines Sandwich
huevo revuelto	Rührei
huevos fritos	Spiegeleier
jamón	Schinken
maní	Erdnuss/Erdnüsse
queso	Käse
pan con lechón	Brot mit Fleisch vom Spanferkel
pan tostado	Toast
perro caliente	Hotdog
plátanos fritos	frittierte Bananen
tortilla	Omelette

Süßes

arroz con leche	süßer Milchreis
dulce de guayaba	Guavenmarmelade
flan	Eierpudding
helado	Eiscreme
natilla	Vanillepudding

Aus dem Menü

ajiaco	Eintopf aus Hack und Gemüse
arroz blanco	weißer Reis
arroz congrí	weißer Reis mit roten Bohnen
bistec	Steak
boniato	Süßkartoffel
caldo de pollo	Hühnersuppe
camarones	Krabben/Shrimps
carne	Fleisch
... de cerdo	... vom Schwein
... de cordero	... vom Lamm
... de vaca	... vom Rind
concha	Muschel
ensalada	Salat
frijoles negros	schwarze Bohnen

fufu	Brei aus Kochbananen
langosta	Languste
lechuga	grüner Blattsalat
malanga	kartoffelartige Knolle
mariscos	Meeresfrüchte
merluza	Seehecht
moros y cristianos (Mauren & Christen)	weißer Reis mit schwarzen Bohnen
pescado	Fisch
papas fritas	Fritten
picadillo	Hackfleisch
pollo	Hühnchen
puré de papas	Kartoffelbrei
sopa de chícharo	Kichererbsensuppe

Früchte und Gemüse

aguacate	Avocado
col	Weißkohl
fresa	Erdbeere
fruta bomba	Papaya
frutas	Früchte
pepino	Gurke
piña	Ananas
verduras	Gemüse
zanahoria	Möhre

Getränke

agua (mineral)	(Mineral)Wasser
... con gas	... mit Kohlensäure
... sin gas	... ohne Kohlensäure
batido	kühles Milchmixgetränk
café cubano	schwarzer, gezuckerter Espresso
café con leche	sehr heller Milchkaffee
cerveza	Bier
cubito de hielo	Eiswürfel
jugo de naranja	Orangensaft
leche	Milch
refresco	Limonade
ron	Rum
té	Tee
vino blanco	Weißwein
vino tinto	Rotwein

Register

A

Acuario Nacional 40
Altstadt 10
Ankunft 106
Anreise 106
Apotheke 100, 121
App 156
Architektur 81
Arzt 100, 121
Asistur 125
Astro 109, 141
Ausgehen 64
Auslandskranken-
    versicherung 122, 141
Ausreise 111
Avenida 1ra 40
Avenida 1ra, Varadero 92
Avenida 5ta 40

B, C

Bahn 109, 141
Barrierefreies Reisen 109
Bars 65
Bauernmärkte 75
Behinderte 109
Bibliotcca Nacional
    José Martí 37
Bicitaxis 137
Bienal de La
    Habana 77
Bienal Internacional
    del Humor 77
Bolívar, Simón
    (Museum) 52
Botanischer Garten 45
Botschaften 109
Briefmarken 126
Bücher 17, 72
Buses Turísticos 139
Busse 108
Cabarets 68
Cafés 65
Calle Empedrado 16
Callejón de Hamel 56
Calle Mercaderes 21
Calle Obispo 19
Calle Oficios 20

Calle San Rafael
    (Boulevard) 31
Cámara Oscura 24
Capitolio 29
Casa de África 22
Casa de la Obra Pía 22
Casa de las Hermanas
    Cárdenas 24
Casa del Científico 28
Casa del Conde Jaruco 24
Casa de los Árabes 20
Casa de Mexico 22
Casa-Museo de Asia 52
Casa-Museo del Libertador
    Simón Bolívar 52
Casa Natal de José Martí 52
Casas Particulares
    102, 131
Castillo de la Real Fuerza 18
Castillo de los Tres
    Santos Reyes Magos
    del Morro 41
Castillo y Museo de San
    Salvador de la Punta 10
Castro, Fidel 83, 86
Cementerio Chino 39
Cementerio Colón 38
Centro Cultural de Árabe 28
Centro de Arte
    Contemporáneo
    Wifredo Lam 16, 55
Centro de Desarrollo
    de las Artes Visuales 55
Centro Habana 29
Centro Nacional de
    Conservación y
    Museología 24
Che Guevara 37, 83
Chronik 82
Cine Payret 71
Cocotaxis 104, 137
Convento de Santa Clara 24
Coppelia 34
Cuba 89
Cubadisco 77
Cubaner 87
Cubanische Revolution 86
CUC 114, 115
Cueva de Ambrosio 96

Cueva Musulmanes 96
Cuevas de Bellamar 47
CUP 114, 115

D, E

Devisen 90
Diebstahl 125
Diez Días de Cultura 77
Diplomatische
    Vertretungen 109
Discos 68
Drogen 113
EC-Karte 117
Edificio Gómez Villa 24
Einkaufen 71, 96
Einreise 106, 110
El Cañonazo 44
Elektrizität 113
El Morro 41
El Templete 18
Entspannen 76
Essen 56
Estación Central 26
Estatua de la República 29
Estatua El Cristo
    de La Habana 44
Events 76

F

Fähren 22
Fahrrad 141
Faro del Morro 42
Feier- und
    Gedenktage 78
Festival de Jazz 76
Festival de Raíces
    Africanos 77
Festival de Rap Cubano
    Habana 77
Festival Percuba 77
Fidel Castro 83, 86
Finca Vigía 44
Flaniermeile 27
Flughäfen 106
Flugpreise 106
FolkCuba 76
Fortaleza de San Carlos
    de la Cabaña 42
Fotografieren 113

Fremdenverkehrsamt
99, 118
Fuente de los Leones 20
Fundación Alejo
Carpentier 16

G, H
Gastronomie 58, 97
Geld 98, 114
Geschichte 82
Gesundheitsvorsorge 117
Getränke 66
Girocard 117
Granma Memorial 13
Guevara, Che 48, 83
Habana Vieja 10, 80
Habaneros 87
Handy 129
Hauptbahnhof 26
Hemingway, Ernest 9, 44
Höhlen 50
Hop-on-Hop-off-Bus 94
Hotel Ambos Mundos 19
Hotel Florida 19
Hotel Inglaterra 27
Hotel Nacional 34
Hotel Plaza 26
Hotels 102, 130
Hotel Sevilla 28
Humboldt,
Alexander von 21
Hygiene 117

I
Iglesia del Sagrado
Corazón 32
Iglesia del Santo Ángel
Custodio 13
Iglesia de
San Lázaro 45
Iglesia de Santa Rita
de Casta 41
Iglesia Santa Elvira 93
Iglesia y Convento de San
Francisco de Asís 20
Impfungen 117
Informations-
quellen 117
Infotur 118

Inlandsflüge 107
Internet 121

J, K
Jardín Botánico Nacional 45
Jungfrau von Regla 77
Karneval 77
Kartensperrung 124
Kaufhäuser 71
Kinder 87, 100, 123
Kinos 71
Kirchen 30
Klima 89
Kolonialzeit 84
Konzerte 70
Krankenhaus 100, 121
Krankheit 125
Kreditkarten 116
Küche, cubanische 56
Kulte 25
Kunstgalerien 55
Kutschen 138

L, M
La Giraldilla 17, 19
Landeskunde 89
Leben in der Stadt 87
Leitungswasser 58, 117
Lesben 126
LGBT+ 126
Literaturtipps 120
Lokale 58, 97
Maestro-Karte 117
Malecón 33
Maqueta de La Habana 40
Maqueta del Centro
Histórico 22, 52
Marathon Marabana 77
Markt 75
Martí, José 36, 54
Maße und Gewichte 74
Matanzas 47
MatanzasBusTour 94
Mautgebühr, Varadero 92
Medizinische
Versorgung 100, 121
Memorial Granma 52
Mentalität 87
Metrobusse 138

Miami-Cubaner 88
Mietwagen 103, 108, 140
Ministerio del Interior 37
Miramar 39
Mobiltelefon 129
Moneda Nacional 114
Monumento al General
Máximo Gómez 11
Monumento y Mausoleo
Comandante Ernesto
Che Guevara 48
Monumento y Museo José
Martí 37, 54
Mopeds 104
Muralla de La Habana 26
Museen 52
Museo Antropológico
Montané 54
Museo de Arte
Colonial 15, 52
Museo de Arte Religioso 53
Museo de Fortificaciones
y Armas 43
Museo de Historia Natural
Felipe Poey 35
Museo de la Cabaña 43
Museo de la Ciudad 17, 53
Museo de la Danza 54
Museo de la Revolución 12
Museo del Automóvil 53
Museo del Chocolate 22
Museo de los Orishas 26
Museo del Ron 22
Museo de Naipes 53
Museo de Navegación 18
Museo de San Salvador
de la Punta 10
Museo Hemingway 44
Museo Fragua Martiana 54
Museo José Martí 54
Museo Monográfico
de la Fortaleza 43
Museo Municipal
Varadero 95
Museo Nacional
de Artes Decorativas 54
Museo Nacional
de Bellas Artes 13
Museo Napoleónico 35

Museo Numismático 54
Museo Postal
  Cubano 37, 54

N
Nachtklubs 68
Nachtleben 64, 100
Notfälle 124
Notruf 122
Nummernschilder 140

O, P
Obispo 19
Öffnungszeiten 125
Oldtimer 33
Ómnibuses
  Metropolitanos (OM) 138
Optiker 123
Palacio de
  Joaquín Gómez 19
Palacio de la Revolución 37
Palacio del Conde
  Mortera 22
Palacio de los Capitanes
  Generales 17
Palacio de Matrimonio 28
Palacio Vienna 24
PanoramicBusTour 94
Parque Central 26
Parque de la Fraternidad
  Americana 30
Parque de los
  Enamorados 11
Parque de Mártires 11
Parque Histórico Militar
  Morro-Cabaña 41
Parque John Lennon 38
Parque Josone 93
Parque Lenin 76
Parque Miramar 41
Partagás 30
Particulares 139
Paseo de Martí 27
Península de Hicacos 92
Peso 114
Pilar (Jacht) 44
Pinar del Río 48
Playas del Este 46
Plaza 13 de Marzo 13

Plaza de Armas 17
Plaza de la Catedral 14
Plaza de la Revolución 36
Plaza de San Francisco 20
Plaza Vieja 24
Polizei 124
Post 101, 125
Prado 27
Preise 114
Prostitution 136

R, S
Rauchen 59
Reisedokumente 110
Reisezeit 142
Religion 89
Reserva Ecológica
  Varahicacos 95
Restaurants 58, 97
Rumherstellung 23
Rundfunk 121
Rundgang 8
Russische Botschaft 41
Sammeltaxis 140
Santa Clara 47
Santería 25, 26
Santuario de San Lázaro 45
Schwule 126
Shopping 71, 96
Sicherheit 126
Souvenirs 74
Spanisch 128, 144
Speisen 56
Sperrnummer 124
Sprache 128, 144
Stadtmauer 26
Stadtspaziergang 8
Stadtteile 80
Strände 46, 91
Stromspannung 113

T
Tagesausflüge 45
Tagesplanung 8
Taxis 108, 139
Taxis, Varadero 104
Teatro/Cine Payret 27
Teatro Fausto 28
Teatro Nacional 37

Telefonieren 128
Termine 76
Theater 70, 123
Touren 129
Touren, Varadero 101
Tourist-Info 99, 117
Touristenkarte 110
Travellerschecks 116
Trinken 56
Trinkgeld 59
Trinkwasser 58

U, V
Uferpromenade 33
Uhrzeit 130
Unabhängigkeitskrieg 36
Universität 35
Unterkunft 102, 130
Varadero 91
Vedado 34
Vegetarier 62
Veranstaltungen 76
Verhaltenstipps 136
Verkehrsmittel 103, 137
Versicherungen 141
Víazul 108, 141
Viñales 50
Visa-Karte 116
Visum 110
Voodoo 25
Vorwahl 131
VPAY 117

W, X, Z
Währungen 114
Wallfahrten 77
Wasser 58
Wassersport 104
Wechselstube 114
Wetter und Reisezeit 142
Wirtschaft 89
WLAN 121
Xanadú Mansion 95
Zeit 130
Zigarren 72
Zigarrenfabrik
  Partagás 30
Zollbestimmungen 111
Züge 109, 141

Der Autor

Jens Sobisch erblickte 1977 das Licht der Welt und 19 Jahre später Cuba. Vor, während und nach seinem Jura-Studium in Würzburg und Salamanca (Spanien) reiste er monatelang durch alle Provinzen dieses faszinierenden Archipels.

Mit dem „KulturSchock Cuba", dem Sprachführer „Cuba Slang – das andere Spanisch" und dem vorliegenden CityTrip verantwortet er drei Cuba-Titel des REISE KNOW-HOW Verlages, außerdem die Stadtführer „CityTrip Mailand" und „CityTrip Würzburg".

Jens Sobischs persönliches Resümee nach weit über einem Dutzend Aufenthalten in Cuba: „Nirgendwo sonst kann man sich so wunderbar treiben lassen wie in Havanna, der an Widersprüchen so reichen Königin der Antillen!"

Schreiben Sie uns

Dieses Buch ist gespickt mit Adressen, Preisen, Tipps und Daten. Unsere Autoren recherchieren unentwegt und erstellen alle zwei Jahre eine komplette Aktualisierung, aber auf die Mithilfe von Reisenden können sie nicht verzichten. Darum: Teilen Sie uns bitte mit, was sich geändert hat oder was Sie neu entdeckt haben. Gut verwertbare Informationen belohnt der Verlag mit einem Sprachführer Ihrer Wahl aus der Reihe „Kauderwelsch".

Kommentare übermitteln Sie am einfachsten, indem Sie die Web-App zum Buch aufrufen (siehe Umschlag hinten) und die Kommentarfunktion bei den einzelnen auf der Karte angezeigten Örtlichkeiten oder den Link zu generellen Kommentaren nutzen. Wenn sich Ihre Informationen auf eine konkrete Stelle im Buch beziehen, würde die Seitenangabe uns die Arbeit sehr erleichtern. Unsere Kontaktdaten entnehmen Sie bitte dem Impressum.

Impressum

Jens Sobisch

CityTrip Havanna und Varadero

© REISE KNOW-HOW Verlag
  Peter Rump GmbH 2013, 2015, 2016
4., neu bearbeitete und .
  aktualisierte Auflage 2018

Alle Rechte vorbehalten.

ISBN 978-3-8317-3074-2
PRINTED IN GERMANY

Druck und Bindung:
  Media-Print, Paderborn

Herausgeber: Klaus Werner
Layout: amundo media GmbH (Umschlag, Inhalt),
  Peter Rump (Umschlag)
Lektorat: amundo media GmbH
Karten: Ingenieurbüro B. Spachmüller,
  amundo media GmbH
Anzeigenvertrieb: KV Kommunalverlag GmbH &
  Co. KG, Alte Landstraße 23, 85521 Ottobrunn,
  Tel. 089 928096-0, info@kommunal-verlag.de
Kontakt: Osnabrücker Str. 79, 33649 Bielefeld,
  info@reise-know-how.de

Alle Angaben in diesem Buch sind gewissenhaft geprüft. Preise, Öffnungszeiten usw. können sich jedoch schnell ändern. Für eventuelle Fehler übernehmen Verlag wie Autor keine Haftung.

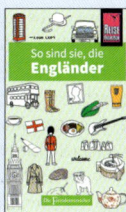

Besonderheiten bei Adressangaben

Adressen werden auf Cuba anders angegeben als im deutschsprachigen Raum: **Calle 6 # 659 e/22 y 24** bedeutet ebenso wie **(C.) 6 No. 659 entre (Calles) 22 y 24** „Straße 6 Nr. 659 zwischen den Straßen 22 und 24". Die Information „zwischen den Straßen *(calles)* 22 und 24" bezeichnet den Block, in dem das gesuchte Gebäude liegt. Steht es an einer Ecke, gibt man die entsprechende Querstraße an, z. B. **Honorato del Castillo # 1 esq. (a) José Martí**, was bedeutet: Straße Honorato del Castillo Nr. 1 an der Ecke *(esquina)* zur José-Martí-Straße. „Av." ist die Abkürzung von *Avenida* (dt.: Allee),

Carretera (Crtra) bedeutet Landstraße und *Callejón* Gässchen. Bei großen Gebäuden folgt manchmal noch eine Apartmentnummer. *Altos* bedeutet 1. Stock, *bajos* Erdgeschoss, *piso* Stockwerk, *cuadra* Block und *barrio* Stadtteil.

Straßenschilder in der Altstadt sind in der Regel an den Gebäuden, vor denen sich zwei Straßen schneiden, angebracht. In den anderen Stadtteilen stehen die Straßennamen auf an Kreuzungen eingelassenen, pyramidenförmig zulaufenden „Ecksteinen". **Achtung:** Bei manchen Straßen sind noch alte Namen in Gebrauch.

Alte und neue Straßennamen

Viele Straßen Havannas haben **zwei Namen:** einen postrevolutionären, der in den meisten offiziellen Stadtplänen steht und oft an Personen und Ereignisse der cubanischen Unabhängigkeitsbewegungen erinnert, und einen zweiten, der noch aus der Kolonialzeit stammt und bis 1959 der einzig gültige war. Alte Namen werden von den Einheimischen in der Regel bevorzugt. Es kann durchaus vorkommen, dass selbst erfahrenen Taxifahrern nicht sofort einfällt, dass die vielbefahrenen Avenidas Reina und Carlos III (gesprochen: Carlos Tercero) seit über 50 Jahren offiziell ganz andere Bezeichnungen tragen.

Bei Adressen in diesem Buch wird grundsätzlich der neue Name verwendet und die alte Bezeichnung in Klammern aufgeführt, sofern sie auch heute noch sehr gebräuchlich ist. Wenn sich der offizielle „neue" Name überhaupt nicht durchgesetzt hat, wird der „alte" Name verwendet.

Hier eine nützliche, nicht abschließende Liste doppelter Straßenbezeichnungen (neuer Name – alter Name):

> Agramonte – Zulueta
> Avenida Antonio Maceo – Malecón
> Avenida de Bélgica – Egido/Monserrate
> Avenida Camilo Cienfuegos – Dolores
> Avenida Carlos Manuel de Céspedes – Avenida del Puerto
> Avenida de España – Vives
> Avenida de la Independencia – Avenida Rancho Boyeros
> Avenida de Italia – Galiano
> Avenida de los Misiones – Monserrate
> Av. Salvádor Allende – Carlos III (Tercero)
> Avenida Simón Bolívar – Reina
> Brasil – Teniente Rey
> Calle 23 – La Rampa
> Calle G – Avenida de los Presidentes
> Capdevila – Carcel
> Enrique Barnet – Estrella
> Leonor Pérez – Paula
> Máximo Gómez – Monte
> Padre Varela – Belascoaín
> Paseo de Martí – (Paseo del) Prado
> Progreso – San Juan de Dios
> Vía Blanca – Marina

Liste der Karteneinträge

1 [B1] Castillo y Museo de San Salvador de la Punta S. 10

2 [B2] Museo de la Revolución S. 12

3 [B2] Iglesia del Santo Ángel Custodio S. 13

4 [B3] Museo Nacional de Bellas Artes S. 13

5 [C3] Plaza de la Catedral S. 14

6 [C3] Calle Empedrado S. 16

7 [D3] Plaza de Armas S. 17

8 [D3] Castillo de la Real Fuerza S. 18

9 [B3] Calle Obispo S. 19

10 [D3] Calle Oficios S. 20

11 [D4] Plaza de San Francisco S. 20

12 [C4] Calle Mercaderes S. 21

13 [D4] Museo del Ron S. 22

14 [C4] Plaza Vieja S. 24

15 [C5] Convento de Santa Clara S. 24

16 [B6] Estación Central S. 26

17 [A5] Museo de los Orichas S. 26

18 [A3] Parque Central S. 26

19 [A3] Prado (Paseo de Martí) S. 27

20 [A4] Capitolio S. 29

21 [A4] Parque de la Fraternidad Americana S. 30

22 [A4] Zigarrenfabrik Partagás S. 30

23 [A3] Gran Teatro de La Habana Alicia Alonso S. 31

24 [hm] Iglesia del Sagrado Corazón S. 32

25 [hl] Malecón S. 33

26 [fk] Hotel Nacional S. 34

27 [fl] Universidad de La Habana S. 35

28 [fl] Museo Napoleónico S. 35

29 [em] Plaza de la Revolución S. 36

30 [dm] Cementerio Colón S. 38

31 [bl] Avenida 1ra S. 40

33 [am] Maqueta de La Habana S. 40

34 [bm] Avenida 5ta S. 40

35 [C1] Parque Histórico Militar Morro-Cabaña S. 41

36 [ik] Castillo de los Tres Santos Reyes Magos del Morro S. 41

37 [D1] Fortaleza de San Carlos de la Cabaña S. 42

38 [jl] Estatua El Cristo de La Habana S. 44

47 [S. 96] Iglesia Santa Elvira S. 93

48 [S. 96] Parque Josone S. 93

49 [S. 96] Museo Municipal Varadero S. 95

50 [S. 98] Xanadú Mansion S. 95

51 [S. 98] Reserva Ecológica Varahicacos S. 95

52 [S. 98] Cueva de Ambrosio S. 96

ii1 [hm] Iglesia Nuestra Señora de la Caridad del Cobre S. 30

ii2 [gl] Nuestra Señora del Carmen S. 30

ii3 [gl] Capila de la Inmaculada Concepción S. 30

4 [fl] Eisdiele Coppelia S. 34

5 [dl] Unión Francesa de Cuba S. 38

20 [C3] Casa-Museo de Asia S. 52

21 [C3] Casa-Museo del Libertador Simón Bolívar (Befreier Simón Bolívar) S. 52

22 [B6] Casa Natal de José Martí (Geburtshaus José Martís) S. 52

23 [C3] Gabinete de Arqueología S. 52

24 [C3] Maqueta del Centro Histórico S. 52

25 [B2] Memorial Granma S. 52

26 [C3] Museo de Arte Colonial S. 52

27 [C4] Museo de Naipes S. 53

28 [D4] Museo de Arte Religioso (Religiöse Kunst) S. 53

29 [D3] Museo de la Ciudad de La Habana (Stadtmuseum) S. 53

30 [C6] Depósito del Automóvil S. 53

31 [C3] Museo de Pintura Mural S. 54

32 [C3] Museo Numismático S. 54

33 [gl] Museo Fragua Martiana S. 54

34 [fl] Museo Antropológico Montané S. 54

35 [ek] Museo de la Danza S. 54

36 [en] Museo José Martí S. 54

37 [el] Museo Nacional de Artes Decorativas S. 54

38 [fm] Museo Postal Cubano S. 54

39 [C3] Centro de Arte Contemporáneo Wifredo Lam S. 55

40 [C4] Centro de Desarrollo de las Artes Visuales S. 55

41 [ek] Habana S. 55

42 [A3] Taller Comunitario José Martí S. 55

43 [C3] Taller Experimental de Gráfica S. 55

44 [A2] Donde Adrian (La Niquarena) S. 58

45 [D6] Cervecería Antiguo Almacén de la Madera y El Tabaco S. 59

46 [C3] D'Giovanni S. 59

47 [C5] Don Lorenzo S. 59

48 [B5] El Guajirito S. 59

🍴49 [C4] Factoría La Muralla S. 60
🍴50 [B4] Hanoi S. 60
🍴51 [D3] La Barca S. 60
🍴52 [C3] La Torre de Marfil S. 60
🍴53 [D3] Los Marinos S. 60
🍴54 [D4] Café del Oriente S. 60
🍴55 [C3] El Patio S. 60
🍴56 [D3] La Mina S. 60
🍴57 [hm] Chang Weng Chung Tong S. 61
🍴58 [A2] Doña Blanquita S. 61
🍴59 [hl] La Guarida S. 61
🍴60 [hl] Notre Dame des Bijoux S. 61
🍴61 [cl] „1830" S. 61
🍴62 [dk] Atelier S. 61
🍴63 [fl] El Cochinito S. 61
🍴64 [ek] El Litoral S. 61
🍴65 [fk] Fabio S. 62
🍴66 [el] Gringo Viejo S. 62
🍴67 [dl] La Catedral S. 62
🍴68 [fk] Monseigneur S. 62
🍴69 [al] Don Cangrejo S. 62
🍴70 [bm] Espacios S. 62
🍴74 [D4] El Mercurio S. 62
🍴76 [cm] La Pachanga S. 62
🍴80 [bm] Tocororo S. 63
🍴81 [C1] La Divina Pastora S. 63
🍴82 [ik] Los Doce Apóstoles S. 63
🍴85 [fk] La Torre S. 63
🍴87 [C3] Café Paris S. 65
🍴88 [C4] Café Taberna Amigos
del Benny S. 65
🍴89 [D4] Dos Hermanos S. 66
🍴90 [B3] El Floridita S. 66
🍴91 [C3] La Bodeguita del Medio S. 66
🍴92 [B4] Monserrate S. 67
🍴93 [A3] Sloppy Joe's S. 67
🍴94 [B3] Asociación Canaria de Cuba S. 67
🍴95 [A3] Café Louvre S. 67
🍴96 [gl] XY Café – MYXTO S. 67
🍴97 [dk] Habana Café S. 67
🍴98 [fk] La Terraza S. 67
🍴99 [el] King Bar Restaurante S. 67
🍴100 [fl] Sala de Fiestas Turquino S. 68
🍴101 [an] Complejo Turístico Cultural
Dos Gardenias S. 68
🍴102 [bm] Piano Bar Piel Canela
(La Maison) S. 68
🍴103 [fk] Cabaret Parisién S. 69
🍴105 [fk] Café Concerto Gato Tuerto S. 70

🍷106 [an] Dos Gardenias
(Complejo Turístico Cultural) S. 70
🍷107 [cm] Fábrica de Arte Cubano S. 70
🍷109 [fk] Jazz Club
„La Zorra y El Cuervo" S. 70
🍷110 [el] Sarao's Bar S. 70
🎭111 [ek] Auditorium Amadeo Roldán S. 70
🎭112 [ek] Centro Cultural Bertolt Brecht S. 70
🎭113 [dk] Sala Teatro Hubert de Blanck S. 70
🎭114 [dl] Teatro Mella S. 70
🎭115 [em] Teatro Nacional de Cuba S. 70
🎭116 [A2] Teatro Fausto S. 70
🎭117 [el] Teatro Karl Marx S. 70
🎬118 [dm] Cine 23 y 12 S. 71
🎬119 [dm] Cine Charles Chaplin S. 71
🎬120 [A4] Cine Payret S. 71
🎬121 [fl] Cine Riviera S. 71
🎬122 [fl] Cine Yara S. 71
🛍️123 [bl] Centro Comercial La Puntilla S. 71
🛍️125 [gm] Plaza Carlos Tercero S. 71
🛍️126 [B3] La Moderna Poesía S. 72
🛍️127 [C3] Instituto Cubano del Libro S. 72
🛍️128 [A4] Todo Libro S. 72
🛍️129 [C4] Hostal Conde de Villanueva S. 73
🛍️130 [am] La Casa del Habano S. 73
🛍️131 [C3] La Casa del Habano S. 74
🛍️132 [B3] La Casa del Ron y
del Tabaco Cubano S. 74
🛍️133 [C6] Antiguos Almacenes
de San José S. 74
🛍️134 [C2] Palacio de Artesanía S. 74
🛍️135 [bm] Centro Comercial La Maison S. 74
🛍️136 [bm] Joyería La Habanera S. 74
🛍️137 [D3] Casa de los Abanicos S. 74
🛍️138 [hn] Agromercado (1) S. 75
🛍️139 [B5] Agromercado (2) S. 75
🛍️140 [C4] Agromercado (3) S. 75
🛍️141 [hl] Agromercado (4) S. 75
🛍️142 [gl] Agromercado (5) S. 75
🛍️143 [el] Agromercado (6) S. 75
🛍️144 [fl] Agromercado (7) S. 75
🛍️145 [an] Agromercado (8) S. 75
🛍️148 [S. 96] Gran Parque de la Artesanía S. 96
🛍️149 [S. 96] Centro Comercial Hicacos S. 96
🛍️150 [S. 96] Taller de Cerámica S. 97
🛍️151 [S. 96] Casa del Habano (Varadero) S. 97
🛍️152 [S. 98] Plaza América S. 97
🍴153 [S. 96] Dante S. 97
🍴154 [S. 98] El Mesón de Quijote S. 98